全国职业病诊疗康复人才培训系列教材

职业性皮肤病及其他职业病

国家卫生健康委职业健康司 组织编写

朱宝立 韩 磊 周 信 主编

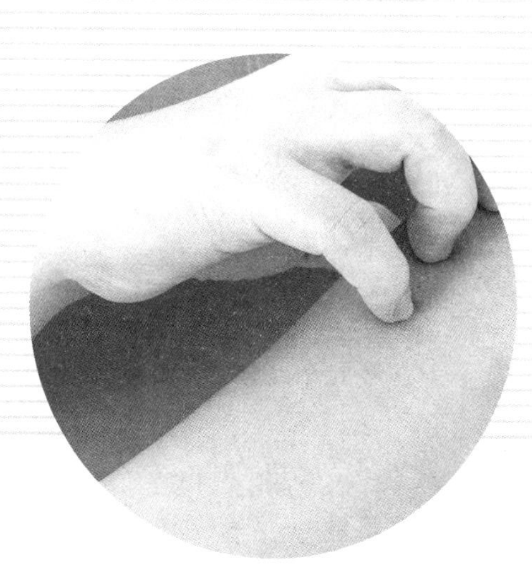

中国人口与健康出版社
China Population and Health Publishing House
全国百佳图书出版单位

图书在版编目（CIP）数据

职业性皮肤病及其他职业病 / 国家卫生健康委职业健康司组织编写. -- 北京 : 中国人口与健康出版社, 2025. 6. --（全国职业病诊疗康复人才培训系列教材）.
ISBN 978-7-5238-0401-8

Ⅰ. R751

中国国家版本馆 CIP 数据核字第 2025VT0587 号

全国职业病诊疗康复人才培训系列教材

职业性皮肤病及其他职业病

QUANGUO ZHIYEBING ZHENLIAO KANGFU RENCAI PEIXUN XILIE JIAOCAI

ZHIYEXING PIFUBING JI QITA ZHIYEBING

国家卫生健康委职业健康司　组织编写

责任编辑　赵晓昀
责任设计　刘海刚
责任印制　任伟英
出版发行　中国人口与健康出版社
印　　刷　天津中印联印务有限公司
开　　本　889 毫米 ×1194 毫米　1/16
印　　张　14
字　　数　368 千字
版　　次　2025 年 6 月第 1 版
印　　次　2025 年 6 月第 1 次印刷
书　　号　ISBN 978-7-5238-0401-8
定　　价　46.00 元

微信 ID　中国人口与健康出版社
图书订购　中国人口与健康出版社天猫旗舰店
新浪微博　@中国人口与健康出版社
电子信箱　rkcbs@126.com
总编室电话　（010）83519392　**发行部电话**　（010）83557247
办公室电话　（010）83519400　**网销部电话**　（010）83530809
传　　真　（010）83519400
地　　址　北京市海淀区交大东路甲 36 号
邮　　编　100044

全国职业病诊疗康复人才培训系列教材编写指导委员会

主　　任：段冬梅

副 主 任：李　军　王建冬　樊晶光　孙　新　刘青杰　李　涛
孙全富　苏　旭　李树强　王　刚　刘　强　郭震威

委　　员：刘　骥　廖海江　张宏元　刘晓亮　孙栋梁　彭广胜
张　睿　张　博　曹乾斌　李陆达　郁晓霞　赵莹莹
李　珏　胡世杰　朱宝立　谭　勇　孙道远

《职业性皮肤病及其他职业病》编委会

主　　编：朱宝立　江苏省疾病预防控制中心（江苏省预防医学科学院）
韩　磊　江苏省疾病预防控制中心（江苏省预防医学科学院）
周　信　扬州市疾病预防控制中心

副 主 编：朱秋鸿　中国疾病预防控制中心职业卫生与中毒控制所
宋　莉　黑龙江省劳动卫生职业病研究院
陈文莉　东南大学附属中大医院
沈欢喜　昆山市疾病预防控制中心
张雪涛　上海市化工职业病防治院

编写人员：（按姓氏笔画排序）
于　宁　中国人民解放军总医院
马月龙　上海市皮肤病医院
王　吉　黑龙江省劳动卫生职业病研究院
王　洁　上海市化工职业病防治院
王　傲　上海市皮肤病医院
王永义　重庆市职业病防治院
王兴刚　中国疾病预防控制中心职业卫生与中毒控制所
王海华　中国疾病预防控制中心职业卫生与中毒控制所
王焕强　中国疾病预防控制中心职业卫生与中毒控制所
邓红平　苏州市疾病预防控制中心
石冬梅　黑龙江省劳动卫生职业病研究院
叶城斌　上海市皮肤病医院
毕玉磊　黑龙江省劳动卫生职业病研究院

匡兴亚　上海市杨浦区中心医院（同济大学附属杨浦医院）
刘　涵　江苏省疾病预防控制中心（江苏省预防医学科学院）
刘　静　南京市职业病防治院
刘水平　湖南省职业病防治院
严茂胜　广东省职业病防治院
李　巧　江苏省疾病预防控制中心（江苏省预防医学科学院）
李颖芳　上海市皮肤病医院
杨爱初　广东省职业病防治院
肖　斌　广东省职业病防治院
吴　玥　上海市皮肤病医院
邹　颖　上海市皮肤病医院
张红兵　江苏省疾病预防控制中心（江苏省预防医学科学院）
张宏群　盐城市疾病预防控制中心
陈晓敏　淮安市疾病预防控制中心
林云涛　江苏省职业病医院
周　鹏　江苏省疾病预防控制中心（江苏省预防医学科学院）
赵　圆　江苏省疾病预防控制中心（江苏省预防医学科学院）
胡英华　黑龙江省劳动卫生职业病研究院
胡蔚毅　上海市皮肤病医院
费珵雯　上海市皮肤病医院
聂云峰　湖南省职业病防治院
夏玉静　首都医科大学附属北京朝阳医院
高茜茜　江苏省疾病预防控制中心（江苏省预防医学科学院）
黄春桃　湖南省职业病防治院
曹　婷　上海市皮肤病医院
窦建瑞　扬州市疾病预防控制中心

序言

人民健康是民族昌盛和国家富强的重要标志，职业健康关系亿万劳动者身心健康和家庭幸福，党中央、国务院历来高度重视职业健康工作。党的十八大以来，以习近平同志为核心的党中央坚持以人民为中心的发展思想，把保障人民健康放在优先发展的战略地位，提出从以治病为中心转变为以人民健康为中心，实施健康中国战略，将健康融入所有政策，为人民群众提供全方位全周期健康服务。党的二十届三中全会明确提出实施健康优先发展战略，健全公共卫生体系，促进社会共治、医防协同、医防融合，强化监测预警、风险评估、医疗救治等能力。

我国正处于工业化、城镇化快速发展阶段，广大劳动者在职业活动中接触的职业病危害因素日益复杂多样，职业性尘肺病、职业中毒等传统职业病防治形势仍然严峻，肌肉骨骼系统疾病和工作压力导致的生理、心理问题正成为亟待应对的职业健康新挑战。保障劳动者健康，做好职业病诊疗康复工作，需要大力加强专业技术人才培养，加强职业卫生放射卫生服务能力建设，以适应新时代职业健康工作需要。

按照《"健康中国 2030"规划纲要》《国家职业病防治规划（2021—2025 年）》等要求，国家卫生健康委将职业病诊疗康复人才培训纳入卫生健康人才培养项目。为加强人才培训培养工作的专业性、规范性和实效性，国家卫生健康委职业健康司组织编写了"全国职业病诊疗康复人才培训系列教材"，共 10 种，分别是《职业健康检查》《职业病诊断与鉴定》《职业性尘肺病》《职业性化学中毒》《职业性噪声聋》《职业性皮肤病及其他职业病》《放射工作人员职业健康检查》《职业性放射性疾病》《工作相关肌肉骨骼疾病》《工作相关精神和行为障碍》。

本套教材由 200 多位来自疾病预防控制机构、职业病防治院所、专科医院等职业病诊断、治疗和康复相关领域的专家学者共同编写，内容丰富、科学系统，具有较强的专业性、科学性、针对性、实用性，既可用于职业病诊疗康复人员的培训，也可供职业健康监管人员、用人单位职业卫生管理人员、职业健康技术服务人员以及大专院校相关专业师生学习参考。

因时间仓促，本套教材虽经多次讨论和修改，但难免会有不妥和错误之处，欢迎广大读者批评指正。

全国职业病诊疗康复人才培训系列教材
编写指导委员会
2025 年 6 月

前言

职业健康是健康中国建设的重要基础和组成部分，事关广大劳动者健康福祉与经济发展和社会稳定大局。《国家职业病防治规划（2021—2025 年）》要求显著增强职业病防治服务能力，不断提高救治救助保障水平，进一步保障劳动者的职业健康权益。近年来，国家开展职业病防治人才培训项目，旨在提高省、市、县三级职业病防治技术，支撑机构专业技术人员的服务和保障能力。为了落实国家职业病防治人才培训项目要求，提高培训质量，提升职业病防治技术支撑机构的诊疗康复能力，特编制了本书。

《职业性皮肤病及其他职业病》为全国职业病诊疗康复人才培训系列教材之一，本书紧扣《职业病诊疗康复人才培训大纲》，聚焦职业性皮肤病及其他职业病的诊疗康复专业技术知识，精心选取和组织教学内容。全书一共六章，按照法定职业病分类目录，根据职业病的种类和病种划分每个章节，分别阐明职业性皮肤病、职业性眼病、职业性耳鼻喉口腔疾病、物理因素所致职业病、职业性传染病和其他职业病这六大类职业病的概述、职业健康检查、临床表现、诊断与鉴别诊断、治疗与康复、案例分析与经验启示等内容。

本书力求概念清晰、内容系统、逻辑严密、表述准确，具有实践性、科学性和规范性，紧密结合当前职业健康工作的实际需求和发展趋势，力求为读者提供与时俱进的理论知识和实践技能，是职业健康管理、服务、科研、教学、培训的基础用书。

本书是在国家卫生健康委职业健康司的具体指导下，由来自全国疾病预防控制机构、职业病防治机构、高等院校和企事业单位的知名专家学者共同执笔撰写。由朱宝立、韩磊、周信担任主编，朱秋鸿、宋莉、陈文莉、沈欢喜、张雪涛担任副主编。在此，谨向参与教材编写的各位专家、学者的辛勤付出，向来自各方面的指导帮助，一并表示衷心感谢。

由于编者经验、水平所限，书中难免存在不足甚或错误，敬请各位同行和读者批评、指正，以便再版时修订。

《职业性皮肤病及其他职业病》编委会

2025 年 6 月

目　录

01 第一章　职业性皮肤病

第一节　职业性皮肤病总论

一、概述

（一）皮肤的解剖生理学

皮肤是人体最大的器官，覆盖整个体表。成人皮肤总面积约为 1.5~2m^2，新生儿皮肤总面积约为 0.21m^2。皮肤直接接触外界环境，是人体抵御各种理化刺激及微生物等有害因素的第一道防线，对维持人体内环境稳定极其重要。

皮肤由表皮、真皮和皮下组织构成，表皮与真皮之间由基底膜带相连接。皮肤中除各种皮肤附属器（如毛发、皮脂腺、汗腺和甲等）外，还含有丰富的血管、淋巴管、神经和肌肉（图 1–1）。

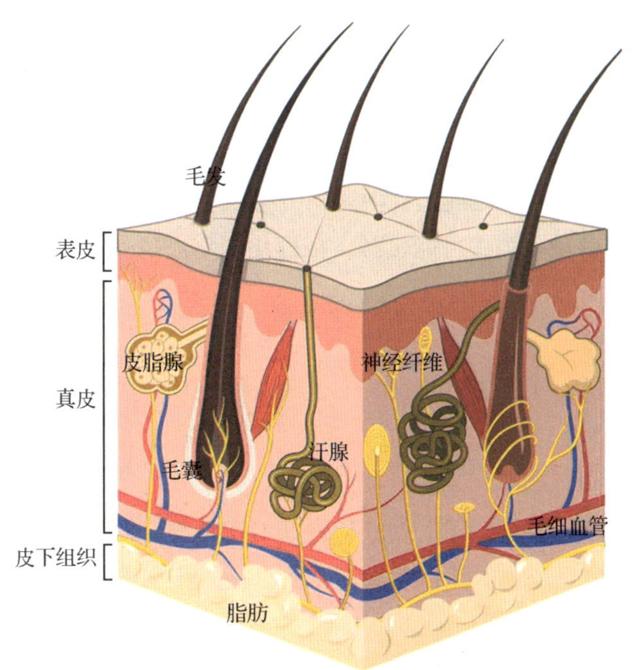

图 1–1　皮肤组织结构图

Created in BioRender. Wu, Y. (2025) https://BioRender.com/ne2kdbq

1. 表皮

皮肤的表皮主要由角质形成细胞、黑素细胞、梅克尔细胞、朗格汉斯细胞等构成，其中角质形成细胞是构成表皮的主要成分。在解剖结构上，表皮自浅由深可分为角质层、颗粒层、棘层、基底层，在掌跖等表皮较厚的部位还可见到透明层，位于角质层及颗粒层之间。基底层位于表皮底层，逐渐分化成熟上移到角质层，并最终从皮肤表面脱落。

2. 真皮

皮肤的真皮层可分为乳头层及网状层。真皮主要由纤维基质构成，有丰富的血管、神经、淋巴管等穿行，细胞成分包含成纤维细胞、肥大细胞、巨噬细胞、真皮树突状细胞以及淋巴细胞等。

3. 皮下组织

皮下组织位于真皮下方，由疏松结缔组织及脂肪小叶组成，又称皮下脂肪层。皮下组织内同样含有血管、神经以及淋巴管等结构，还可见汗腺。

4. 皮肤附属器

皮肤附属器包括毛发、皮脂腺、汗腺和甲。

（二）职业性皮肤病定义

职业性皮肤病是指在生产活动中因接触与职业相关的有害物质而引起的皮肤、黏膜及其附属器的异常表现。

职业性皮肤病的发病，因行业、工种、生产环境、接触物的性质以及防护措施不同而异。随着产业结构的调整和劳务防护的加强，一些既往常见或严重的职业性皮肤病逐渐减少或消失。但各种新兴工业的不断发展，新原料、新技术和新材料层出不穷，也出现了新的职业性皮肤病和相关劳动卫生学问题。

二、病因及发病机制

职业性皮肤病的致病因素众多。引起职业性皮肤病主要的生产性有害因素可以分为三大类：化学性因素、物理性因素和生物性因素。

（一）化学性因素

化学性因素包括有机化合物及无机化合物，是引起职业性皮肤病的主要原因，占职业性皮肤病的 90% 以上，各行各业的劳动者均有可能接触。根据化学物质的作用机制，可将其分为原发性刺激物、致敏物和光敏物三种。

（二）物理性因素

由物理性因素引起的职业性皮肤病的发病率较低，且与化学性因素协同作用致病，该因素主要包括机械性损伤、高温、高湿、寒冷、日光、人工光源、紫外线、激光、X 线及镭等。

（三）生物性因素

工作环境中的致病真菌、细菌、寄生虫、某些树木和植物（如漆树、野葛）的浆汁、花粉及尘屑等引起的皮肤病多见，病毒及水生动物致病亦可见。该因素引起的职业性皮肤病在工业生产中比较少见，主要见于农、林、牧、渔业中的某些工种。

除以上三大类致病因素外，年龄、性别、皮肤类型、季节、原有皮肤病情况、生产环境、个人卫生及其防护等因素与发病亦有一定关系。

三、职业健康检查

主要依据《职业健康监护技术规范》（GBZ 188）进行体检。询问岗前人员有无皮肤瘙痒、红肿、皮疹等。体检主要是内科常规检查，还应重点查皮肤有无色素脱失或沉着，有无水肿、增厚、角化过度、脱屑或皲裂，有无皮疹及其部位、形态、分布，有无出血点（斑），有无赘生物，有无水疱或大疱，有无皮肤黏膜颜色、湿度、弹性改变，有无甲异常、毛发异常等。另外根据体检情况有选择地进行下列试验，包括斑贴实验、光斑贴实验、皮肤组织病理学检查、毛囊虫检查、真菌镜检及培养等，必要时可进行化学物及其代谢产物的检测。

四、职业病诊断

职业性皮肤病的诊断要点，在中华人民共和国国家职业卫生标准《职业性皮肤病的诊断总则》（GBZ 18—2013）中作了具体规定：

（1）发病前应有明确的职业接触史；

（2）根据皮损部位、形态进行诊断；

（3）皮损的初发部位常与接触致病物的部位相一致；

（4）皮损符合本标准的临床类型之一者；

（5）排除非职业性因素引起的相似皮肤病；

（6）参考作业环境的调查和同工种发病情况；

（7）必要时进行皮肤斑贴试验或其他特殊检查；

（8）对疑有职业性接触性皮炎而诊断根据又不足者，可采取暂时脱离接触，动态观察，经反复证明脱离接触则病愈，恢复接触即发病者可予以诊断。

根据中华人民共和国国家职业卫生标准《职业性皮肤病的诊断总则》（GBZ 18—2013）规定，职业性皮肤病共有以下 14 种类型：①职业性皮炎；②职业性皮肤色素变化；③职业性痤疮；④职业性皮肤溃疡；⑤职业性接触性荨麻疹；⑥职业性皮肤癌；⑦职业性感染性皮肤病；⑧职业性疣赘；⑨职业性角化过度、皲裂；⑩职业性痒疹；⑪职业性浸渍、糜烂；⑫职业性毛发改变；⑬职业性指甲改变；⑭其他。

五、处理

（一）处理原则

（1）及时清除皮肤上残留的致病物。

（2）治疗期间避免或减少接触致病因素。

（3）根据临床类型及病情对症处理。

（二）其他处理

（1）职业性药疹样皮炎、职业性皮肤癌、职业性黑变病、职业性白斑确诊后应调换工作，脱离发病环境。

（2）严重变应性反应，反复发病长期不愈；聚合型或合并多发性毛囊炎、囊肿的职业性痤疮，长期治疗无效者，可脱离发病环境。

（邹　颖）

第二节　职业性电光性皮炎

一、概述

（一）定义

职业性电光性皮炎是指在劳动中接触人工紫外线光源，如电焊器、碳精灯、水银石英灯等引起的皮肤急性炎症。

（二）流行病学

主要见于电焊工及其辅助工、操作碳精灯或水银石英灯的劳动者、实验室工作人员、医务人员等。在无适当的防护措施或防护不严的情况下，可能发病。我国一项针对吉林、山东和重庆三个省级行政区共8家电网企业的4191名一线劳动者2018—2020年工作环境暴露情况与各类职业危害突发事件发生情况的调查显示，在电焊环境下作业的222名工作人员中，有54名（约占24.3%）发生电光性皮炎。

（三）病因与接触机会

职业性电光性皮炎是由紫外线辐射所致，其致病因素主要为中波紫外线（290~320nm）。

（四）发病机制

紫外线被皮肤的色基吸收后，导致表皮和真皮细胞的广泛损伤，引起急性炎症反应。

二、临床表现

（一）症状与体征

皮损常发生于颜面、颈部、手背、前臂等暴露部位，表现为急性皮炎，皮损局限于曝光部位，有明显界限（图1-2）。其反应程度，视光线强弱、照射时间长短及个体差异而定。轻者表现为界限清楚的水肿性红斑，有灼热及刺痛感；重者在水肿性红斑的基础上，可发生水疱或大疱，甚至表皮坏死，伴有剧烈疼痛。

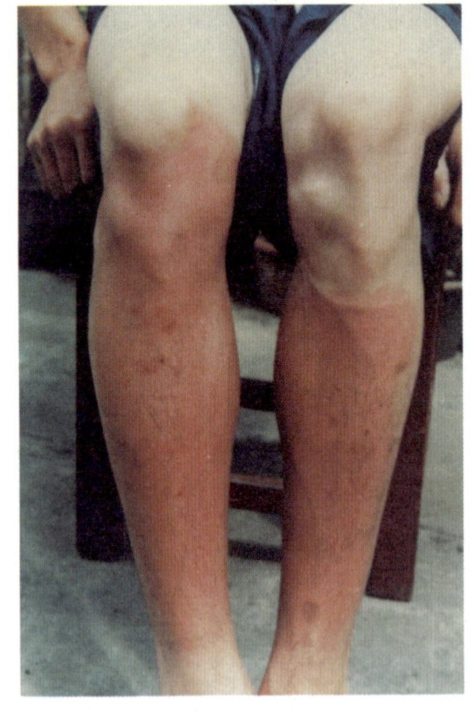

图1-2　电焊劳动者发生的电光性皮炎

皮损症状常在24小时内达到高峰，以后红斑及水肿减退，继之出现糠秕样或大片脱屑，遗留轻度色素沉着。轻者1~2天，重者1周左右症状即可消退。皮损面积较大、症状较严重者，可出现头痛、恶心、心悸、发热等全身症状。如眼部无适当防护措施或防护不当，还可合并电光性眼炎。

（二）实验室及辅助检查

职业性电光性皮炎目前尚无特异性实验室检查和辅助检查方法。其组织病理表现可参考晒斑，即表皮海绵形成、角质形成细胞空泡化，伴真皮炎细胞浸润，其特征性病理改变是出现晒斑细胞，表现为棘细胞层部分细胞胞质均匀一致，嗜酸性染色，胞质深染，核固缩甚至消失。

三、诊断与鉴别诊断

（一）诊断原则

《职业性电光性皮炎诊断标准》（GBZ 19—2002）规定了职业性电光性皮炎的诊断原则：根据职业接触史、发病部位、临床表现、有无防护措施及作业环境调查等综合分析，排除非职业性因素引起的类似皮炎及职业性接触性皮炎，方可诊断。

（二）诊断标准

职业性电光性皮炎诊断标准如下：皮损表现为急性皮炎，其反应程度因光线强弱、照射时间长短而不同。轻者表现为界限清楚的水肿性红斑，有灼热感及刺痛感；重者除上述症状外，可发生水疱或大疱，甚至表皮坏死，疼痛剧烈。具有下列条件者可诊断。

（1）在无适当的防护措施或防护不严的情况下，于照射后数小时内发病。

（2）皮损发生在面、手背和前臂等暴露部位。

（三）鉴别诊断

本病需要与非职业性因素引起的类似皮炎，如晒斑、外源性光感性皮炎、接触性皮炎、烟酸缺乏症等相鉴别。

1. 晒斑

晒斑又称日晒伤、日光性皮炎等，是正常皮肤过度接受 UVB 后产生的一种急性炎症反应，表现为红斑、水肿、水疱和色素沉着、脱屑。其病因和发病机制与本病相似，但缺乏职业性暴露的依据。

2. 外源性光感性皮炎

该病是光感物质通过局部或系统用药等途径进入机体后，在一定波长的光线照射下，引起的皮肤疾病，可分为光毒性和光变态反应性两种类型。皮损局限于曝光部位，避免接触光感物质或停用可疑光感性药物后可痊愈，光斑贴试验可进行鉴别。

3. 接触性皮炎

该病是皮肤或黏膜单次或多次接触外源性物质后，在接触部位甚至以外的部位发生的炎症性反应，可分为刺激性接触性皮炎和变应性接触性皮炎。该病发病前有明确的接触史，斑贴试验有助于疾病鉴别。

4. 烟酸缺乏症

烟酸缺乏症又称陪拉格、糙皮病或癞皮病，是由烟酸缺乏引起的以皮炎、舌炎、肠炎、精神异常和周围神经炎为特征的疾病，典型的三联征为皮炎、腹泻和痴呆。皮损常对称分布于曝光部位，呈晒斑样表现，后期出现糜烂、鳞屑及色素沉着。实验室检查血浆中 2– 吡啶酮值、尿中 2– 吡啶酮 / N– 甲基烟酰胺比值以及红细胞中烟酰胺腺嘌呤二核苷酸 / 磷酸烟酰胺腺嘌呤二核苷酸比值可作为烟酸缺乏的可靠指标。

四、治疗、预后及预防措施

（一）治疗

治疗按一般急性皮炎的治疗原则，根据病情对症处理。可根据局部皮损程度用炉甘石洗剂或糖皮质激素制剂涂敷。损害广泛而严重者，可考虑内服糖皮质激素。合并有电光性眼炎者，需与眼科医师共同处理。

（二）预后及康复

轻者 1~2 天，重者 1 周左右症状即可消退。

（三）预防措施

根据《职业健康监护技术规范》（GBZ 188），上岗前须进行职业禁忌证的筛查，如面、手背和前臂等暴露部位严重的皮肤病和白化病等，询问岗前人员有无皮肤瘙痒、红肿、皮疹，同时进行血常规、尿常规、血清谷丙转氨酶（ALT）以及心电图检查等。

在岗期间须进行职业性电光性皮炎的健康监护，询问在岗人员有无皮肤炎症、疼痛等症状，检查有无皮疹、皮肤红肿等。健康检查周期为 2 年。

对于因意外或事故接触高强度紫外线可能导致急性电光性皮炎的职业接触人群，需进行应急健康检查，注意有无皮肤红肿、大疱等。必要时进行作业场所现场调查。作业人员离岗时应进行职业健康检查，注意有无皮疹或皮肤红肿等。

此外，还应改善作业环境条件，改善生产工艺，采用有效的防护设施和个人防护用品，对职业病患者及疑似职业病和有职业禁忌人员合理处理与安置等。

五、案例分析与经验启示

1. 基本信息

患者，男，50 岁，电焊劳动者。

2. 职业史与职业病危害因素接触史

2008 年 11 月 18 日 14 时至 17 时患者在进行电焊工作时双腿未佩戴防护用具，导致双小腿职业暴露。

3. 临床表现与诊疗经过

劳动者当天 23 时左右双下肢出现红色斑片，伴有轻微灼痛感。次日晨上述症状无明显缓解，遂至当地医院诊治。诊疗经过：予氯雷他定片口服，炉甘石洗剂外涂皮损部位；3 天后红肿消退，灼痛感消失，出现轻度色素沉着及干燥性鳞屑，给予保湿剂外涂治疗。1 个月后再次复诊，上述皮损基本消退。

4. 实验室及功能检查

皮肤科查体：双下肢胫部水肿性红色斑片，境界清楚。

5. 流行病学调查

对该例患者工作单位的调查显示，该单位共有 12 人从事电焊工作，工厂均按照规定配备个人防护用品——手套、面罩及工作服等，每日工作 2~8 小时。调查中发现，其中另有 2 名劳动者具有类似皮肤损害，符合《职业性电光性皮炎诊断标准》（GBZ 19—2002）规定的职业性电光性皮炎的诊断标准，均为个人原因，忽视职业防护而发病。

6. 综合分析

结合该劳动者职业病危害接触史、临床表现及流行病学调查结果等综合分析，依据《职业性电光性皮炎诊断标准》（GBZ 19—2002）职业病诊断结论为“职业性电光性皮炎”。本例中造成职业性电光性皮炎的主要原因是劳动者在工作期间未佩戴防护用具。

7. 经验启示

通过本案例的分析，我们对职业性电光性皮炎的病因、临床表现及诊疗方法有了更深刻的了解，为类似案例的预防和处理提供参考。职业性电光性皮炎是指劳动者在劳动期间，接触人工紫外线光源引起的急性皮肤炎症，通常是在无防护或者防护不严的情况下发生。为减少职业性电光性皮炎的发生，用人单位应对作业人员进行职业健康知识培训，并积极采取预防措施，作业场所应设置操作规程警示标识，并要求劳动者作业时必须佩戴防护用品。对于从事接触人工紫外线光源的劳动者，就业前应进行皮肤科检查，有光敏性疾病和白化病者不宜从事该工作。

（马月龙 邹 颖）

第三节 职业性接触性皮炎

一、概述

职业性接触性皮炎是指在劳动或作业环境中直接或间接接触具有刺激和（或）致敏作用的职业性有害因素引起的急、慢性皮肤炎症性改变，是最为常见的职业性皮肤病，职业性接触性皮炎占职业性皮肤病的90%~95%。按其发病机制的不同分为职业性刺激性接触性皮炎和职业性变应性接触性皮炎。

国内有研究选取了9家玻璃纤维企业的27个车间、1009名在职劳动者作为调查对象，进行了有关职业性皮肤病的专项调查，调查结果发现刺激性接触性皮炎患者711例，患病率为70.5%，其中119名拉丝工中有83.2%的劳动者患有刺激性接触性皮炎；某石化公司劳动者职业性接触性皮炎发病率为16.11%；某炼油厂接触汽油的劳动者职业性接触性皮炎发病率为10.69%；某服装厂去锈工职业性刺激性接触性皮炎的发病率是100%。这些数据都提示职业性接触性皮炎的发病率还是很高的，需要引起我们的高度重视。

（一）病因和接触机会

职业性接触性皮炎所涉及的职业范围很广，国外统计，常见的职业性接触性皮炎的职业人群有家庭服务员、面包师、屠夫、餐饮业劳动者、清洁工、建筑劳动者、食品加工劳动者、理发师、园艺师、金属作业工、机械维修工、护士、油漆工、印刷工及按摩师等。常见的职业性接触性皮炎的高危职业为接触粘结剂、树脂、塑料工作的职业、建筑业、餐饮业、农业、玻璃工业、园艺业、皮革鞣化业、漆业、药剂及化工业、橡胶工业、纺织印染及木材加工业等。

国内报告的职业性接触性皮炎的职业主要有化学工业、食品加工业、机械加工业、纺织业、染料加工业、制药业、木材加工业、电子工业、演艺业及修理工等。

职业性接触性皮炎分为职业性刺激性接触性皮炎和职业性变应性接触性皮炎两种，由于它们发病机制的不同，致病物质也有所不同，现分述如下：

1. 职业性刺激性接触性皮炎致病物

（1）无机性原发性刺激物：酸类有硫酸、硝酸、盐酸、氢氟酸、氯磺酸、次氯酸、铬酸等。碱类有氢氧化钾、氢氧化钠、氢氧化铵、碳酸钠等。某些元素及其盐类有锑和锑盐、砷和砷盐、重铬酸盐、氯化锌、氯化镓、氟化铍等。

（2）有机性原发性刺激物：有机性酸类如醋酸、甲酸、三氯醋酸、水杨酸、苯酚等。有机碱类如乙二胺、丙胺、丁胺等。有机溶剂类如松节油、二硫化碳、石油和焦油类溶剂等。

（3）沥青、焦油及某些卤素化合物，如多氯联苯、氯酚类、氯萘等具有特殊的刺激作用。

（4）动物：松毛虫、桑毛虫、隐翅虫、蜂、螨虫、蜱虫、水蛭、水母等。

（5）植物：无花果、鹅不食草、薰衣草、薄荷、常春藤、臭椿、红花（藏红花）等。

（6）农药：杀虫剂包括666、敌敌畏、敌百虫、水胺硫磷、甲胺磷、杀虫双、苯并呋喃酮等，杀螨剂，杀菌剂及百草枯等。

（7）其他：玻璃纤维、石棉、肥皂、合成清洁剂、助焊剂、脱毛剂、润滑油、消毒液、染发剂等。

2. 职业性变应性接触性皮炎致病物

（1）染（颜）料及其中间体：酱紫、立索尔大红、基本红、分散蓝106、分散蓝124、萘胺黄、荧光染料、现代美容产品中染料、对苯二胺、间苯二胺、间苯胺黄、二硝基氯苯、对氨基酚、氨基偶氮苯等。

（2）橡胶、橡胶制品及其加工过程中的促进剂和防老剂：乳胶、乳胶制品（乳胶手套等）、天然橡胶、橡胶制品（包括橡胶手套、护目镜、把手等）、秋兰姆类促进剂（包括二硫化双亚戊基秋兰姆、一硫化四甲基秋兰姆、二硫化四甲基秋兰姆、二硫化四乙基秋兰姆等）、卡巴混合物类促进剂（包括1,3–二苯胍、二乙基二硫代氨基甲酸锌、二丁基二硫代氨基甲酸锌等）、巯基混合物类促进剂（N–环己基苯–2–并噻唑次磺酸胺、二硫化二苯并噻唑、2–巯基苯并噻唑、吗啉巯基苯并噻唑等）、六亚甲基四胺（乌洛托品、促进剂H）、苯基甲萘胺（防老剂A）、苯基–β–萘基胺（防老剂D）、N–苯基–N–环乙烷基–对苯二胺（防老剂4010）、N–异丙基–N′–苯基–对苯二胺（防老剂4010NA）、N,N′–二苯基–对苯二胺（防老剂PPD）等。

（3）天然树脂和合成树脂：桉树油、大漆、苯酚树脂、甲醛树脂、三聚氰胺甲醛树脂、酚醛树脂、对叔丁基酚醛树脂、脲醛树脂、环氧树脂、双酚F环氧树脂、苯胺环氧树脂、聚酯树脂等。

（4）金属及其盐类：镍、钴、铬、锌、锡、铜、锰、铝、铟、铂、钯、金、铍、铱、汞、铑、钛等及其盐类重铬酸钾、氯化钴、硫酸镍、汞盐等。

（5）香料：肉桂醛、肉桂醇、氢化香茅醛、羟基香茅醇、戊基香茅醇、香兰素、葵子麝香、香叶醇、丁子香椿、异丁子香椿、樱草素等。

（6）药物：青霉素、盐酸氯丙嗪、磺胺噻唑等。

（7）清洁剂：肥皂添加剂、合成清洁剂、咪唑烷基脲（洁美115）等。

（8）植物：檀木、乌木、柚木、桦树、漆树等。

（9）显影剂类：密妥尔（硫酸对甲基苯酚）、三聚甲醛、TSS（二乙基对苯二胺硫酸盐）。

（10）其他：三氯乙烯、丙烯酸类聚合物、酮类聚合物、异氰化合物、硫酸二甲酯等。

（二）发病机制

1. 职业性刺激性接触性皮炎

职业性刺激性接触性皮炎是指具有刺激性的物质，如强酸、强碱，包括我们以上所列的原发刺激物等，不论任何人，只要接触其一定的浓度和一定的时间，任何接触部位，都会在一定的时间（几分钟至2小时）发生急性皮炎，表现为红肿、丘疹、水疱、大疱甚至坏死。有少数较为敏感的人，接触低浓度刺激物也可引起原发性刺激。很多化学物质可以侵入皮肤，有些分子可逐渐损耗皮肤角质层，使角蛋白发生变性，而改变其蓄水能力，产生理化性的损害。有些皮肤损害是因为直接接触刺激而引起的，例如玻璃纤维、石棉等，它是通过直接刺入皮肤引起皮肤的炎症反应。

2. 职业性变应性接触性皮炎

过敏的发生，一般与个人的易感性、物质的致敏力及其在皮肤中的浓度有关，但其中最重要的是物质的致敏力，由于物质的极端多样性，其致敏力变化多端，如具高度致敏力的强变应原二硝基氯苯（DNCB），几乎对所有人都可能引起变态反应。

致敏化学物质大多数是低分子量（分子量小于1000u）的单纯化合物，但也有结构复杂的化学物质。单纯化合物系半抗原，必须与皮内蛋白质进行共价结合后才能起致敏作用。

变应性接触性皮炎的发生需要经历两个阶段：

（1）致敏或诱导期。在此阶段中变应原、Langerhans 细胞 - 巨噬细胞和淋巴细胞发挥作用。

（2）激发阶段或反应期。在机体已经被致敏情况下，如在皮肤上有抗原持续存在或有同样特异抗原导入另一皮肤部位，则可在几小时或 1~2 天内引发变应性皮炎。其发展过程是一致的。由于血液循环中这些特异的淋巴细胞数目甚少，要吸收足够的这种淋巴细胞至有抗原部位，以产生反应，需要一段时间，一般需 7~8 小时至 24 小时。

从第一次接触之日至发生反应，共需 5~14 天，平均为 7~8 天，至少 5 天才产生变应性皮炎。如已发生过敏反应或已有足够的潜伏期（4~25 天）后，如再次接触变应原，则因机体内已有足够的致敏 T 淋巴细胞，只需 7~8 小时的潜伏期即可出现反应。

很多炎性反应由 T 淋巴细胞触发，但可包括嗜碱粒细胞，因后者也可能是变应性接触性皮炎的效应细胞。

三氯乙烯药疹样皮炎是最近几年好发的职业性接触性皮炎，对于三氯乙烯药疹样皮炎的发病机制目前尚无定论，但是目前普遍认为其发病机制属变态反应，以Ⅳ型变态反应可能性大。陈建忠等对患者的皮肤病理学研究发现，患者的皮肤病理变化符合变态反应所致的免疫损伤。

为了减少职业性接触性皮炎的发病率，应做好就业前的体检工作，有严重变应性皮肤病，或手及前臂等暴露部位湿疹，严重皲裂等慢性皮肤病患者，不宜接触可诱发或加剧该病的致病物质。对较易发生接触性皮炎的工种应定期进行皮肤检查，以便及时发现病人，采取适当的防护措施。

二、临床表现

（一）职业性刺激性接触性皮炎

皮损局限于直接接触部位，界限清楚。最易接触刺激物的手腕和前臂，特别是指背、指侧和手背常为好发部位。皮疹分布部位与刺激物的状态有关。如刺激物为固态、液态常累及手部和前臂；如为烟雾或气体常累及面部、颈部及上胸 V 字形区；如为粉尘可影响覆盖部位，特别是皮肤皱襞处；如工作服被污染或因搔抓等间接接触所致，皮疹常发生于腰部、股内侧、外阴及相应部位。

皮损的严重程度视化学物刺激性的强、弱而异。接触刺激物后，常立即发病，接触与发病间的关系十分明确。这一类的皮损形态类似灼伤，故在临床上应加以鉴别。

一般情况是接触刺激物后，首先在接触部位出现瘙痒或烧灼感，继而出现红斑、水肿、丘疹、水疱及糜烂、渗出、结痂等。皮损的演变可停留在任何阶段，这主要取决于接触物的性质、浓度、剂量和作用时间等。皮损轻者只有红斑、瘙痒，几天后脱屑而愈；重者在红肿的基础上迅速发生丘疹、水疱以及大疱，疱破后有渗液、糜烂现象。病程具有自限性，停止接触致病物后，一般 1~3 周可痊愈。

长期反复接触弱刺激物，可出现不同程度的浸润、增厚、脱屑、皲裂及色素增加，自觉灼痛或瘙痒，皮肤逐渐失去弹性，呈现慢性皮炎征象。

（二）职业性变应性接触性皮炎

职业性变应性接触性皮炎的临床表现与原发性刺激性接触皮炎相似，但大疱少见，常呈湿疹样变。皮损多发生于暴露部位，以后常向周围蔓延，非接触部位亦可发病，高度敏感者可波及与接触无关的远隔部位，严重者泛发全身。皮损分布一般对称，边缘大多模糊不清。急性损害初期时为水肿性红斑，继之出现丘疹、水疱，疱破后可出现糜烂、渗液、结痂等。位于眼睑、唇部、外生殖器等处的皮损常以水肿性红斑为主，严重时眼睑高度水肿、眼裂缩小成缝。有时初发的损害可能是密集成簇的水疱，多见于指背、手背、腕与前臂等处。急性期如皮损处理不当，或继续接触致病物，常演变为亚急性改变，尤其是簇集性水疱常发展成局限性、有一定边缘的浸润性斑片，间有轻度渗液，可伴有鳞屑、痂皮，呈典型的钱币状湿疹样表现。

临床上所谓职业性湿疹往往是此类皮肤损害。铬化合物引起的湿疹即有此特点。湿疹的病程时好时坏，有痒感，多发生于手背、前臂，呈小片状、局限性，有时呈对称性。脱离致敏原后，大部分病例可以很快治愈，也有的病例可迁延很久，甚至反复。在这种情况下，必须注意到由某种致敏物引起湿疹的患者，可以对另外一些致敏物以及生活中接触的化学物发生交叉过敏现象。

变应性接触性皮炎的慢性期皮损以浸润、增厚、皲裂为特征，反复接触变应原或刺激物后，慢性皮损可呈急性或亚急性发作。

病程长短不一，在皮损发展过程中，部分患者可逐渐适应，越发越轻，以至不发。少数患者则越发越重，最终不能继续接触变应原而必须变换工种。多数患者于停止接触变应原后 1~3 周皮损消退，个别患者过敏状态持续较久或发生交叉过敏，致使病情迁延。

职业性三氯乙烯药疹样皮炎临床上有剥脱性皮炎、多形红斑、重症多形红斑、大疱性表皮坏死松解症 4 个类型。近年来普遍认为该病为Ⅳ型变态反应，故应考虑为职业性变应性接触性皮炎的其他表现形式。

（三）实验室和辅助检查

皮肤斑贴试验是目前检测变应性接触性皮炎的致敏物的重要方法之一。适用于职业性变应性接触性皮炎，不适用于职业性刺激性接触性皮炎。操作过程中应注意斑试物浓度，选择合适的赋形剂，正确评定斑试结果。

1. 试验材料和斑试变应原浓度

（1）试验材料：采用商品化的闭合性能良好的低敏斑试胶带。

（2）斑试变应原浓度：应采用对皮肤既无刺激又可诱发变态反应的浓度。某些常见的工业化学物斑试浓度参见表 1–1。未列入表 1–1 的需要做斑试的变应原浓度，可参考有关资料酌定；无从参考者，可做动物试验确定其最低的刺激浓度，再用低于该浓度的变应原做皮肤试验，并需用健康人做对照。

2. 操作步骤

（1）将斑试胶带隔离纸剥除，药室朝上置于试验台上。

（2）试验物如为固体或半固体可直接加入药室内，加入量略超过药室容积的一半（约 0.02g）；液体被试物可将滤纸浸湿（约 0.02mL）放入药室内。

（3）立即将置有变应原的斑试胶带从下部开始纵向贴于脊柱两侧的健康皮肤上，同时逐个轻压药室以驱除空气，并使试验物均匀分布。

（4）试验部位做好标记，以便观察。

3. 观察与判定

（1）观察时间。贴足 48 小时移去斑试胶带，用湿的软纸或棉签清除残留的斑试物，间隔 30 分钟做首次观察，并于 72、96 小时分别做第 2 次与第 3 次观察。必要时可于第 7 天继续观察，注意有无迟发反应。

（2）反应程度判定如下。

NT：未试验。

IR 刺激反应：散在小片状红斑，无浸润。

– 阴性反应：受试局部皮肤无反应。

± 可疑反应：受试局部皮肤呈轻度红斑。

+ 弱阳性反应：受试局部皮肤呈红斑、浸润，可有少量丘疹。

++ 强阳性反应：受试局部皮肤呈红斑、浸润、丘疹、水疱。

+++ 极强阳性反应：受试局部皮肤出现大疱。

（3）结果解释。斑贴试验结果应经连续多次动态观察、综合分析来进行判断。“+”及“+”以上的反应，在 72 小时或以后的观察中持续存在，甚至加剧者，提示为阳性变态反应。在斑贴试验结果的判断中，需注意假阳性反应和假阴性反应的鉴别。

（4）注意事项。

①皮炎急性期不宜做斑贴试验；

②受试者在受试前 2 周及试验期间不得应用类固醇皮质激素，试验前 3 天及受试期间宜停用抗组胺类药物；

③斑贴试验前应向受试者说明意义和可能出现的反应，以便取得完全合作；

④必须嘱咐受试者，如发生强烈反应应立即去掉斑试物；

⑤斑贴试验期间不宜洗澡、饮酒及揉搓斑试部位，并避免激烈运动；

⑥在反应程度判定中，要排除假阳性或假阴性结果；

⑦应以赋形剂作对照。必要时还需与正常人对照。

表 1-1　皮肤斑贴试验常用变应原浓度及赋形剂

编号	化学物名称	浓度 %	赋形剂
1	重铬酸钾（Potassium dichromate）	0.5	凡士林
2	氯化钴（Cobalt chloride）	1	凡士林
3	硫酸镍（Nickel sulfate）	2.5~5	凡士林
4	硫酸新霉素（Neomycin sulfate）	20	凡士林
5	链霉素（Streptomycin）	50	蒸馏水
6	樟脑（Camphor）	5	凡士林
7	盐酸氯丙嗪（Chlorpromazine hydrochloride）	0.1	蒸馏水
8	苯唑卡因（Benzocaine）	5	凡士林
9	硫柳汞（Thimerosal）	0.1	凡士林

续表

编号	化学物名称	浓度 %	赋形剂
10	秘鲁香脂（Peru Balsam）	25	凡士林
11	羊毛脂醇（Wool alcohols）	30	凡士林
12	亚乙基二胺（Ethylenediamine dihydrochloride）	1	凡士林
13	对羟基苯甲酸酯混合物（Parabens mix）	15	凡士林
	对羟基苯甲酸甲酯（Methyl–p–hydroxybenzoate）	3	凡士林
	对羟基苯甲酸乙酯（Ethyl–p–hydroxybenzoate）	3	凡士林
	对羟基苯甲酸丙酯（Propyl–p–hydroxybenzoate）	3	凡士林
	对羟基苯甲酸丁酯（Butyl–p–hydroxybenzoate）	3	凡士林
	对羟基苯甲酸苄酯（Benzyl–p–hydroxybenzoate）	3	凡士林
14	咪唑烷基脲、洁美 115（Imidazolidinyl urea、Germall 115）	2	凡士林
15	夸特 15、氯化氯烯丙基六亚甲基四胺（Quaternium 15，Chlorallyl methenamine chloride）	1	凡士林
16	溴硝丙醇（Bronopol）	0.5	凡士林
17	卡松 CG、5– 氯 –2– 甲基 –4– 异噻唑啉 –3– 酮 +2– 甲基 –4– 异噻唑啉 –3– 酮（Kathon CG，5–Chloro–2–methyl–4–isothiazolin–3–one+2–methyl–4–isothiazolin– 3–one）	0.01	蒸馏水
18	甲醛（Formaldehyde）	1~2	蒸馏水
19	山梨酸（Sorbic acid）	3	凡士林
20	秋兰姆混合物（Thiuram mix）	1	凡士林
	二硫化双亚戊基秋兰姆、促进剂 PTD（Dipentamethylenethiuram disulfide）	0.25	凡士林
	二硫化四甲基秋兰姆、促进剂 TMTD（Tetramethylthiuram disulfide）	0.25	凡士林
	一硫化四甲基秋兰姆、促进剂 TMTM（Tetramethylthiuram monosulfide）	0.25	凡士林
	二硫化四乙基秋兰姆、促进剂 TETD（Tetraethlthiuram disulfide）	0.25	凡士林
21	黑橡胶混合物（Black rubber mix，PPD mix）	0.6	凡士林
	N– 环已基 –N′– 苯基 – 对苯二胺、防老剂 4010（N–Cyclohexyl–N′–phenyl–p–phenylenediamine，CPPD）	0.25	凡士林
	N– 异丙基 –N′– 苯基 – 对苯二胺、防老剂 4010NA（N–Isopropyl–N′–phenyl–p– phenylenediamine，IPPD）	0.1	凡士林
	N,N′– 二苯基 – 对苯二胺、防老剂 PPD（N,N′–Diphenyl–p– phenylenediamine，DPPD）	0.25	凡士林
22	卡巴混合物（Carba mix）	3	凡士林
	1,3– 二苯胍、促进剂 D（1,3–Diphenylguanidine，DPG）	1	凡士林
	二乙基二硫代氨基甲酸锌、促进剂 ZDC（Zinc diethyldithiocarbamate）	1	凡士林
	二丁基二硫代氨基甲酸锌、促进剂 BZ（Zinc Dibutyldithiocarbamate）	1	凡士林
23	巯基混合物（Mercapto mix）	2	凡士林
	N– 环已基 –2– 苯并噻唑次磺酸胺、促进剂 CZ（N–Cyclohexyl–2–benzothiazolesulfenamide，CBS）	0.5	凡士林
	二硫化二苯并噻唑、促进剂 DM（Dibenzothiazyl disulfide，MBTS）	0.5	凡士林
	2– 巯基苯并噻唑、促进剂 M（2–Mercaptobenzothiazole，MBT）	0.5	凡士林
	吗啉巯基苯并噻唑（Morpholinyl mercaptobenzothiazole，MOR）	0.5	凡士林

续表

编号	化学物名称	浓度 %	赋形剂
24	萘基混合物（Naphthyl mix）	1	凡士林
	N- 苯基 -2- 萘胺（N-phenyl-2-naphthylamine）	0.5	凡士林
	N,N′- 二 -β- 萘基 - 对苯二胺、防老剂 DNP（N,N′-Di-β-naphthyl-p-phenylenedamine）	0.5	凡士林
25	六亚甲基四胺、促进剂 H（Hexamethylenetetramine）	2	凡士林
26	苯基 -β- 萘基胺、防老剂 D（Phenyl-β-naphthylamine）	0.5	凡士林
27	香兰素（Vanillin）	10	凡士林
28	葵子麝香（Musk ambrette）	1	凡士林
29	肉桂醇（Cinnamic alcohol）	1	凡士林
30	肉桂醛（Cinnamic aldehyde）	1	凡士林
31	羟基香茅醇（Hydroxycitronellal）	1	凡士林
32	戊基香茅醇（Amylcinnamaldehyde）	1	凡士林
33	香叶醇（Geraniol）	1	凡士林
34	丁子香酚（Eugenol）	1	凡士林
35	异丁子香酚（Isoeugenol）	1	凡士林
36	绝对橡苔（Oak moss absolute）	1	凡士林
37	环氧树脂（Epoxy resin）	1	凡士林
38	对叔丁基酚醛树脂（p-tert-Butylphenol formaldehyde resin）	1	凡士林
39	松香（Colophony）	20	凡士林
40	甲苯（Toluene）	50	植物油
41	二甲苯（Xylene）	50	植物油
42	对苯二胺（p-Phenylenediamine）	1	凡士林
43	对苯二酚，氢醌（Hydroquinone）	3	凡士林
44	可因混合物Ⅲ（Caine mix Ⅲ）	10	凡士林
45	喹啉混合物（Quinoline mix）	6	凡士林
46	樱草素（Primin）	0.01	凡士林
47	倍半萜烯内酯混合物（Sesquiterpene lactone mix）	0.1	凡士林
48	对氯间甲酚（p-Chloro-m-cresol）	1	凡士林
49	夫西地酸钠（Sodium fusidate）	2	凡士林
50	重氮烷基脲、洁美Ⅱ（Diazolidinyl urea，Germall Ⅱ）	2	凡士林
51	甲基二溴戊二腈（Methyldibromoglutaromitrile）	0.3	凡士林
52	4- 氯 -3,5- 二甲酚（4-Chloro-3,5-xylenol）	0.5	凡士林
53	香料混合物Ⅱ（Fragrance mix Ⅱ）	14	凡士林
54	分散蓝混合物（Disperse Blue mix 106/124）	1	凡士林
55	菊属植物混合物（Compositae mix）	2.5	凡士林
56	蜂胶（Propolis）	10	凡士林
57	偏亚硫酸氢钠（Sodium metabisulphite）	1	凡士林

续表

编号	化学物名称	浓度 %	赋形剂
58	氯碘羟喹（Clioquinol）	5	凡士林
59	DMDM 海因（DMDM Hydantoin）	1	凡士林
60	可卡米多丙必它因（Cocamidopropyl betaine）	5	凡士林

三、诊断与鉴别诊断

（一）诊断原则

根据明确的职业接触史，发病部位，临床表现及动态观察；参考作业环境调查，同工种发病情况；需要时结合皮肤斑贴试验进行综合分析，排除非职业性因素引起的接触性皮炎，方可诊断。

1. 职业性刺激性接触性皮炎

急性皮炎呈红斑、水肿、丘疹，或在水肿性红斑基础上密布丘疹、水疱或大疱，疱破后呈现糜烂、渗液、结痂。自觉灼痛或瘙痒。慢性改变者，呈现不同程度浸润、增厚、脱屑或皲裂。具有下列条件者可诊断：

（1）有明确的职业接触史；

（2）自接触至发病所需时间和反应程度与刺激物的性质、浓度、温度、接触方式及时间有密切关系，接触高浓度强刺激物，常立即出现皮损；

（3）在同样条件下，大多数接触者发病；

（4）皮损局限于接触部位，界限清楚；

（5）病程具有自限性，去除病因后易治愈，再接触可再发。

2. 职业性变应性接触性皮炎

皮损表现与刺激性接触性皮炎相似，但大疱少见，常呈湿疹样表现。自觉瘙痒。具有下列条件者可诊断：

（1）有明确的职业接触史；

（2）初次接触不发病，一般情况下自接触到致敏需 5~14 天或更长时间，致敏后再接触常在 24 小时内发病。反应程度与致敏物的致敏强度和个体素质有关；

（3）在同样条件下，接触者仅少数人发病；

（4）皮损初发于接触部位，界限清楚或不清楚，可向周围及远隔部位扩散，严重时全身泛发；

（5）病程可能迁延，再接触即能引起复发；

（6）以致敏物做皮肤斑贴试验常获阳性结果。

职业性接触性皮炎目前尚缺乏特异的辅助检查指标，诊断主要依据临床资料。职业史明确，职业接触与皮损发生、发展之间有密切的因果关系，并能排除非职业因素引起的接触性皮炎和其他疾病时，应予诊断。

（二）鉴别诊断

职业性接触性皮炎应注意与各种非职业因素引起的接触性皮炎、湿疹、脂溢性皮炎及职业性光接触性皮炎等皮肤病相鉴别。鉴别要点见表 1–2。

表 1-2　职业性接触性皮炎与其他皮肤病的鉴别要点

疾病名称	病因	发病部位	临床表现
职业性接触性皮炎	在职业活动中直接或间接接触具有刺激和（或）致敏作用的有害因素	初发于接触部位，变应性接触性皮炎可向周围和远隔部位扩散，严重时泛发全身	接触部位出现瘙痒和烧灼感，随后出现红斑、水肿、丘疹、水疱、糜烂、渗出、结痂等
非职业性接触性皮炎	非职业活动中直接或间接接触具有刺激和（或）致敏作用的有害因素	同上	同上
湿疹	病因复杂，常由多种内外因素引起	可发生在身体任何部位	皮疹多样性，急性期表现为密集的粟粒大小丘疹、丘疱疹或小水疱等，基底潮红。慢性期为皮肤增厚、浸润、皲裂等
脂溢性皮炎	在皮脂溢出基础上产生的一种慢性皮肤炎症	常分布在皮脂腺较多部位，如头皮、面部、背部、腋窝等处	皮损为略带黄色的轻度红斑，伴油腻性鳞屑和结痂
职业性光接触性皮炎	职业活动中接触光敏物，并受到日光照射引起的皮肤炎症反应	局限于光照射部位或开始于接触部位，后向周围扩散，可蔓延至全身	光照射部位出现潮红、肿胀伴烧灼、刺痛及瘙痒感，严重者在以上基础上出现大疱、糜烂、结痂

四、治疗与预后和康复

（一）治疗

1. 职业性刺激性接触性皮炎

（1）立即用水冲洗皮肤上的刺激物，不要等待中和液，以免贻误治疗。冲洗要充分，不要遗漏毛发、皱襞等部位。

（2）根据接触物性质选用中和剂，碱性物质采用弱酸性溶液中和，如 2% 醋酸或 3% 硼酸溶液等；酸性物质则采用弱碱性溶液中和，如肥皂液或 2%~5% 碳酸氢钠溶液等。但中和时间不宜过长，随后用清水冲去中和剂。

（3）按一般接触性皮炎的治疗原则对症处理，如红斑、糜烂、渗液的急性损害宜采用 3% 硼酸溶液等作冷湿敷；无渗液的红斑、丘疱疹损害可用复方炉甘石洗剂或粉剂，每日多次；伴有少量渗液的亚急性损害宜用糊膏或霜剂；浸润增厚或苔藓样变的慢性损害宜外用含有煤焦油或糠馏油软膏或糖皮质激素软膏；患者瘙痒感觉较重时，适当考虑口服抗组胺药物，如西替利嗪、氯雷他定等。

（4）暂时避免接触致病物及其他促使病情加剧的因素。

（5）本病由刺激物的原发性刺激作用所致，任何接触者接触后均可发病，因此患者治愈后可以恢复工作，但应改善劳动条件，加强个人防护，并搞好个人和环境卫生，减少和避免皮肤接触，以防皮炎再发。

2. 职业性变应性接触性皮炎

（1）一般处理：与刺激性皮炎一样，应及时清除皮肤上残留的致敏物，暂时避免接触致敏物及其他促使病情加剧的因素。

（2）局部治疗：原则同刺激性接触性皮炎。

（3）系统治疗：瘙痒感明显时，可口服抗组胺药物，如第二代的西替利嗪、氯雷他定等，以及第一代的氯苯那敏、赛庚啶等，第一代和第二代可以单用或者连用，以增强治疗效果。有时也可用10%葡萄糖酸钙10ml静脉注射，每日1次。皮损广泛或反复发作显示高度敏感者，可考虑短期使用中、小剂量糖皮质激素，待皮损好转后逐渐减量。亦可选以清热、解毒、利湿为主的中草药煎服。

（二）预后和康复

职业性刺激性接触性皮炎由刺激物的原发性刺激作用所致，任何接触者接触后均可发病，因此患者治愈后可以恢复工作，但应改善劳动条件，加强个人防护，并搞好个人和环境卫生，减少和避免皮肤接触，以防皮炎再发。

职业性变应性接触性皮炎的发生属迟发型变态反应，除接触变应原外，还与个体素质有关。一旦过敏，极微量即可激发，且这种过敏状态有时可持续较长时间。若反复发病，长期不见好转，影响工作者，可考虑调换工作，脱离有致敏物的环境。

五、案例分析与经验启示

（一）案例一

1. 基本信息

患者，男，31岁，某化工厂劳动者。

2. 职业史与职业病危害因素接触史

患者于2015年7月1日入职某化工有限公司精制车间，工种为维修工，接触3,3′-二氯联苯胺盐酸盐等挥发性气体及粉尘3天。

3. 临床表现

双前臂屈侧可见密集分布针尖大小红色丘疹，大部分区域融合成片，基底潮红，自觉瘙痒，身体其他部位无明显皮损。

4. 诊疗经过

根据该厂生产流程、现场劳动卫生学调查及56例病人的临床表现和发病过程，结合对联苯胺盐酸盐的理化分析，职业史明确，职业接触与皮损发生、发展之间有密切的因果关系，并能排除非职业因素引起的接触性皮炎和其他疾病，符合职业性接触性皮炎诊断标准。

局部处理：入院后立即给予生理盐水清洗暴露的皮肤，及时清除皮肤上存留的致病物。3%硼酸溶液湿敷2天后外用地奈德乳膏，每日2次。全身用药：口服盐酸左西替利嗪片，每次5mg，每日1次；维生素C注射液3g加液体静脉滴注，每日1次；地塞米松磷酸钠注射液5mg加液体静脉滴注，每日1次，且根据病情变化逐渐减量。患者11日后痊愈出院。

实验室和辅助检查：因3,3′-二氯联苯胺盐酸盐既具刺激性又有较强致敏性，不宜做斑贴试验，患者血尿常规、肝肾功能等未见明显异常。

5. 流行病学调查

该公司自2009年1月至2022年12月在某院收治56例因接触联苯胺盐酸盐致职业性接触性皮炎患者，病情轻重不同，严重者皮损波及全身并出现大疱。近期由于加强防护，该单位职业健康监护未有明显异常报告。

6. 综合分析

3,3′-二氯联苯胺盐酸盐又称为DCB，是一种重要的颜料中间体，用于颜料黄12、13、14、17、35、55，颜料橙13，颜料红38等中高档双芳胺类偶氮颜料，此系列有机颜料占有机颜料总产量的

25%。本品可经呼吸道、胃肠道、皮肤进入人体，其粉尘可对皮肤和黏膜有刺激作用，同时有较强的致敏性。患者皮损主要累及暴露部位，有一定的剂量－反应关系，自觉灼热瘙痒，严重者皮损波及全身并出现大疱，发现后应及时脱离作业环境并及时正规治疗。

7. 经验启示

该患者为临时招聘农民工，对职业危害的认识不足，警惕性不高，个人防护也不重视。因此，建议企业在改善作业环境、完善上岗前体检的同时加强职业健康培训工作，提高劳动者安全和职业健康防护意识，工作中严格执行操作规范，按规定合理使用防护用品，禁忌徒手、裸背操作；下班后注意及时洗浴等。一旦有接触性皮炎的发生应及时就诊。

（二）案例二

1. 基本信息

患者，男，48 岁，某化工厂劳动者。

2. 职业史与职业病危害因素接触史

患者 10 天前在某化工厂装卸荒酸二甲酯过程中不慎手部接触荒酸二甲酯，随后接触部位红肿，并出现水疱，且逐渐加重并波及全身。

3. 临床表现

先于双手出现红斑，伴瘙痒，然后逐渐蔓延至全身并融合成片。在当地诊所行抗过敏及外用类固醇皮质激素软膏治疗无效后转入某院。入院后查体见双手及全身皮肤密集分布粟粒样大小不等的红斑，部分区域皮疹融合成片。入院 3 天后病人皮肤出现大小不等的水疱形成，一周左右出现全身皮肤松弛性水疱、大疱，最大者约 5cm × 10cm，疱液呈淡黄色液体，稍擦之即有大片表皮剥脱，呈现红色糜烂面，面积达 90%，伴有口唇、阴囊、龟头皮肤黏膜糜烂、渗出及结痂。患者自觉全身皮肤疼痛，发热，同时伴有寒战、高热，体温高达 39℃。

4. 诊疗经过

根据《职业性接触性皮炎的诊断》（GBZ 20—2019），结合患者明确的职业接触史及临床表现，诊断为职业性接触性皮炎。

（1）全身支持治疗：根据病人皮肤创面渗液和尿液情况进行静脉补液，临床每日补液量参照生理需要量按每 1% 皮损加 50mL 液体补入，同时严密观察注意患者电解质平衡。

（2）糖皮质激素治疗：静脉滴注甲泼尼龙琥珀酸钠 160mg/d，根据病情好转逐渐减量至 20mg/d。

（3）抗生素治疗：注射用盐酸克林霉素 1g 加液体静脉滴注，每日 1 次。

（4）保护胃黏膜，预防因大剂量激素应用引起应激性溃疡：注射用奥美拉唑钠 40mg 加液体静脉滴注，每日 1 次。

（5）抗组胺治疗：苯磺贝他斯汀片 10mg 口服，每日 2 次。

（6）抽取巨大水疱内疱液：用无菌针筒抽取疱液，保留其表皮，水疱破裂后的创面用 5% 碳酸氢钠溶液湿敷，每日 2~3 次，每次 20~30 分钟。创面清洁无渗液时用消毒凡士林纱布单层外敷直至自行脱落。

（7）物理治疗红光冷光照射治疗：每日 2 次，每次 20 分钟。自皮损渗液减轻后开始使用直至皮肤创面愈合。

（8）皮肤黏膜的护理保持创面清洁干燥：根据皮损的范围和程度，每天用 5% 碳酸氢钠注射液湿敷，每日 2 次，每次 20 分钟。

患者住院41天后基本恢复正常，可出院。

实验室和辅助检查：C反应蛋白15.74mg/L，白细胞数13.66×10^9/L，中性粒细胞数10.68×10^9/L，单核细胞数0.93×10^9/L，嗜酸性粒细胞数0.01×10^9/L，中性粒细胞百分比78.2%，总蛋白61.4g/L，血脂、血糖、电解质尿常规等均正常。

5. 综合分析

荒酸二甲酯又称二硫代羧酸二甲酯，二硫代碳酸二甲酯，它是一种化工中间体，其分子式为$C_3H_6OS_2$，具有强烈致敏作用，接触者均可引起变应性接触性皮炎，重症者可出现大疱型表皮坏死等症状。

6. 经验启示

荒酸二甲酯是一种强致敏原，接触者接触后均可引起严重过敏反应，因此在荒酸二甲酯的生产和运输过程中，应严格操作规程，做好防护，以防直接接触。不慎接触后应立即用清水冲洗，冲洗时间不少于30分钟，冲洗后及时到医院诊治。

（王海华　王兴刚）

第四节　职业性光接触性皮炎

一、概述

（一）定义

职业性光接触性皮炎是指在职业活动中，接触光敏物，并受到日光（紫外线）照射而引起的皮肤炎症性病变，分为光毒性接触性皮炎和光变应性接触性皮炎。

（二）流行病学

大多数职业性光过敏是光毒性反应，理论上来说，任何人在首次接受光敏物，再经过足够强度的光线照射后均可能发病。而职业性光变应性接触性皮炎的发病率相对较低。

（三）病因与接触机会

职业性光接触性皮炎致病物以煤焦油和沥青最为常见。煤焦油和沥青中所含的蒽、菲、吖啶等物均是光敏物。

（四）发病机制

职业性光毒性接触性皮炎是皮肤细胞在光敏物的介导下发生了损伤或死亡后引发的炎症反应。皮肤有天然的发色团（氨基酸、DNA碱基、黑色素、卟啉等），以便在阳光下形成维生素D。但当天然发色团的浓度高于正常，或者当皮肤中含有内源性、外源性的异常发色团时，就会发生光敏。与皮肤光敏相关的发色团通常是具有双键或卤代芳香族环的化学物质，它们可被特定波长的光子选择性激活，这些光谱最常见的是UVA（320~400nm）、UVB（290~320nm），可见光次之。当这些发色团被激发后内部会发生异构化、双键断裂、氧化等修饰，或与邻近分子反应，最终形成自由基或活性氧。这一过程引起的细胞损伤或死亡会激活细胞内的信号通路（NF-κB、MAP激酶等）从而产生可溶性炎症介质（前列腺素、白三烯、白细胞介素-1、6、8和趋化因子等），进而引起炎症和皮肤损伤。另外，一些光毒性物质，如补骨脂素、氯丙嗪、一些非甾体抗炎药和喹诺酮类药物，除了能够产生自由基和引起急性光毒性的细胞死亡外，也会直接增强紫外线对染色体的损伤。

职业性光变应性接触性皮炎与变应性接触性皮炎发病机制相同，是一种由淋巴细胞介导的迟发型超敏反应，但本病必须要有紫外线 / 可见光的参与才能引发炎症。即进入皮肤的光敏物质，经光能作用转化为半抗原，然后与载体结合形成蛋白质—半抗原偶联物，并被体内的抗原提呈细胞识别为抗原，诱导迟发型超敏反应。因此本病发病有一定的潜伏期。致病光谱多为长波紫外线，初次接触光变应性物质和照光后并不发病，经过 5~14 天或更长时间再接触和照光时，一般在 24 小时内发病，且发病与光照有明显关系。常见的光变应性化合物包括防晒剂、非甾体抗炎药（NSAIDs）、卤代水杨酰胺、酚类化合物、氯丙嗪、磺胺类、噻嗪类化合物等。

二、临床表现

（一）症状与体征

本病常发生于夏季，光毒性接触性皮炎局限于面、颈、上胸 V 字形区、手、前臂伸侧等暴露部位，有明显的光照界限。皮疹往往急性发作，一般在光照后数分钟到数小时即可发病。轻者局部皮肤出现潮红肿胀，伴有烧灼、刺痛及不同程度的瘙痒，皮损表面干燥，眼睑周围可有不同程度的水肿。在避光经适当处理后，一般在 2~3 天后皮损局部脱屑而愈。严重者可在红斑、水肿的基础上出现浆液性大疱，疱破后糜烂、结痂，同时可伴有结膜炎及乏力、头痛、头晕、口渴、恶心、呕吐、腹痛、腹泻、咳嗽、胸痛等全身症状。皮损愈后留有色素沉着是本病的特点之一。这种色素沉着有保护作用，若在同样条件下再接触，皮炎可再发，其症状较初次为轻，但局部皮肤色素沉着则日益加深。经过反复发作后皮损变为亚急性或慢性过程，表现为皮肤干燥、粗糙，久之可呈苔藓样变，甚至继发皮肤鳞状细胞癌。

光变应性接触性皮炎的皮损初发于暴露部位，边界欠清，常迅速向周围扩散，累及遮盖部位皮肤以及全身。皮疹表现与一般变应性接触性皮炎类似，在水肿性红斑基础上可出现针头大小的密集丘疹、水疱，重者可伴渗出（图 1–3）。自觉瘙痒，亦可有灼热、疼痛等表现。病程往往较光毒性皮炎长，如不停止接触可疑致敏物，可迁延不愈。通常不伴有全身症状，脱离接触后皮疹可渐愈，愈后不留色素沉着。再次接触变应性物质和光照，皮损可再发。少数患者可越发越轻。

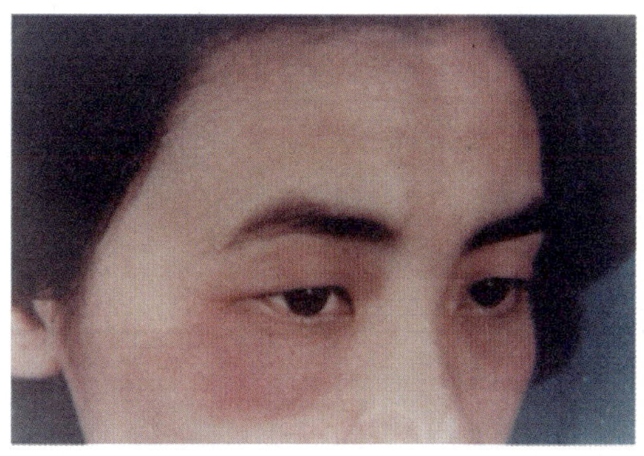

图 1–3 制药厂劳动者由乙胺碘呋酮引起的光接触性皮炎

（二）实验室及辅助检查

职业性光毒性接触性皮炎主要依靠病史来诊断。职业性光变应性接触性皮炎的主要诊断方法是光斑贴试验。光斑贴试验是通过检测接触性光变应原来诊断和研究光变应性接触性皮炎及其他日光引起的相关皮肤病的方法，在临床诊断、治疗方面发挥着重要作用。

1. 常见变应原

光变应原种类较多，目前国际上尚无关于光斑贴试验的标准变应原。可根据生活习惯、地域环境、可疑职业暴露史等选择恰当的变应原。表 1-3 罗列了常见的职业性光接触性皮炎变应原，以供参考。

表 1-3　常见的职业性光变应原及其皮肤光斑贴试验浓度

编号	名称	浓度 %	赋形剂
1	对氨基苯甲酸（P-aminobenzoic acid，PABA）	5	凡士林
2	秘鲁香脂（Peru Balsam）	25	凡士林
3	硫双二氯酚（Bithionol）	1	凡士林
4	葡萄糖酸洗必泰（Chlorhexidine digluconate）	0.5	凡士林
5	盐酸氯丙嗪（Chlorpromazine hydrochloride）	0.1	凡士林
6	肉桂醇（Cinnamic alcohol）	1	凡士林
7	肉桂醛（Cinnamic aldehyde）	1	凡士林
8	盐酸苯海拉明（Diphenhydramine hydrochloride）	1	凡士林
9	丁子香酚（Eugenol）	1	凡士林
10	硫双对氯酚（Fentichlor）	1	凡士林
11	甲醛（Formaldehyde）	1	凡士林
12	香叶醇（Geraniol）	1	凡士林
13	六氯［双］酚（Hexachlorophene）	1	凡士林
14	2- 羟基 -4- 甲氧基苯酮（2-Hydrcxy-4-methcxybenzophenone）	10	凡士林
15	羟基香茅醛（Hydroxycltronellal）	1	凡士林
16	异丁子香酚（Isoeugenol）	1	凡士林
17	6- 甲基香豆素（6-Methylcoumarine，6-MC）	1	凡士林
18	葵子麝香（Musk ambrette）	1	凡士林
19	香料混合物（Perfume mix）	6	凡士林
20	盐酸异丙嗪（Promethazine hydrochloride）	1	凡士林
21	四氯水杨酰苯胺（Tetrachlorsalicylanilide，TCS）	0.1	凡士林
22	三溴水杨酰苯胺（Tribrornsalicylanilide，TBS）	1	凡士林
23	三氯二苯脲（Trichlorocarbanilide，TCC）	1	凡士林
24	三氯苯氧氯酚（Triclosan）	2	凡士林
25	地衣酸（Usnic acid）	0.1	凡士林

2. 照射光源及剂量

（1）照射光源。能够产生光变应性接触性皮炎的光谱主要为波长 320~400nm 的长波紫外线（UVA），应以能恒定输出 UVA 的人工光源作为测试光源，如氙弧灯和荧光灯。由于目前光斑贴试验方案尚未统一，光变应原还在不断更新中，所以目前大多数国家常用的光源仍以 UVA 为主。如果患者病史中提供酮洛芬、苯海拉明、盐酸氯丙嗪、木材混合物、秘鲁香脂、芳香混合物等物质接触史，建议加用 UVB 照射或全谱光照射，可提高光变应原检出率，减少漏诊。

（2）照射剂量。在去除变应原后，照射侧给予 UVA 5J/cm^2；如最小红斑量（MED）＜ 5J/cm^2，则将UVA照射剂量减至2.5J/cm^{2}或1J/cm^2。

3. 操作步骤

（1）测定患者的最小红斑量（MED）。

（2）敷贴光斑贴变应原。

（3）变应原封闭24小时或48小时后去除，观察有无单纯接触变应性反应。照射侧接受UVA 5J/cm^{2}或更小剂量照射，对照侧要避免光线照射。照射结束后，两侧均用防水铝箔覆盖。

（4）照射后24小时、48小时、72小时，观察两侧的反应，包括红斑、丘疹、水肿、水疱，用0~4级表示反应强度。

4. 结果判读

（1）判读时间。分别在照射后的24小时、48小时、72小时判读试验结果，以观察某些变应原随时间产生的反应，同时也需鉴别刺激反应与变态反应，具体鉴别标准同斑贴试验。

（2）判读标准。根据国际接触性皮炎研究小组（ICDRG）的推荐，用0~4级表示反应强度，大于1级为阳性结果，见表1–4。

表1–4　国际接触性皮炎研究小组推荐的结果记录方法

结果	级别	程度/强度	皮肤表现
–	0	阴性	正常
±	1	可疑反应	仅有轻度红斑
+	2	弱阳性	中度红斑伴轻中度水肿或浸润，可出现少数丘疹
++	3	强阳性	显著红斑、浸润、水肿，较多丘疹，可出现少数散在水疱
+++	4	极强阳性	显著红斑、浸润、水肿，伴较多簇集融合性水疱、大疱或溃疡
IR		刺激反应	散在小片状红斑，无浸润

（3）判读结果。结合临床可出现7种试验结果，详见表1–5。

表1–5　光斑贴试验结果的判读

照射侧	非照射侧	结果判断	临床诊断
+	–	光变应性反应	光变应性接触性皮炎
+	+	接触性变应性反应	变应性接触性皮炎
++	+	光变应性和接触性变应性反应共存	光加重变应性接触性皮炎
+	++	光抑制变应性反应	光抑制变应性接触性皮炎
+（逐渐减弱）	+（逐渐减弱）	刺激反应	刺激性皮炎
+（逐渐减弱）	–	光毒反应	光毒性皮炎
–	–	阴性反应	阴性反应

三、诊断与鉴别诊断

（一）诊断原则

《职业性光接触性皮炎》（GBZ 21—2006）规定了职业性光接触性皮炎的诊断原则：应根据明确的职业接触史、发病前日光（紫外线）照射史与临床表现，参考现场职业卫生学调查和同工种发病情况，需要时可结合皮肤光斑贴试验进行综合分析，并排除其他非职业性因素引起的类似皮肤病，方可诊断。

（二）诊断标准

《职业性光接触性皮炎》（GBZ 21—2006）规定诊断标准如下：皮损呈局限性片状红斑，有烧灼感或疼痛，严重时可出现水肿和水疱，常伴有眼结膜炎及全身症状，如头痛、头晕、乏力、口渴、恶心等，同时具备下列条件方可诊断光毒性接触性皮炎。

（1）接触光敏物并受日光（紫外线）照射后即发病。

（2）皮损多发生于曝光部位，界限明显。

（3）同工种、同样条件下多数人发病。

（4）脱离接触光敏物或避免日光（紫外线）照射后，炎症消退较快，局部常留有不同程度的色素沉着。

当皮损为水肿性红斑，上有小丘疹或水疱，边缘常不清楚，伴有不同程度的瘙痒，同时具备下列条件方可诊断为光变应性接触性皮炎。

（1）初次接触致敏物后需 5~14 天或更久被致敏，致敏后再接触常可在 24 小时内发病。

（2）皮损初发于接触部位，边缘不清，后可扩展至全身。

（3）同工种同样条件下仅少数人发病。

（4）脱离接触后，病程一般历时两周左右，愈后无明显色素沉着。

（5）皮肤光斑贴试验结果常为阳性。

（三）鉴别诊断

职业性光接触性皮炎需与以下疾病鉴别：自身免疫病，如红斑狼疮；代谢改变性疾病，如卟啉病；内服或外用光活性物质而导致的光敏感和一些发病机制不明的疾病，如慢性光化性皮炎。

1. 红斑狼疮

红斑狼疮常见于育龄期女性，常在日光暴露后发病或加重。最具特征性的症状为面颊部出现蝶形红斑，可伴有黏着性鳞屑。自身抗体检测可帮助明确诊断。

2. 卟啉病

迟发性皮肤卟啉病是最常见的卟啉病，是由尿卟啉原脱羧酶缺乏或活性下降使尿卟啉堆积导致的。本病多见于成人，男性多见，多有肝病史或饮酒史，皮疹夏重冬轻。临床表现为曝光部位的非炎症性水疱、大疱，可见糜烂、结痂、溃疡，愈后遗留瘢痕、粟丘疹、色素沉着和色素减退。皮肤的脆性增加，轻微擦伤即可形成糜烂面，用指甲可刮去受累部位皮肤（Dean 征阳性）。尿卟啉增多可支持本病诊断。

3. 慢性光化性皮炎

皮损好发于面、颈、前臂伸侧和手背等光暴露区域，但亦可泛发于上臂、躯干至整个上、下肢等非暴露区域。有诸多色素斑点，皮纹增粗，皮沟深，皮肤发硬，表面可以有鳞屑，可有色素紊乱，皮肤老化很明显。皮损于急性发作期呈小片状红色丘疹、丘疱疹或弥漫性红斑水肿，可伴有渗出，然后浸润增厚呈苔藓样斑块。

四、治疗、预后及预防措施

（一）治疗

需及时清除皮肤上残留的光敏物；避免接触光敏物及日光（紫外线）照射；根据病情按接触性皮

炎治疗原则对症治疗。加服氯喹 0.25g，每日 1 次，以 4~6 周为 1 个疗程，以减轻机体对光的敏感性。

严重的职业性光接触性皮炎，在治疗期间可根据病情需要给予适当休息。治愈后，改善劳动条件和加强个人防护或避免在日光（紫外线）下操作，可从事原工作。

（二）预后与康复

本病皮损痊愈后通常不遗留瘢痕及皮肤萎缩，局部可留有不同程度的色素沉着。

（三）预防措施

为降低本病的发病率，用人单位应对上岗前劳动者做皮肤科检查。有过敏性皮炎史和光敏性皮炎者，不宜从事接触光敏物、日光或人工紫外线的工作。对从事容易发生光敏性皮炎工种的人群，还应定期做皮肤检查，注意皮肤的色素变化和有无赘生物等。

预防职业性光毒性接触性皮炎的关键是改善劳动条件。用人单位应不断提高生产过程的机械化、自动化、密闭化程度；加强生产设备的管理、清洁和维修，防止作业环境被污染；安装有效的通风、排毒、除尘等设备，尽量减少车间内烟尘、粉尘浓度。劳动者自身应加强个人防护，配备头巾、面罩、工作服、围裙、套袖、手套、胶靴等个人防护用品，并在使用中保持清洁；暴露部位的皮肤须涂皮肤防护剂。

五、案例分析及经验启示

1. 基本信息

患者，男，35 岁，造船厂打磨工。

2. 职业史与职业病危害因素接触史

2008 年 6 月 14 日，患者在户外工作过程中颈部未做防护，接触含沥青的粉尘后暴露于日光下 6 小时左右。

3. 临床表现及诊疗经过

当日工作结束后随即出现颈部暴露部位界限清晰的红斑，局部有轻微灼热感和刺痛感，自行予以冷敷后灼热感好转。次日上述症状逐渐加重，灼热感和刺痛感明显，至当地医院就诊。皮肤科查体：颈部可见边界清晰的褐色斑片，上覆片状脱屑，部分鳞屑脱落区域可见正常皮肤（图 1–4）。诊治经过：生理盐水冷敷、炉甘石洗剂外用，3 天后颈部红斑颜色变暗，局部皮肤脱皮，灼热感和疼痛感消失，伴轻微瘙痒，予保湿霜外用，2 周后随访可见颈部留有褐色色素沉着。

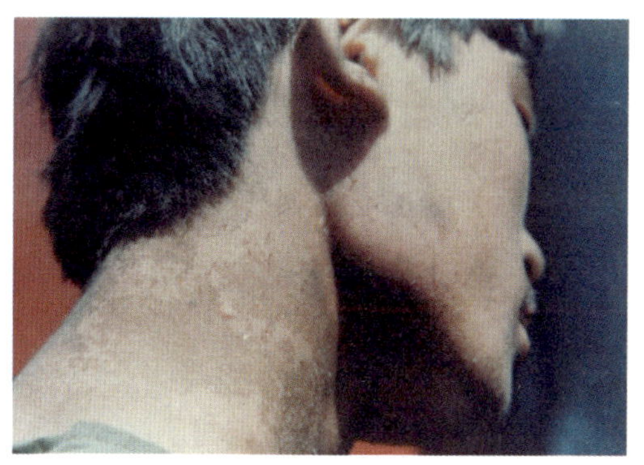

图 1–4　造船厂打磨工接触含沥青的粉尘所致光毒性接触性皮炎

4. 实验室及功能检查

血常规示白细胞 8.2×10^9/L，CRP 14mg/L，尿常规、肝功能、心电图未见明显异常。光斑贴试验、光敏试验结果均为阴性。皮肤科查体：颈部可见边界清晰的褐色斑片，上覆片状脱屑，部分鳞屑脱落区域可见正常皮肤。

5. 流行病学调查

2005 年至今从事货船船体打磨，工龄 3 年，该岗位职业接触危害因素为沥青粉尘及光暴露。同单位、同工种劳动者有类似病情出现。

6. 综合分析

结合该劳动者职业病危害接触史、临床表现等综合分析，依据《职业性光接触性皮炎》（GBZ 21—2006）职业病诊断结论为"职业性光毒性接触性皮炎"。本案例中造成职业性光毒性接触性皮炎主要是因为劳动者在接触含有沥青的粉尘后长时间暴露于日光下，且颈部未予以物理防晒措施。

7. 经验启示

通过本案例我们可以更深入地了解光毒性接触性皮炎的临床表现、处理方法和预后，为类似事故的预防和处理提供有益的参考。

职业性光接触性皮炎是一种发生率较高的职业性皮肤病，但同时又是一种较易避免的职业病。用人单位和劳动者在从事户外工作，尤其是有接触光敏物可能时，须做好必要的防晒措施，降低光毒性接触性皮炎的发生率。

（费理雯　曹　婷　邹　颖）

第五节　黑变病

一、概述

（一）定义

职业性黑变病是指劳动或作业环境中长期接触煤焦油及矿物油、橡胶成品及其添加剂、某些颜（染）料及其中间体等引起的慢性皮肤色素沉着。

（二）流行病学

职业性黑变病占整个职业性皮肤病人群的 2%~5%。

（三）病因与接触机会

职业性黑变病在多个行业劳动者中均有报道，但最常见于煤焦油、矿物油及其分馏产品有关行业劳动者，橡胶及橡胶制品相关行业劳动者，以及长期接触颜料、染料及其中间体相关行业从业人员如戏剧文艺工作人员。近期也有学者报道长期接触 101 清洗剂（主要成分为表面活性剂、有机酸和有机胺）、有机溶剂（包括甲苯、二甲苯、乙苯和丙酮）和垃圾焚烧物等职业病危害因素也可致病。常见的致病因素如下。

1. 煤焦油、石油及其分馏产品

如轻油、中油、重油、蒽油、煤焦沥青、汽油、柴油、机油、各种润滑油等。

2. 橡胶添加剂及橡胶制品

如防老剂、促进剂等化学原料，橡胶初制品及再生胶、橡胶粉尘、胶浆、胶乳、汽油、硫化过程中逸出的气体，橡胶雨衣、橡胶皮圈、胶鞋、胶片、胶带、胶管、内胎等。

3. 某些颜料、染料及其中间体

如戏剧油彩中的大红、朱红和橘色的颜料、立索尔大红（1- 磺酸 -2- 萘偶氮 -2- 萘酚）、银朱 R（2- 氯 -4 硝基苯偶氮 -2- 醌萘酚）、苯绕蒽酮、溴代苯绕蒽酮、蒽醌 -1- 磺酸等。

（四）发病机制

职业性黑变病发病原因尚未完全明确，但目前研究认为其发病与多种因素有关。

1. 血清铜离子

皮肤颜色主要与黑色素相关，其中酪氨酸酶是黑色素合成过程中的关键酶。巯基可与酪氨酸酶中的铜离子结合抑制其活性，部分学者发现职业性黑变病患者血清巯基浓度降低，血清铜离子浓度升高，提示血清铜离子可能参与黑变病发病。

2. 炎症

职业性黑变病患者在发病前期主要表现为红斑和瘙痒，提示存在皮肤炎症。皮肤炎症可促进巯基氧化，使酪氨酸酶活性增强，从而使色素加深。但也有部分患者在发病前无炎症表现，可能与部分化学物质直接促进黑色素代谢有关。

3. 个体因素

由于并非所有人均在接触后发病，说明本病的发生与个体的内在因素有关，一般认为内分泌紊乱和神经精神因素可能是本病的诱因。

二、临床表现

（一）症状与体征

职业性黑变病好发于中年女性，多发生于皮肤暴露部位如面部、前臂等，也有少部分患者可泛发全身（图 1–5、图 1–6）。典型的黑变病发病可分为三个时期。

1. 红斑期

红斑期主要表现为前额、颞部、耳后、颊部等接触部位出现斑状充血，伴轻度瘙痒。充血程度时轻时重，继之在红斑的基础上出现网状或斑状色素沉着。

2. 色素沉着及毛孔角化期

此期的特点是在颜面部、颈部、四肢等处出现明显的斑状或网状色素沉着，多数患者伴有明显的毛孔角化，色素沉着呈毛孔周围性分布。皮损色调呈深浅不一的灰黑色、褐黑色、紫黑色等，在色沉部位表面往往有污秽的外观。面颈部皮损形态通常为网状，躯干四肢则多为斑状或点状，毛孔性损害则多见于前臂伸侧。

3. 皮肤异色症期

此期除了患处皮肤出现弥漫性色素沉着外，亦可见到表皮萎缩及毛细血管扩张。毛孔角化现象减轻或消失，痒感消失。

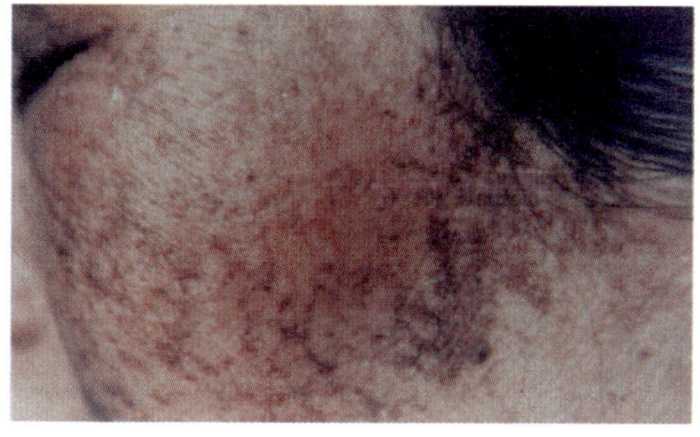

图 1–5 轮胎厂劳动者接触橡胶和汽油发生的黑变病（面部）

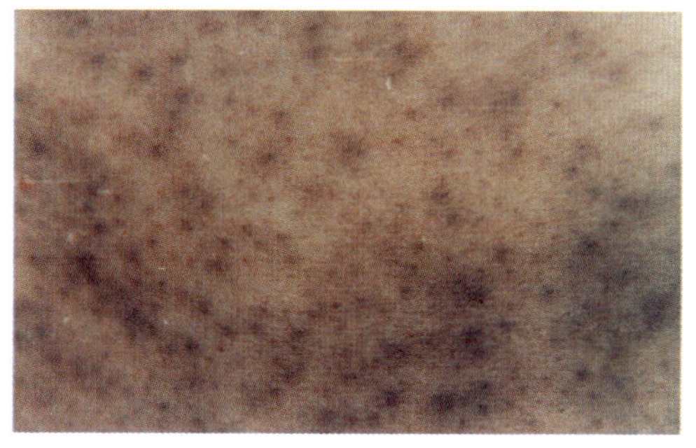

图 1–6 机械厂车工接触机油、润滑油引起的皮肤黑变病，呈毛孔为中心的色素沉着（背部）

职业性黑变病患者各期皮损持续时间不完全一致，部分患者可很快表现为皮肤异色症，但也有患者可在红斑期或者色素沉着及毛孔角化期持续多年。除皮肤症状外，部分患者还可伴有头痛、头晕、乏力、食欲不振、消瘦等全身症状。

（二）实验室及辅助检查

1. 实验室检查

职业性黑变病目前尚无特异性实验室检查，血清铜离子或巯基水平仅供参考，不能作为职业性黑变病的诊断依据。

2. 组织病理

部分患者必要时可进行组织病理检查，职业性黑变病的病理通常表现为表皮轻度角化过度，棘层变薄，基底细胞液化变性，真皮浅层噬色素细胞增多，毛细血管周围有淋巴细胞、组织细胞及噬色素细胞浸润。

三、诊断与鉴别诊断

（一）诊断原则

《职业性黑变病诊断标准》（GBZ 22—2002）规定了职业性黑变病的诊断原则：应根据职业接触史，在接触期间内发病，特殊的临床表现，病程经过，动态观察，参考作业环境调查等综合分析，除外非职业性黑变病，排除其他色素沉着性皮肤病和继发性色素沉着症，方可诊断。

（二）诊断标准

本病呈渐进性慢性经过，呈现以暴露部位为主的皮肤色素沉着，严重时泛发全身，可伴瘙痒及轻度乏力等症状。具有下列条件者可诊断。

（1）色素沉着前或初期，常有不同程度的红斑和瘙痒，待色素沉着较明显时，这些症状即减轻或消失。

（2）皮损形态多呈网状或斑（点）状。有的可融合呈弥漫性斑片，界限不清楚；有的呈现以毛孔为中心的小片状色素沉着斑。少数可见毛细血管扩张和表皮轻度萎缩。

（3）颜色呈深浅不一的灰黑色、褐黑色、紫黑色等，在色沉部位表面往往有污秽的外观。

（4）色沉部位以面、颈等露出部位为主，可以发生在躯干、四肢或呈全身分布。

（5）可伴有轻度乏力、头昏、食欲不振等全身症状。

（三）鉴别诊断

职业性黑变病需要注意与黄褐斑、扁平苔癣、色素性荨麻疹、Addison 病、皮肤异色病等其他色素性疾病进行鉴别。

1. 光毒性皮炎继发的色素沉着

光毒性皮炎继发的色素沉着多发生于夏季，接触光敏物后由日光作用引起。初始表现为红斑，色素沉着在皮炎后很快发生。色素沉着主要发生在身体露出部位，境界清楚。停止接触致病物后炎症很快消失，色素也消退较快。

2. Addison 病

Addison 病由肾上腺皮质功能减退导致。皮肤病变主要表现为以面部、皱褶部位为主的咖啡色色素沉着，口腔黏膜亦可有色素沉着。通常伴有疲乏、消瘦、食欲减退、低血压等皮质功能低下表现，实验室检查可有低血糖、尿 17- 羟皮质类固醇和 17- 酮皮质类固醇排出减少等现象。

3. 皮肤异色病

中年女性多发，慢性起病，病程长，与季节及日晒关系不大。皮损表现为面部和颈侧等部位的大片网状色素沉着，伴点状白斑、萎缩及毛细血管扩张，无自觉症状。

4. 黄褐斑

常对称分布于额、眉、颊、鼻等颜面部皮肤，呈淡褐色至深褐色斑片，境界较清楚。常与妊娠、口服避孕药、肝病等因素有关。

四、治疗、预后及预防措施

（一）治疗

1. 一般治疗

改善劳动与工作环境，避免接触相关致敏原是改善本病的基本方法。虽然本病不影响健康，但一般建议在确诊后更换工种。

2. 药物治疗

（1）系统治疗。①维生素，维生素 C 有抑制黑色素合成的作用，因此口服或静滴维生素 C 常用于黑变病的治疗。也可选择口服维生素 E、维生素 B 等其他维生素。②其他，β- 巯乙胺可络合铜离子，抑制酪氨酸酶活性，减少黑色素合成，可用于职业性黑变病治疗。据报道，口服维胺酯联合丁酸氢化可的松乳膏外用也可有效治疗职业性黑变病。

（2）外用药物。可选择 3% 氢醌霜等。

（二）预后及康复

职业性黑变病一般不影响劳动能力，通常在停止接触后缓慢恢复，但再次接触后仍可复发。故确诊后应调换工种，避免继续接触致病物，必要时可调离发病环境。

（三）预防措施

预防职业性黑变病的关键是改善劳动条件并加强个人防护。其主要措施有加强生产设备的管理、清洁和维修等，尽可能做到生产机械化、自动化、密闭化，防止污染作业环境，尽量减少接触机会。根据工作性质配备防护用品，包括防护衣、护手套等，正确使用皮肤防护药剂。劳动者工作后应立即进行全身皮肤清洗。长期从事接触可疑致黑变病的化学物质的工作人员应于就业前做皮肤检查，注意皮肤颜色的变化，并定期体检，若发病应及时到专科就诊。

五、案例分析与经验启示

1. 基本信息

患者，男，54 岁，某冶炼厂劳动者。

2. 职业史与职业病危害因素接触史

患者 1980 年进入该冶炼厂，工龄 30 年，工作岗位负责冶炼焦化产品，工作中经常接触焦油等。

3. 临床表现及诊疗经过

患者 2000 年开始出现面颈部红斑伴瘙痒，初始诊断为皮炎，予外用激素等治疗可稍缓解，但仍有反复。2008 年患者开始于面颈部出现黑褐色斑片，渐增多加重。2010 年 6 月 18 日患者就诊于皮肤病医院，皮肤科查体：面颈部大片黑褐色色素斑片（图 1–7）。皮肤病理检查可见基底细胞液化变性，真皮浅层及血管周围大量噬色素细胞浸润。诊疗经过：予患者维生素 C 静滴及外用 3% 氢醌霜，同时患者申请调离原工作岗位。1 年后随访，患者面颈部色素斑片较前明显消退。

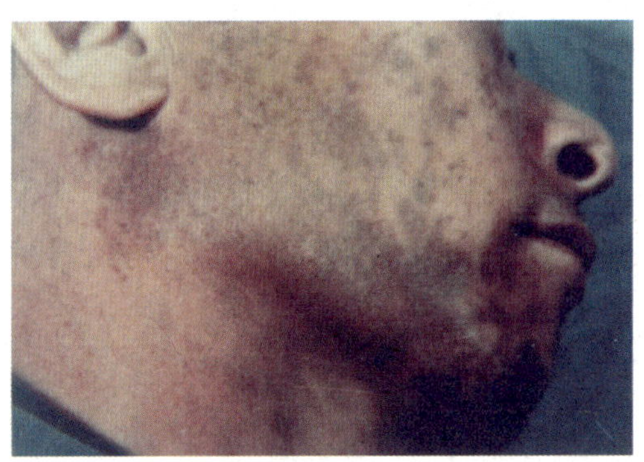

图 1-7　冶炼厂劳动者接触焦油所致面颈部黑变病

4. 实验室及功能检查

皮肤科查体：面颈部大片黑褐色色素斑片。皮肤病理检查可见基底细胞液化变性，真皮浅层及血管周围大量噬色素细胞浸润。

5. 流行病学调查

患者为冶炼厂劳动者，在工作过程中未充分按照防护要求佩戴手套及穿防护服等，面颈部反复接触焦油及其烟雾等矿物油，同一岗位中有类似患病者。

6. 综合分析

结合该劳动者职业病危害接触史、临床表现及医学检查等综合分析，依据《职业性黑变病诊断标准》（GBZ 22—2002）职业病诊断结论为“职业性黑变病”。本案例中造成职业性黑变病主要是因为劳动者在工作过程中未按要求穿戴防护用品，长期暴露于焦油等危险因素所致。

7. 经验启示

职业性黑变病是一种较为常见的职业性皮肤病，通常发生于长期接触矿物油、颜料及橡胶制品劳动者。职业性黑变病主要表现为皮肤色素改变，较少出现系统症状，经过系统治疗并避免接触发病因素后通常预后较好，一般不会影响患者劳动力。

通过本案例的分析，我们可以更深入地了解职业性黑变病的风险因素、临床表现、治疗方法和后续转归，为类似案例的预防和处理提供参考。本案例提醒劳动者在从事可能接触有害化学物质的工作时，必须正确选择并加强个人防护，严格遵守操作规范，避免职业性黑变病的发生。相关企业也应在劳动生产过程中加强职业病防护宣教，并严格遵守相关制度规范，提供严格的生产防护。

（王　傲　胡蔚毅）

第六节　痤　疮

一、概述

（一）定义

职业性痤疮是指在生产劳动中接触矿物油类或某些卤代烃类引起的皮肤毛囊、皮脂腺系统的慢性炎症损害。由煤焦油、页岩油、天然石油及其高沸点分馏产品与沥青等引起的称为油痤疮；由某些卤代芳烃、多氯酚及聚氯乙烯热解物等引起的称为氯痤疮。

（二）流行病学

职业性痤疮是外源性痤疮，常见于高暴露人群，如化工厂劳动者、长期使用卤代烃类化学物质的人群及相关污染地区的居民等，可发生于任何年龄，多见于油性皮肤类型的人，任何部位都可发病。职业性痤疮是常见的职业性皮肤病之一，其发病率仅次于职业性接触性皮炎。

（三）病因与接触机会

在生产中接触到的致痤疮物质主要有两大类：一类是接触煤焦油、石油及其分馏产物，如柴油、机油、润滑油、石蜡、焦油沥青及杂酚油等；另一类是氯及其衍生物，如氯苯、多氯（溴）萘、多氯（溴）联苯、二噁英类化合物、多氯酚、四氯氧化偶氮苯、聚氯乙烯热解物等。此外，演员因使用油彩化妆引起的化妆品痤疮，药厂劳动者因生产某些激素引起的药源性痤疮亦属于职业性痤疮范围。

（四）发病机制

油痤疮发病机制主要是由于矿物油类对毛囊皮脂腺结构的化学刺激，导致毛囊口上皮细胞增生与角化过度；或由于尘埃、金属屑等机械性阻塞，致使毛囊口堵塞，皮脂分泌障碍而造成潴留，加之继发感染，形成毛囊炎或疖肿。油类的刺激性与化学结构中碳链的长短有关，碳链越长，沸点越高，其刺激性越大。

氯痤疮的发病机制至今尚不完全清楚，目前有激素稳态理论、氧化应激理论及皮肤中维生素 A 缺乏理论等假设，虽然尚未总结出完整的毒性机制的理论，但已取得了一定的进展，特别是关于细胞内外信号转导机制方面，一是芳香烃受体 / 芳香烃受体核转运蛋白信号转导理论；二是诱导激酶活力和蛋白磷酸化信号转导途径。皮肤接触、摄入或吸入某些卤代芳香族化合物均能导致氯痤疮，二噁英类化合物是目前已知最强的致氯痤疮物质。已知所有导致氯痤疮的化学物质都可通过完好的皮肤，此类物质因皮肤接触而造成的全身中毒往往都伴有严重的氯痤疮。

二、临床表现

（一）症状及体征

职业性痤疮易发生于脂溢性体质的人，大多数接触部位都易发病，潜伏期一般为 14 个月，脱离接触致病物质皮损可好转，再次接触后又可复发。

1. *油痤疮*

皮损主要发生于易受油脂污染及被油脂浸渍的摩擦部位，可发生于手、面部、四肢、躯干、臀部等直接或间接接触油的部位，而不仅限于寻常痤疮的好发部位，如面部、颈部、胸、背等（图 1–8）。皮损一般无自觉症状或有轻微瘙痒及刺痛感。临床表现主要分为两类。一类是黑头粉刺，起初为皮肤干燥，毛孔扩大，中央有黑点，高出皮面；皮损常簇集而不融合，进一步发展则可见毛囊口黑色脂栓形成，逐渐发展为大的黑头粉刺，挤出黑头脂质栓塞物后常留有特殊形态的“压模样”凹陷性瘢痕。另一类为丘疹性损害及毛囊炎，丘疹性损害主要为粟粒大小至绿豆大小的暗红色丘疹，中等硬度，不化脓，毛囊炎同寻常痤疮表现类似，有明显的炎症现象，基底潮红、浸润明显，可发展为脓疱及囊肿，预后遗留瘢痕。

2. *氯痤疮*

典型的临床表现是在眼外角下方的颧、颊部数个乃至几十个黑头粉刺密集成簇。病情较轻者多局限于眼周，并越过鬓角延伸到耳朵；较重者分布可非常广泛，尤其是颧部与面部其他区域，以及耳后和手臂（图 1-9）。开放性粉刺常伴有充满液体的囊肿，且体毛增加，颜色更深。随着病情进展，面部、耳后、颈部、臀部、阴囊和大腿部位会出现毛囊口角化和粟丘疹样皮损，并伴有独特的黄色表皮样囊肿。在严重病例中，痤疮会导致开放性溃疡和永久性瘢痕。皮损消退缓慢，少数会全部消退；较严重者，痤疮会存留数年，而且在不暴露于致病物的情况下仍可持续较长时间。系统性暴露的部位如眼、肝及神经系统也可受累。

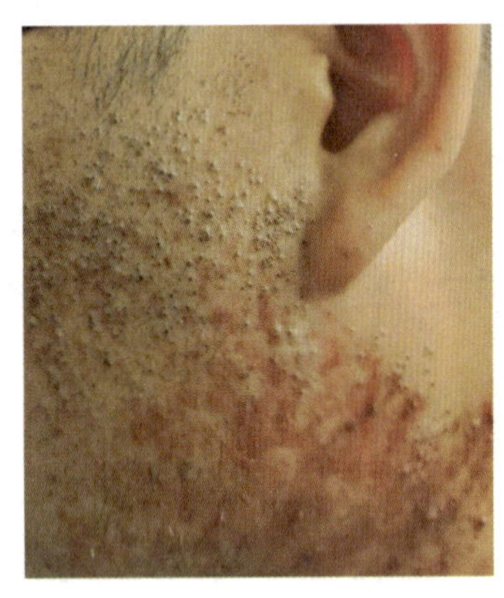

图 1-8　职业性痤疮

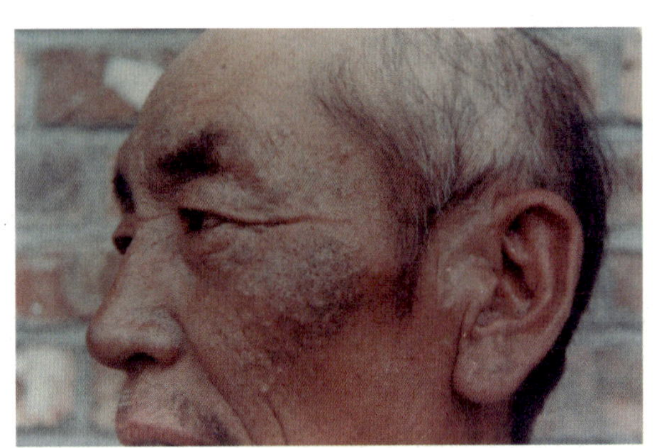

图 1-9　化工厂三氯苯车间劳动者发生的氯痤疮

（二）实验室及辅助检查

1. 实验室检查

发生职业性痤疮时，通常存在全身化学物中毒的相应表现。须根据不同化学物中毒的特点，监测血常规、肝功能、肾功能等其他相关辅助检查，必要时进行人体标本的毒物检测。

2. 组织病理

职业性痤疮的病理表现和寻常痤疮类似，不同的临床分期有不同的病理改变。早期痤疮表现为微粉刺，病理表现轻度扩张的毛囊内嵌有脱落的角质形成细胞，开口较小，颗粒层明显；闭合粉刺呈现为毛囊进一步扩张，形成紧致的囊性结构，囊腔内有嗜酸性的角质碎屑毛发和细菌等。开放性粉刺有宽大的毛囊性开口，毛囊扩张，周围毛细血管可有轻度单核细胞浸润。随着毛囊上皮不断扩张，囊内容物破入真皮，迅速引起炎症反应；首先出现中性粒细胞浸润，形成脓疱，随后出现异物肉芽肿性炎症，最终形成瘢痕。氯痤疮中可见小的漏斗状囊肿和充满角化填充物的扩张漏斗。

三、诊断与鉴别诊断

（一）诊断原则

《职业性痤疮诊断标准》（GBZ 55—2002）规定了职业性痤疮的诊断原则：根据明确的职业接触史，特有的临床表现及发病部位；参考工龄、发病年龄、作业环境调查及流行病学调查资料；结合对病情的动态观察，进行综合分析，排除寻常痤疮及非职业性外源性痤疮，方可诊断。

（二）诊断标准

1. 油痤疮

有明确的、较长时间的接触煤焦油、沥青及高沸点分馏的矿物油职业史。接触部位发生多数毛囊性损害，表现为毛孔扩张、毛囊口角化、毳毛折断及黑头粉刺。常有炎性丘疹、毛囊炎、结节及囊肿。较大的黑头粉刺挤出黑头脂质栓塞物后，常留有凹陷性瘢痕。皮损一般无自觉症状或有轻度痒感或刺痛。多发生于眼睑、耳郭、四肢伸侧，特别是与油类浸渍的衣服摩擦的部位，而不限于面颈、胸、背、肩等寻常痤疮的好发部位。

2. 氯痤疮

有较长时间接触多氯苯、多氯酚、多氯萘等卤代烃类化学物质职业史。接触部位发生成片的毛囊性皮损，表现以黑头粉刺为主。初发时常在眼外下方及颧部出现密集的针尖大的小黑点，逐渐于耳郭周围、腹部、臀部及阴囊等处出现较大的黑头粉刺，伴有毛囊口角化，间有粟丘疹样皮损，炎性丘疹较少见。耳郭周围及阴囊等处常有草黄色囊肿。

（三）鉴别诊断

职业性痤疮主要与寻常痤疮进行鉴别，鉴别要点见表 1–6。

表 1–6　职业性痤疮与寻常痤疮鉴别要点

主要区别点	寻常痤疮	油痤疮	氯痤疮
发病年龄	15~25 岁 30 岁以上少见	任何年龄均可发病	任何年龄均可发病
发病部位	面颈、胸上部及背、肩部	接触部位均可发病，特别是被油浸衣服的摩擦部位，常见于面、颈、四肢伸侧、腹部、臀部及阴囊等处	接触部位均可发病，多见于眼外下部、颧部、耳郭周围、胸、背、臀及外生殖器部位
临床表现	粉刺、炎性丘疹、毛囊炎、脓疱、结节、囊肿，黑头粉刺少见	毛孔扩大、毛囊口角化、毳毛折断、炎性丘疹、黑头粉刺、结节、囊肿，常并发疣状赘生物	黑头粉刺、毛囊口角化、粟丘疹、草黄色囊肿，炎性丘疹少见
病情变化	皮损随年龄增长而变化，与接触油类和卤素化合物无明显关系	与年龄变化无关，脱离接触致病物一定时间后，皮损可好转至痊愈，恢复接触又可复发	

四、治疗、预后及预防措施

（一）治疗

治疗原则主要为避免致病物，有些类型比较顽固，参照寻常痤疮的治疗原则，对症处理；注意及时清除皮肤上存留的致病物；囊肿较大者可考虑手术切除。

（二）预后及康复

职业性痤疮虽然对劳动能力没有影响，但会影响患者皮肤的美观程度，对患者心理产生不良影响，应引起职业病防治工作者的重视。

（三）预防措施

脂溢性皮炎或严重痤疮患者不宜从事接触上述致病物的工作。改善生产环境与劳动条件，加强通风，尽量使生产过程密闭化、管道化，以减少有害气体及粉尘向外逸散。长期接触矿物油类的工作人员应加强个人防护，穿戴不透油的工作服，暴露部位涂抹皮肤防护剂，工作服保持清洁，工作后及时洗浴，避免致病物经常刺激皮肤。加强个人卫生，手上沾有刺激物时应及时清洗，在工作中接触刺激物之后，下班时应淋浴。

五、案例分析与经验启示

1. 基本信息

患者，男，59 岁，某化工厂三氯苯车间劳动者。

2. 职业史与职业病危害因素接触史

劳动者长期在化工厂三氯苯车间工作，工作中长期接触三氯苯，三氯苯属于卤代芳烃类化学物。

3. 临床表现与诊疗经过

患者长期在三氯苯车间工作，于面部出现皮疹，未予重视，后皮疹逐渐增多，2009 年 7 月 30 日就诊于当地医院。皮肤科查体：眼外侧下方及颧部针尖大小密集黑头粉刺，成片分布，散在炎性丘疹，耳郭可见粟粒大小黑头粉刺，散在粟丘疹样皮疹。诊疗经过：门诊定期行粉刺去除术治疗；予以外用克林霉素凝胶与维 A 酸软膏联合治疗，克林霉素凝胶外涂，每日 2 次，维 A 酸软膏点涂，每晚 1 次；嘱注意皮肤防护，穿防护工作服戴防护面罩，暴露部位涂抹皮肤防护剂，工作结束后及时清洁。

4. 实验室及功能检查

皮肤科查体：眼外侧下方及颧部针尖大小密集黑头粉刺，成片分布，散在炎性丘疹，耳郭可见粟粒大小黑头粉刺，散在粟丘疹样皮疹。

5. 流行病学调查

该工厂三氯苯车间工作环境清洁通风条件不佳，劳动者工作前均未涂抹皮肤防护剂，车间先后有多例职业性痤疮案例的发生。

6. 综合分析

结合该劳动者职业病危害接触史和临床表现等综合分析，依据《职业性痤疮诊断标准》(GBZ 55—2002)职业病诊断结论为“职业性痤疮”。该案例中劳动者为老年男性，不是寻常痤疮的好发年龄；有明确的长期接触三氯苯职业史，面部未注意严格防护，较长时间的暴露和接触；有典型皮损表现，在接触部位发皮疹，于眼外下方及颧部出现密集的针尖大小的黑点，耳郭可见粟粒大小黑头粉刺，散在粟丘疹样皮疹。

7. 经验启示

该案例中劳动者为老年男性，在长期接触三氯苯后出现职业性痤疮皮疹，且该劳动者工作的三氯苯车间有多例类似案例。故从事接触石油、煤焦油类化学物及卤代芳烃类化学物的相关工作劳动者，就业前应做皮肤检查，有明显皮脂溢出或患有严重痤疮者，不宜从事该类工作。劳动者应定期体检并记录。改善生产环境与劳动条件，保持作业环境清洁通风，使劳动者尽可能减少与致病化学物接触。应该加强个人防护，穿戴防油脂的工作服、手套、帽子等，并定时换洗，暴露部位涂抹皮肤防护剂，工作结束后及时清洗。

（李颖芳　叶城斌　邹　颖）

第七节　溃　疡

一、概述

（一）定义

职业性皮肤溃疡是指在职业活动中直接接触某些化合物导致的慢性皮肤溃疡。常见的致病物包括铬、铍、砷等。

（二）流行病学

职业性皮肤溃疡常见于高暴露人群，如水泥劳动者、电镀劳动者和平版印刷劳动者等，好发于手指、手背、前臂及小腿等直接接触部位。其中最常见的是铬溃疡，患病率约为 6.44%。

（三）病因与接触机会

（1）铬溃疡主要见于从事金属镀铬、鞣革、胶版印刷、铬矿冶炼或某些使用铬盐的劳动者，常见致病物主要为六价铬化物（如重铬酸钾、重铬酸钠、铬酸盐等）。

（2）铍溃疡可见于从事机器制造、冶炼、制造耐高温陶瓷、电子元件等生产活动的劳动者，主要为可溶性铍化合物（如氟化铍、氯化铍、硫酸铍等）。

（3）砷溃疡主要见于从事玻璃生产、杀虫剂、防腐剂、上光剂及制药业等生产活动的劳动者，致病物为砷化合物（如三氧化二砷、五氧化二砷）等。

（四）发病机制

职业性皮肤溃疡发病前，局部常有皮肤损伤史，如皮炎、虫咬、抓破以及各种外伤等。致病物质刺激性及腐蚀性较强，经由伤口或对皮肤反复摩擦造成直接的侵蚀作用，形成溃疡。

铬溃疡的主要致病物质为铬的六价化合物（如铬酸、铬酸钾以及重铬酸钠），六价铬在高浓度时是波尼氧化剂，对皮肤有强烈的局部刺激作用和腐蚀作用，其通过破坏真皮成纤维细胞的肌动蛋白细胞骨架，导致线粒体依赖性凋亡，从而促成溃疡的形成。

砷化物的毒性与砷抑制体内巯基酶有关，砷能与巯基结合，使体内许多参与细胞代谢的主要巯基酶受到抑制，从而失去活性，影响细胞正常代谢。急性和慢性砷中毒均可引起皮肤损伤，导致皮肤炎症，严重者发生溃疡，甚至诱发皮肤癌。

铍及其化合物除具有致敏作用引起变态反应外，还具有细胞毒效应，引起组织细胞破坏，从而导致皮肤溃疡的发生。

二、临床表现

（一）症状及体征

皮损好发于手背、指节伸侧、手腕、前臂、足背等暴露部位，可单发或多发。皮损初起多为局限性水肿性红斑或丘疹，随后中心演变成淡灰色或灰褐色坏死，并于数天内破溃，绕以红晕，继而溃疡四周逐渐高出皮面（图 1-10）。典型的溃疡多呈圆形，直径 2~5mm，表面常有少量分泌物，或覆以灰黑色痂，周边为宽 2~4mm 的质地坚实的暗红色堤岸状隆起，使整个皮损状似鸟眼。恢复过程中炎症逐渐消退，溃疡变浅、缩小、愈合，最后堤岸状隆起逐渐变平，遗留轻度萎缩性瘢痕。

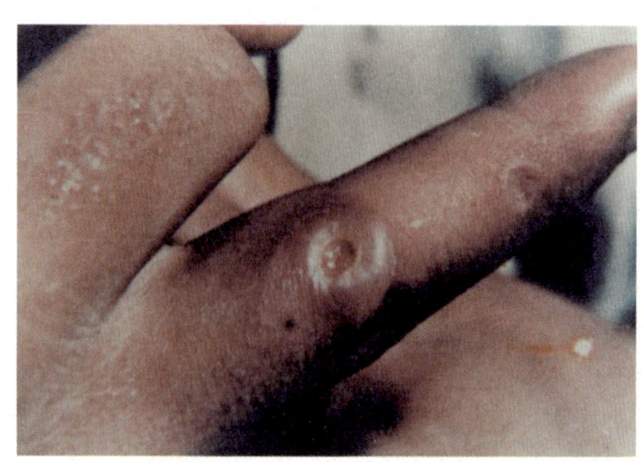

图 1-10 铍（湿法）冶炼厂劳动者由铍化合物引起的鸟眼状溃疡及瘢痕

溃疡可有轻度压痛，疼痛一般不明显，但可于接触强刺激物后加重。如继续接触，溃疡难以愈合，病程可长达数月乃至一年余。

（三）实验室及辅助检查

1. 实验室检查

可通过血铬、尿铬、尿铍、尿砷含量测定及血液、毛发、甲砷含量的定量测定来判断机体接触该类化学物的程度，为诊断提供线索，但只能提示患者接触程度，不能作为职业性皮肤溃疡的诊断依据。

2. 组织病理

如怀疑溃疡发生恶变，应行皮肤组织活检等病理检查以明确诊断。铬溃疡组织病理主要表现为真皮层可见中性粒细胞浸润，真皮中层可见成纤维细胞及胶原纤维增生，间有淋巴细胞浸润。

三、诊断及鉴别诊断

（一）诊断原则

《职业性皮肤溃疡诊断标准》（GBZ 62—2002）规定了职业性皮肤溃疡诊断原则：明确的职业接触史、特殊的皮肤表现，结合作业环境劳动卫生调查资料，排除其他类似的皮肤损害，方可诊断。典型皮损为圆形，边缘呈环堤状隆起，中央干燥或轻度渗出，上覆灰黑色痂皮，形似鸟眼。愈后可遗留轻度萎缩性瘢痕。

（二）诊断标准

职业性皮肤溃疡诊断标准如下。

（1）典型皮损为圆形，边缘呈环堤状隆起，中央干燥或轻度渗出，上覆灰黑色痂皮，形似鸟眼，愈后可遗留轻度萎缩性瘢痕。好发于手指、手背、前臂及小腿等直接接触部位。发病前局部常有皮肤损伤史，如皮炎、虫咬、抓伤以及各种外伤等。

（2）有铬、铍、砷等化合物的职业接触史。

（3）排除职业性化学性皮肤灼伤、烧伤、冻伤等病所致或其他继于血运障碍所致皮肤溃疡。

（4）排除其他类似的皮肤损害。

（三）鉴别诊断

1. 化学烧伤

接触高浓度酸、碱、强氧化剂以及某些烈性农药，如硫酸、硝酸、盐酸、氢氟酸、氯醛酸、硫酸二甲酯、苯酚、水合肼、氢氧化钠、溴素等刺激性化学物质，导致皮肤灼烧。该病通常也伴有职业接触史，应鉴别工作环境中是否有铬、铍、砷及其化合物的存在，同时该类损伤通常只发生在直接接触化学物质的部位，通常为急性皮肤损害，表现为红斑、水疱、焦痂等症状，多不伴溃疡。

2. 臁疮

又称深脓疱疮，该病是由溶血性链球菌感染所致的一种深在性、慢性脓疱疮，因好发于小腿下1/3臁骨（胫骨）部位而得名。基本损害为脓疱和被黏着性痂所覆盖的溃疡，愈后留有瘢痕及色素沉着。营养不良、体弱、个人卫生状况较差，常为本病的诱因，本病常继发于疥疮、水痘、糖尿病、虫咬等病之后，多不伴有职业接触史。

3. 坏疽性脓皮病

坏疽性脓皮病是一种少见的非感染性嗜中性皮肤病，以皮肤出现复发性、疼痛性、坏死性溃疡为特征，常伴有潜在的系统疾病（50%~70%），包括慢性炎症性肠病、类风湿关节炎、血清阴性关节炎、自身免疫性肝病等，还和急性粒细胞白血病、单克隆丙种球蛋白病等血液系统疾病相关。其发病机制尚不清楚，目前认为和遗传、中性粒细胞功能障碍、免疫功能失调等因素有关，一般不伴有职业接触史。

四、治疗、预后及预防措施

（一）治疗

治疗原则为及时清除皮肤上残留的致病物，清洁创面，对症治疗，以局部治疗为主。首要的治疗为暂时脱离工作环境，铬溃疡可用10%亚硫酸氢钠或5%硫代硫酸钠溶液清洗，搽3%~5%二巯丙醇或5%~10%依地酸钙软膏，砷溃疡可外用二巯基丙醇软膏。对于经久不治的溃疡，可采取外科手术的办法切除。

（二）预后及康复

职业性皮肤溃疡病程较长，常需数月痊愈，继续接触可迁延至半年余，愈后可留有边界清楚的萎缩性瘢痕。职业性皮肤溃疡一般不影响劳动。在加强防护的情况下，可继续从事原工作。

（三）预防措施

（1）加强生产设备的管理、清洁和维修。杜绝致病物泄漏，防止污染作业环境。

（2）加强个人防护。根据生产条件和工作性质，配备工作服、手套、靴子等防护用品。建立定期体检制度，及时处理破损皮肤。若破损的皮肤接触致病物，应立即用流水彻底冲洗，并保护创面，防止溃疡形成。

五、案例分析与经验启示

1. 基本信息

患者，男，41岁，某化工厂劳动者。

2. 职业史与职业病危害因素接触史

患者从事铬盐生产工作，工龄9年。作业以手工操作为主，存在铬酸盐直接接触的现象，企业未按要求提供口罩、手套、帽子等防护用具。

3. 临床表现与诊疗经过

患者就诊于皮肤病医院，诉 1 年前虫咬后手指出现水肿性红斑，继之中心呈灰褐色坏死，数日后破溃，绕以红晕。追问病史，患者为化工厂员工，工龄 9 年。该岗位从事铬盐生产工作。作业以手工操作为主，存在铬酸盐直接接触的现象，否认其他特殊物质接触史。既往无类似皮肤疾病史。皮肤科查体：皮损主要表现为手指单发圆形溃疡，边缘呈环堤状隆起，中央干燥，形似鸟眼（图 1-11）。诊疗经过：应用 5% 硫代硫酸钠溶液清洗，外用 10% 依地酸钙软膏，暂时脱离工作环境，约半年后溃疡愈合，遗留萎缩性瘢痕。

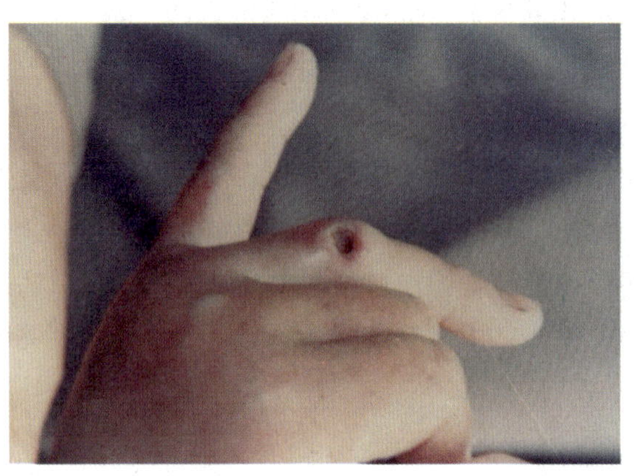

图 1-11 化工厂铬盐生产车间劳动者由铬化合物引起的手指鸟眼状溃疡

4. 实验室及功能检查

血常规、尿常规、肝功能、胸部 X 射线摄片、心电图未见明显异常。呼吸系统、鼻咽部功能未见明显异常。皮肤科查体：手指单发圆形鸟眼状溃疡，溃疡四周高出皮面。直径约 4mm，中央干燥，上覆灰黑色痂皮，周边为宽 2mm 的质地坚实的暗红色堤岸状隆起，伴轻度压痛。

5. 流行病学调查

该岗位车间空气中铬浓度为 $0.042mg/m^3$（空气铬最高容许浓度为 $0.05mg/m^3$）。同单位同工种劳动者有类似病情出现。

6. 综合分析

结合该劳动者职业病危害接触史、临床表现及流行病学调查结果等综合分析，依据《职业性皮肤溃疡诊断标准》（GBZ 62）职业病诊断结论为“职业性铬溃疡”。本例中造成职业性铬溃疡的主要原因是企业未按要求在工作期间提供防护用具。

7. 经验启示

在生活环境中，铬及其化合物对人体主要是慢性危害。铬的职业性危害不容忽视，厂方应继续加大通风排毒力度，降低生产环境中铬化合物的浓度，提供相应防护用具，教育劳动者做好个人卫生防护，对患有铬溃疡等职业性疾患的劳动者妥善安置，积极治疗，定期复查，预防和减少职业病的发生。通过本案例的分析，我们可以更深入地了解职业性皮肤溃疡的风险因素、临床表现、治疗方法和后续转归，为类似案例的预防和处理提供参考。

（吴　玥　胡蔚毅）

第八节　化学性皮肤灼伤

一、概述

化学性皮肤灼伤是指常温或高温的化学物接触到皮肤，对皮肤刺激、腐蚀作用及化学反应热引起的急性皮肤损害。国内统计资料显示，化学性皮肤灼伤在各种原因的烧伤中占第2位或第3位，是劳动生产和科学实验中常见的一种意外性职业病危害。化学性皮肤灼伤的严重程度与化学物种类、浓度、温度、接触时间密切相关，其他影响因素包括患者年龄、健康状况、灼伤部位的皮肤结构及创面污染等。

（一）病因与接触机会

引起化学性皮肤灼伤的化学物品种繁多，大多数属腐蚀性物质，以酸（如硫酸、硝酸、盐酸、氢氟酸、氯乙酸等）、碱（如氢氧化钠、氢氧化钾、氧化钙、氨水等）和酚类化合物（酚、甲酚、二甲酚等）较为多见，黄磷、三氯氧磷、硫酸二甲酯、热沥青、溴素、溴甲烷、环氧氯丙烷、环氧乙烷等也时有所见。

1. 常见致伤化学物分类

（1）酸性物质。

①无机酸类：硫酸、硝酸、盐酸、氯磺酸、氢氟酸、溴、氢溴酸等。

②有机酸类：甲酸（蚁酸）、乙酸（醋酸）、丙酸、氯乙酸、乙二酸（草酸）、过氧乙酸等。

③醋酐类：醋酐（乙酸酐）、丁酸酐、顺乙烯酸酐。

（2）碱性物质。

①无机碱类：氢氧化钾（钠）、氢氧化铵（氨水）、氧化钙（生石灰）等。

②有机胺类：甲胺、乙胺、丙胺、丁胺等。

（3）金属、类金属化合物。黄磷、三氯化磷、三氯氧磷、三氯化锑、三氯化铝、铬酸、重铬酸盐、二氧化硒、二氯氧化硒、烷基铝等。

（4）含氧有机化合物。

①酚类：苯酚、甲酚等。

②醛类：甲醛（蚁醛）、乙醛、丙烯醛、丁烯醛等。

③环氧化合物：环氧乙烷、环氧氯丙烷等。

④酯类：硫酸二甲酯、氯甲酸甲酯等。

（5）其他。

①酰胺类：二甲基甲酰胺。

②汽油。

③沥青。

2. 化学物灼伤和靶器官

有些化学性皮肤灼伤可伴眼灼伤、呼吸道灼伤，有些化学物还可经皮肤、黏膜吸收导致全身性中毒或迟发性中毒，甚至死亡，如黄磷、三氯化锑、乙二胺、二甲基甲酰胺以及热的四氯化碳、硝基苯、苯胺等灼伤可合并肝脏损害；苯酚、甲酚、二氯酚、黄磷以及热的萘灼伤可合并肾脏损害；可溶性钡盐（氯化钡）、氢氟酸、草酸等灼伤可合并心脏损害。液氨及其他挥发性化学物灼伤合并呼吸系统损害等。

3. 常见接触机会

化学性皮肤灼伤涉及面广，多见于化工、运输、冶炼、电子器材等行业，散发于电镀、制药、橡胶、建筑、机械等行业，偶发于文物保护、酿造、洗染、金属拉丝、废品回收、供销、物流等行业。

事故发生原因多种多样，主要有以下 4 个方面。

（1）个人防护用品使用不当。如徒手操作，不戴防护手套，不着防护靴；或所戴手套不符合防护要求，以至化学物仍能持续接触皮肤；或所戴防护手套已破损却未被发现。

（2）技术操作问题。主要表现为违章操作或操作不熟练，如因化学试剂比例不当，反应温度或压力过高等而发生冲料；因遇明火或水发生爆炸；因盛具打翻或开启容器倾倒化学物时引起的泼溅等。

（3）设备问题。如因开关失灵，管道阻塞、渗漏，接管、吊钩脱落，塑管破裂，储存桶罐锈蚀等，导致在运输、反应或检修过程中发生化学物渗漏、冲料、外溢等。

（4）其他。如不慎跌滑，或运输途中因路面不平而致储存瓶罐震破等。

（二）发病机制

化学物接触人体后，可产生局部损害及全身损害。化学物对局部组织的损害有氧化作用、还原作用、腐蚀作用、原生质毒、脱水作用及起疱作用等。一种化学物质可同时存在以上几种损伤机制。有的化学物因本身燃烧而致烧伤，如磷灼伤。人体不能耐受 pH $>$ 11.5 或 pH $<$ 2.5 的化学物。腐蚀性的酸类或碱类物质可导致组织发生不可逆性损伤。

化学性灼伤与热烧伤相比有许多相同的改变，又有化学物所造成的特殊病理变化：①皮肤组织接触强氧化剂或还原剂可导致组织蛋白变性、凝固，局部形成灼伤焦痂；②脂肪组织不断溶解、破坏、损伤，不断向深层扩展，组织再生极为困难；③破坏组织的胶体状态和通透性，局部充血；④破坏与麻痹皮肤神经末梢感受器，出现皮肤感觉麻木或痛觉过敏等；⑤许多化学致伤物质可导致局部或全身性变态反应，如沥青灼伤后出现的“光敏现象”；⑥破坏酶系统或产生毒性物质，如锌灼伤后产生的锌蛋白可能引起“金属铸造热”样反应。

化学性灼伤的死亡率明显高于一般烧伤病人，这与化学物可通过皮肤、黏膜吸收引起全身性中毒及其并发症有关。由于多数化学物是由肝、肾排泄，故肝、肾损害较多见。某些化学物蒸气直接刺激呼吸道而致损伤。有些化学物质可抑制骨髓、破坏红细胞，引起贫血或溶血。有的还可引起中毒性脑病、周围神经损害、消化道溃疡及出血等。

二、临床表现

（一）皮肤损害表现

化学性灼伤以进行性组织破坏，组织成分的凝固、沉淀和溶解为特征，蛋白质破坏显著。根据灼伤程度不同，可表现为局部皮肤灼痛、感觉过敏或迟钝，红肿，出现红斑、水疱、焦痂等皮损。由于不同化学物特性不同，其灼伤后的皮肤损害又具有各自的临床特点。如高浓度硫酸接触皮肤后局部呈黄色或棕褐色，严重者可见黑色痂皮，创面干燥，界限清楚，略凹于皮肤。硝酸（盐）灼伤后皮损呈黄色或黄褐色。氢氧化钠、氢氧化钾皮肤接触后刺痛剧烈，早期创面有碱液特有的滑腻感，创面一般较深，并可进行性加深，痂皮软而苍白，感染后易并发创面脓毒症。

（二）并发症表现

并发症的发生常和灼伤面积与深度有关，在化学灼伤中还应特别注意化学毒物的靶器官作用以及毒物的剂量－效应关系。

（1）休克：严重灼伤后若不及时补液治疗，病人可因大量血浆样体液丢失而发生低血容量性休克，一般发生在伤后数小时或十多个小时，主要表现为口渴、烦躁不安、皮肤苍白、肢体发凉、出冷汗、心率增快、脉压差变小、尿少等。

（2）灼伤后应激性溃疡：是一种烧伤引起的以黏膜糜烂和急性溃疡为特征的上消化道出血性疾患。病变多发生在胃、十二指肠，亦可发生在食管和小肠，出血和穿孔时间多发生在灼伤后 1~3 周。

（3）急性肾功能衰竭：灼伤休克病人如不及时治疗，可发生急性肾功能衰竭；肾毒性化学物灼伤伴吸收中毒也可同样因毒物的直接作用而导致急性肾功能衰竭，如苯酚灼伤后可在 24 小时内发生急性肾衰，常有血红蛋白尿或肌红蛋白尿。

（4）肝功能不全：严重灼伤或肝毒性化学物灼伤并伴吸收中毒者常可引起不同程度的肝脏损害，最早可发生于伤后 24 小时。如黄磷为肝脏毒物，中毒后常可引起肝肿大、肝功能不全，严重者可死于肝坏死。

（5）其他：如心律失常和心功能不全，水、电解质与酸碱平衡紊乱，应激性糖尿病等。

三、诊断与鉴别诊断

（一）诊断原则

化学性皮肤灼伤的诊断主要依据临床症状、体征，以及职业接触与皮肤灼伤发生、发展之间的密切因果关系。依据《职业性化学性皮肤灼伤诊断标准》（GBZ 51—2009），根据职业活动中皮肤接触某化学物后产生的如红斑、水疱、焦痂等急性皮肤损害进行诊断。在具体分级诊断中，要准确计算灼伤面积大小并且仔细判断灼伤创面深度。

1. 灼伤面积计算方法

小面积灼伤可采用手掌计算法，即用伤者自己的手掌，五指并拢，一侧手掌为体表总面积的 1%。灼伤面积较大时可采用中国九分法计算，即头、面颈部面积为 9%（其中颈部前后侧各占 1%）。双上肢面积共 18%（其中前后侧上臂各 2%，前臂各 1.5%，手的掌面、背面各 1%）。躯干面积共 27%（其中前后侧各 13%、会阴 1%）。臀部面积为 5%。双下肢面积共 41%（其中前后侧大腿各 5%，小腿各 3.5%，足背、跖面各 1.75%）。

2. 灼伤深度划分方法

目前的诊断标准采用“四度五分法”。具体如下。

（1）Ⅰ度创面：红斑，轻度红、肿、热、痛，感觉过敏，无水疱，干燥。3~5 天脱屑痊愈，不留瘢痕，偶有色素沉着，但绝大多数可于短期内恢复至正常肤色。

（2）浅Ⅱ度创面：剧痛，感觉过敏，有水疱形成，水疱壁薄，去除表皮后创面湿润、潮红，水肿较明显。如无继发感染，1~2 周后可愈合，不遗留瘢痕，有时有较长时间的色素改变。

（3）深Ⅱ度创面：疼痛，感觉迟钝，水肿明显，可有或无水疱，去除表皮后创面微湿、苍白或红白相间，有时可见许多红色小点或细小血管。如无感染，一般 3~4 周愈合，可遗留瘢痕，如继发感染，愈合时间延长。

（4）Ⅲ度创面：疼痛感消失，感觉迟钝，创面苍白、干燥呈皮革样，可出现树枝状静脉栓塞。4 周左右焦痂脱落，须植皮修复，可遗留瘢痕甚至畸形。

（5）Ⅳ度创面：疼痛感消失，感觉迟钝，创面焦黄炭化、干瘪坏死，局部发凉，活动受限。应截肢（指）或采用皮瓣修复。

（二）分级诊断

根据化学性皮肤灼伤面积大小和创面深度，判定职业性化学性皮肤灼伤的轻度、中度、重度、特重度分级。

1. 轻度灼伤

具备以下任何一项者。

（1）1% 以上的Ⅰ度灼伤；

（2）10% 以下的Ⅱ度灼伤。

2. 中度灼伤

具备以下任何一项者。

（1）10%~30% 的Ⅱ度灼伤；

（2）Ⅲ度及Ⅲ度以上灼伤总面积在 10% 以下。

3. 重度灼伤

具备以下任何一项者。

（1）Ⅱ度及Ⅱ度以上灼伤总面积＞ 30% 且≤ 50%；

（2）Ⅲ度及Ⅲ度以上灼伤总面积在 10%~20%。

4. 特重度灼伤

具备以下任何一项者。

（1）Ⅱ度及Ⅱ度以上灼伤总面积在 50% 以上；

（2）Ⅲ度及Ⅲ度以上灼伤总面积在 20% 以上。

（三）鉴别诊断

根据职业接触史、作业环境和所接触化学物的种类进行鉴别，要注意排除非职业因素所致的皮肤化学灼伤和职业因素所致的其他烧伤，如电烧伤等。

四、治疗与康复

（一）治疗原则

1. 迅速脱离事故现场

尽快脱去或剪去被化学物污染的衣服、手套、鞋袜等，并立即用大量流动清水彻底冲洗污染的皮肤。冲洗时间应考虑当时气温及病人耐受程度，一般要求 20~30 分钟，碱性物质灼伤后冲洗时间应延长，以充分去除及稀释化学物质，阻止化学物质继续损伤皮肤和经皮肤吸收。冲洗后的创面，必要时可进行合理的中和治疗。

2. 化学灼伤创面应彻底清创

剪去水疱，清除坏死组织，深度创面应立即或早期进行切（削）痂植皮或延迟植皮。其他常规处理与热烧伤相同。

3. 头面部化学灼伤时要注意眼、鼻、耳、口腔的情况

如发生眼灼伤、呼吸道灼伤等，首先应彻底冲洗，并及时进行专科诊治。

4. 注意全身性中毒或迟发性中毒

某些化学性皮肤灼伤，由于真皮的破坏及局部充血等原因，毒物可通过皮肤吸收引起全身性中

毒或迟发性中毒，应特别注意。可按相应化学物中毒的诊断标准及处理原则进行诊治。

（二）预后与康复

职业性化学性皮肤灼伤患者确诊后，按《劳动能力鉴定　职工工伤与职业病致残等级》（GB/T 16180—2014）进行工伤及职业病致残程度鉴定。

按照当前的康复理念，可采取“全程介入，分段治疗”的模式将康复治疗贯穿灼伤治疗全程。在急性期采取主动或被动地活动、心理治疗、物理因子治疗等康复措施，并发症减少，对肢体功能改善都有非常重要的作用。在创面修复期和恢复期，特别是深Ⅱ度和Ⅲ度灼伤患者，创面愈合后有不同程度的瘢痕增生和挛缩，位于关节部位可致关节脱位、畸形，使关节活动全部或部分丧失，严重影响工作和生活自理的能力，可采取心理康复、生物康复、物理康复及职业社会康复等综合性康复手段进行康复治疗，重点是抗瘢痕和功能恢复，预防或减轻瘢痕增生程度，预防和矫正关节畸形，改善关节功能，使患者尽早回归家庭和工作岗位。

五、常见化学物皮肤灼伤

（一）硫酸灼伤

1. 概述

硫酸（化学式：H_2SO_4），为无色油状液体，是一种活泼的二元无机强酸，可以迅速与蛋白质及脂肪发生酰胺水解作用及酯水解作用，还会与生物组织中的碳水化合物发生脱水反应并释放出大量热能，造成皮肤灼伤，与组织接触时间越长，造成的灼伤程度也越重。

2. 临床表现

灼伤深度与接触硫酸的浓度和时间有关。

（1）低浓度硫酸引起的皮肤灼伤一般较浅，局部呈浅褐色薄痂皮或有水疱。

（2）浓硫酸灼伤：①局部早期呈灰白色，后渐变为黑色或棕褐色稍偏厚的痂；②创面干燥，常呈轻度凹陷，皮肤较为坚韧，可见树枝状栓塞血管网，有时呈“皮革样变”，界限清楚，大多呈点状或片状创面；③合并眼部灼伤时，轻则流泪，引起结膜充血、视力下降，重则引起角膜穿孔，导致失明；④合并吸入性损伤时，出现咽痛、咳嗽、声音嘶哑，重者表现为胸闷、呼吸困难、发绀、咳大量泡沫样或粉红色泡沫样痰。

（3）实验室和辅助检查：皮肤灼伤一般无特殊实验室和辅助检查改变；吸入硫酸蒸气后可出现气管 - 支气管炎、肺炎、肺水肿等影像学改变。

3. 诊断与鉴别诊断

（1）诊断原则。根据明确硫酸接触史，创面出现黑色或棕褐色偏厚的痂，可呈“皮革样变”，界限清楚，即可诊断。

（2）诊断分级。根据《职业性化学性皮肤灼伤诊断标准》（GBZ 51—2009）进行分级。

（3）鉴别诊断。硫酸灼伤需要与其他酸类灼伤，尤其是氢氟酸灼伤进行鉴别。氢氟酸灼伤以创面难以缓解的疼痛，进行性组织坏死，果酱色疱液，棕褐色或黑色厚痂以及血氟、尿氟升高、低钙、低镁血症等为特征。

4. 治疗与康复

（1）治疗原则和方法。

①迅速脱去沾染硫酸的衣物，擦拭创面表面的残留物质后，立即用大量流动清水冲洗灼伤创面，

有条件时可使用2%~5%碳酸氢钠溶液或肥皂水等中和后再以清水洗净，冲洗时间至少30分钟。

②硫酸多处灼伤者，冲洗应先顾及头面部、眼睛、腋窝、会阴等部位。头面部、眼睑部冲洗前可先用吸湿性材料将硫酸吸取，避免流入眼内，若溅入眼睛应立即提起眼睑，用大量流动清水或生理盐水彻底冲洗至少30分钟。具体治疗措施参见本书《职业性化学性眼灼伤》章节。

③创面处理同一般普通热力烧伤。浅Ⅱ度创面大多采取暴露疗法，根据患者创面深度及病情，可配合应用重组人生长激素针剂，促进创面愈合。深Ⅱ度创面可行磨痂术水刀清创或削痂后以异种皮覆盖。Ⅲ度创面应早期切（削）痂植皮，特别是功能部位。面部Ⅲ度创面可待焦痂开始分离时清创、植大张中厚皮或全厚皮，此时期手术出血相对较少。

④若吸入硫酸蒸气，应迅速脱离现场至空气新鲜处，保持呼吸道通畅。若患者出现呼吸困难，给予吸氧，并迅速转运就医，以便得到进一步的生命支持。

（2）预后与康复。深Ⅱ度以上硫酸灼伤愈后可留有瘢痕。按《劳动能力鉴定　职工工伤与职业病致残等级》（GB/T 16180—2014）进行工伤及职业病致残程度鉴定。康复治疗措施如下。

①运动疗法。适用于关节部位灼伤。

②压力疗法。弹力绷带、弹力套（衣）等。适用于全身各部位，可防止范围较大的瘢痕增生。

③夹板治疗。矫正瘢痕挛缩或关节脱位所致畸形。

④药物疗法。可选用硅凝胶贴膏、复方肝素钠尿囊素凝胶等防治瘢痕的药物或药膜，直接粘贴在瘢痕区域。

（二）氢氟酸灼伤

1. 概述

氢氟酸是氟化氢（化学式：HF）的水溶液，为无色、无嗅的液体，对组织蛋白有脱水及溶解作用，有很强的渗透性和腐蚀性。皮肤灼伤后能渗入深部组织，重者可深达骨膜和骨质，使骨骼成为氟化钙，形成愈合缓慢的溃疡，俗称“烂骨头”。吸入其酸雾可造成呼吸道损伤。氟离子进入血液或组织可与钙、镁离子结合，使其成为不溶或微溶的氟化钙和氟化镁，导致低钙、低镁血症。

2. 临床表现

（1）难以忍受的持续疼痛和进行性组织坏死是氢氟酸灼伤的特点。

①氢氟酸浓度低于20%时，损伤较轻，皮肤外表正常或呈红色。浓度超过20%时，则表现为红肿热痛，逐渐发展为水疱，常经伤后1~8小时出现疼痛，表现为迟发性组织剧痛，浓度超过50%可立即引起疼痛和组织坏死，且疼痛难以缓解。

②进行性组织坏死。局部皮损初起红斑、水疱，疱液呈果酱色，随即转为有红晕的白色水肿，继而变为淡青灰色坏死，而后覆以棕褐色或黑色厚痂，脱痂后形成溃疡。手指部位的损害常转为大疱，甲板也常同时受累，甲床与甲周红肿。严重时甲下水疱形成，甲床与甲板分离。严重者累及局部骨骼，尤以指骨为多见，表现为指间关节狭窄，关节面粗糙，边缘不整，皮质增生，髓腔狭小，乃至骨质吸收等类似骨髓炎的征象。

（2）灼伤面积大于2%时可伴有中毒症状，患者可因低血钙出现手足抽搐、心律失常，心电图Q-T间期延长及T波、S-T段变化，甚至因室颤而死亡。

（3）实验室和辅助检查：

①血氟、尿氟结果明显升高；

②血中钙、镁离子浓度明显下降；

③心电图出现 Q–T 间期延长及 T 波、S–T 段变化；

④手指 X 线摄片，了解骨质有无破坏，但早期大多无明显变化；

⑤吸入氢氟酸蒸气后可出现气管 – 支气管炎、肺炎、肺水肿等影像学改变。

3. 诊断与鉴别诊断

（1）诊断原则。根据明确氢氟酸接触史，难以缓解的疼痛，创面进行性组织坏死，出现果酱色疱液、棕褐色或黑色厚痂等，结合血氟、尿氟升高、低钙、低镁血症等即可诊断。

（2）诊断分级。根据《职业性化学性皮肤灼伤诊断标准》（GBZ 51—2009）进行分级。

（3）鉴别诊断。氢氟酸灼伤需要与硫酸、硝酸灼伤等进行鉴别，创面剧痛是氢氟酸灼伤的特点，硫酸、硝酸灼伤一般不会伴有血氟、尿氟升高、低钙血症、心电图异常等表现。

4. 治疗与康复

（1）治疗原则和方法。

①皮肤接触后立即用大量流动清水进行彻底冲洗，至少 30 分钟，尽早地稀释和清除氢氟酸，这是最有效的措施，也是治疗的关键。

②氢氟酸灼伤的特殊治疗：使用一些可溶性钙、镁盐类制剂中和治疗，使其与氟离子结合形成不溶性氟化钙或氟化镁，从而使氟离子灭活。氢氟酸灼伤有局部和全身两种治疗方法。局部治疗的主要措施有以下几项。

a. 碱性肥皂液洗涤损伤部位，清除水疱，若甲下有浸润，拔除指甲。

b. 2.5% 葡萄糖酸钙凝胶或软膏局部涂抹于灼伤创面，但在皮肤破损处慎用。

c. 10% 葡萄糖酸钙皮下注射：使钙液直接注入灼伤创面，用量为 $0.5mL/cm^2$ 灼伤创面，每个灼伤手指的最大剂量不超过 0.5mL，一旦疼痛减轻即可停用，多用于皮下疏松的部位。疼痛解除是治疗有效的标志。

d. 葡萄糖酸钙动脉注射：一般选用直接供应灼伤部位的表浅动脉，手指灼伤尤为适用。用 2.5%~10% 葡萄糖酸钙溶液 1g 缓慢注射，给药时间不少于 10 分钟，必要时 4 小时后可重复注射。

e. 化学络合剂：能够与氢氟酸快速发生络合反应，将氟离子吸附在络合载体上使其失去毒性，越早使用效果越好。

③早期手术治疗：对面积较大的深度氢氟酸灼伤应早期切痂，及时或延期行植皮手术。手术应争取在伤后 4 小时内进行，彻底切除坏死组织，术中应用葡萄糖酸钙浸泡切痂后的创面 15 分钟。凡累及指（趾）甲床者，需做指（趾）甲拔除术。

④吸入性损伤的治疗：头面部灼伤有时会有氟化氢吸入，氟化氢浓度＞ 40% 即可产生烟雾，可能存在吸入性损伤。应立即给予纯氧，吸入 2.5%~3% 的葡萄糖酸钙雾化溶液，密切观察因水肿引起的上呼吸道梗阻，必要时给予气管插管或气管切开，给予呼吸机维持呼吸等。

⑤全身治疗的主要措施：静脉或动脉注射葡萄糖酸钙溶液，对合并全身中毒者为首选，使用时必须及时检测血钙浓度。重症患者或伴有吸入性损伤者应予以重症监护，进行心电图和血钙浓度的连续性监测。

（2）预后与康复。

氢氟酸灼伤通常较深，致残率较高，深Ⅱ度以上创面愈后可出现瘢痕，尤其是面部、关节部位可能影响容貌、功能。按《劳动能力鉴定　职工工伤与职业病致残等级》（GB/T 16180—2014）进行工伤及职业病致残程度鉴定。

康复措施参见硫酸灼伤章节。

（三）硫酸二甲酯灼伤

1. 概述

硫酸二甲酯［dimethyl sulfate，DMS，化学式：$(CH_3O)_2SO_2$］，为无色或微黄色，略有葱头气味的油状可燃性液体，在 50℃或者碱水中易迅速水解成硫酸和甲醇。硫酸二甲酯属高毒类，作用与芥子气相似，急性毒性类似光气，比氯气大 15 倍。对眼、上呼吸道有强烈刺激作用，对皮肤有强腐蚀作用，可引起结膜充血、结膜水肿、角膜上皮脱落，气管、支气管上皮细胞坏死，甚至导致纵隔或皮下气肿。此外，还可损害肝、肾及心肌等。

2. 临床表现

（1）早期出现红斑，继而出现大小不等的透亮淡黄色的水疱，有的融合成大疱。

（2）在多汗部位和皮下组织较疏松部位如眼睑、阴囊部，局部肿胀明显，渗出多，水疱液内含有水解出的硫酸会继续起作用，从而使创面加深。

（3）吸入硫酸二甲酯的蒸气，出现呼吸道刺激症状，主要有流涕，鼻黏膜充血水肿、咳嗽、咽喉部烧灼感、声音嘶哑，严重者发生迟发性肺水肿。具体可参见《职业性急性硫酸二甲酯中毒诊断标准》（GBZ 40—2024）。

（4）眼部接触硫酸二甲酯后，即时或延后出现眼睑及结膜充血水肿、异物感、畏光、流泪，角膜上皮点状或片状浸润脱落。

（5）实验室和辅助检查：同一般刺激性气体中毒改变，如血白细胞计数升高、肝肾功能异常等；吸入硫酸二甲酯蒸汽后可出现血气分析氧分压降低，气管 - 支气管炎等影像学改变，下呼吸道损伤表现少见。

3. 诊断与鉴别诊断

（1）诊断原则。根据明确硫酸二甲酯接触史，创面出现大小不等的淡黄色的水疱，甚至融合成大疱以及可能伴有眼、呼吸道刺激表现即可诊断。

（2）诊断分级。皮肤灼伤根据《职业性化学性皮肤灼伤诊断标准》（GBZ 51—2009）进行分级。

（3）鉴别诊断。硫酸二甲酯灼伤需要与热水烫伤、氮芥灼伤等进行鉴别，出现水疱是共同表现，但水疱颜色、分布特点各有不同。密集透亮淡黄色的水疱，甚至融合成大疱是硫酸二甲酯皮肤灼伤的特点。

4. 治疗与康复

（1）治疗原则和方法。

①现场先迅速将患者移至空气新鲜处，脱去污染衣着，彻底清洗皮肤。

②剪去水疱，用 5% 碳酸氢钠溶液湿敷 2~4 小时，防止水疱液中的硫酸继续作用。

③后期创面处理同热力烧伤。

④眼部受污染时现场及早用生理盐水或清水彻底冲洗，建议冲洗时间至少 15 分钟。具体治疗措施参见本书《职业性化学性眼灼伤》章节。

⑤对吸入性损伤患者至少观察 72 小时，及时吸氧，给予镇静、化痰及解痉药物、雾化吸入等对症治疗，必要时早期行预防性气管切开（经皮气切）或气管插管，防止早期喉头水肿而导致窒息死亡，早期、适量、短程的糖皮质激素疗法可有效防治肺水肿。

（2）预后与康复。

硫酸二甲酯灼伤通常表现为Ⅱ度，愈后多不留瘢痕。按《劳动能力鉴定 职工工伤与职业病致残等级》（GB/T 16180—2014）进行工伤及职业病致残程度鉴定。

康复措施参见硫酸灼伤章节。

（四）苯酚灼伤

1. 概述

苯酚（化学式：C_6H_5OH）是一种具有特殊芳香气味的固体或黏稠液体，是生产某些树脂、杀菌剂、防腐剂以及药物（如阿司匹林）的重要原料；也可用于消毒外科器械和排泄物的处理，皮肤杀菌、止痒及中耳炎。有腐蚀性，接触后会使局部脂肪溶解和蛋白凝固变性。苯酚可从皮肤或胃肠黏膜吸收，可影响中枢神经系统、肝、肾、心、肺和红细胞功能。

2. 临床表现

（1）皮肤接触后局部皮肤变白、起皱、软化、坏死，成为棕红色、棕黑色或褐色的痂皮，局部皮肤可失去痛觉。

（2）大面积苯酚灼伤可经创面吸收中毒，各系统表现如下。

①中枢神经系统：开始时易激惹，各种反射亢进，震颤、抽搐和肌阵挛，痉挛发生频繁，最后抑制，常因呼吸衰竭死亡。

②心血管系统：血压开始上升，随后下降。心率早期增快，后期减慢和出现心律失常。

③血液系统：破坏红细胞膜造成溶血。

④肾脏：游离苯酚可引起肾小球和肾小管的损害，低血容量和溶血可加重肾脏的损害，甚至堵塞肾小管，最终发生急性肾功能衰竭。

⑤肝脏：常见的损害是肝小叶中心性坏死，血清胆红素上升。

（3）实验室和辅助检查：尿酚、血酚升高；蛋白尿、管型尿、血尿；肝功能异常（ALT、胆红素升高）；血肌酐升高；代谢性酸中毒；心律失常（室上性或室性）等。

3. 诊断与鉴别诊断

（1）诊断原则。根据明确苯酚接触史，创面出现棕红色、棕黑色痂皮以及可能出现中枢神经系统、肾脏、血液系统等急性损害表现即可诊断。

（2）诊断分级。皮肤灼伤根据《职业性化学性皮肤灼伤诊断标准》（GBZ 51—2009）进行分级。

（3）鉴别诊断。苯酚灼伤应与硝酸、溴灼伤相鉴别，均可出现棕黄色、棕褐色痂皮，确切的接触史是重要线索，大面积灼伤出现肾脏、血液系统等急性损害表现是苯酚灼伤的特点。

4. 治疗与康复

（1）治疗原则和方法。

①迅速脱去或剪去被污染衣服。

②立即用大量流动清水冲洗，至少 30 分钟。

③用浸过聚乙烯乙二醇（PEG400 或 PEG300）的棉球或浸过 30%~50% 乙醇溶液的棉球擦抹创面，直至创面无酚味，再用清水冲洗创面。

④ 5% 碳酸氢钠溶液湿敷创面 1 小时，再用清水冲洗。

⑤创面处理：尽早清创，可采取磨痂、削痂，异种皮覆盖，择期自体皮移植。

⑥苯酚灼伤时预防急性肾功能衰竭是治疗成功的关键。在液体复苏时需增加液体量，使用溶质

利尿剂。合并肾衰竭时，及时给予血液透析或腹膜透析。合并昏迷、呼吸困难需立即气管插管或经皮气管切开，呼吸机辅助呼吸。

（2）预后与康复。

苯酚灼伤通常表现为Ⅱ度，深Ⅱ度以上愈后可留有瘢痕。按《劳动能力鉴定　职工工伤与职业病致残等级》（GB/T 16180—2014）进行工伤及职业病致残程度鉴定。

康复方法参见硫酸灼伤章节。

（五）苛性碱（氢氧化钠及氢氧化钾）灼伤

1. 概述

苛性碱（氢氧化钠及氢氧化钾，化学式：NaOH，KOH）。具有强烈的吸水性，使局部细胞脱水；碱离子与组织蛋白形成碱变性蛋白复合物，皂化时产生的热可继续损伤深部组织。

2. 临床表现

（1）早期皮肤创面有强烈烧灼感，基底呈赤白色；后期创面湿润黏滑，呈肥皂滑腻感。

（2）灼伤创面可扩大、加深，愈合慢。

（3）合并眼部灼伤时，视物不清、眼睛异物感、疼痛、流泪等，因碱性化合物常使角膜缘血管网形成血栓 / 坏死，严重影响角膜营养，容易继发感染，使角膜发生溃疡或穿孔。

（4）实验室和辅助检查：同一般热力烧伤，无特征性表现。

3. 诊断与鉴别诊断

（1）诊断原则。根据明确苛性碱接触史，创面湿润黏滑，呈肥皂滑腻感特点即可诊断。

（2）诊断分级。皮肤灼伤根据《职业性化学性皮肤灼伤诊断标准》（GBZ 51—2009）进行分级。

（3）鉴别诊断。苛性碱灼伤应与氨水、石灰等碱性化学品灼伤相鉴别，确切的接触史是关键。

4. 治疗与康复

（1）治疗原则和方法。

①迅速脱离污染物。

②立即用大量清水长时间冲洗创面，有条件时可再用 2%~3% 硼酸溶液湿敷中和 2~3 小时，之后再用清水冲洗。

③在清洗的同时即清除腐皮，以防碱性物质继续皂化加深创面，创面常用暴露治疗。

④大面积灼伤患者，应按照烧伤抗休克、补液疗法予以治疗。

⑤大面积及深度创面应尽早切痂、削痂植皮。

⑥眼部灼伤用生理盐水冲洗，并给予抗生素滴眼液滴眼，具体参见本书《职业性化学性眼灼伤》章节。

（2）预后与康复。

苛性碱灼伤通常创面较深，治愈后可留有瘢痕。可按《劳动能力鉴定　职工工伤与职业病致残等级》（GB/T 16180—2014）进行工伤及职业病致残程度鉴定。

康复方法参见硫酸灼伤章节。

（六）氨灼伤

1. 概述

氨灼伤通常指氨水灼伤。氨气（化学式：NH_3）是一种腐蚀性强的具有刺激性气味的无色气体，具有亲水和亲脂的特点，常伴有吸入性损伤。氨溶于水成为氢氧化铵，称为氨水。在形成氨水过程中吸收大量热能，接触人体皮肤易产生冻伤。氨灼伤多为氨气泄漏或产生爆炸导致，故多为群体烧伤，病情复杂，有皮肤灼伤、眼灼伤及氨吸入性损伤，甚至合并骨折、颅脑损伤等。

2. 临床表现

（1）受伤早期因氨溶于水吸收热能冻伤皮肤，创面苍白，干燥坚韧。后期具有碱灼伤的特点：创面逐渐转湿润，呈肥皂滑腻感。

（2）氨气经呼吸道吸入后可出现明显的咽痛，呼吸困难，咳嗽，咳粉红色泡沫痰。

（3）伴眼部灼伤时，轻则流泪，视物不清，有感疼痛，视力下降，严重者甚至导致失明。

（4）实验室和辅助检查：同一般热力烧伤。吸入氨气后可出现气管－支气管炎、肺炎、肺水肿等影像学改变。

3. 诊断与鉴别诊断

（1）诊断原则。根据明确氨水接触史，创面早期出现类似冻伤、后期具有碱灼伤湿润，呈肥皂滑腻感的特点以及可能伴有眼、呼吸道刺激表现即可诊断。

（2）诊断分级。皮肤灼伤根据《职业性化学性皮肤灼伤诊断标准》（GBZ 51—2009）进行分级。

（3）鉴别诊断。氨灼伤应与氢氧化钠、水泥等相鉴别，均具有湿润，呈肥皂滑腻感等碱灼伤特点，确切的接触史是关键，强烈的眼、呼吸道刺激性是其特点。

4. 治疗与康复

（1）治疗原则和方法。

①立即用大量清水冲洗至少 20 分钟，继用 2%~3% 硼酸溶液湿敷以中和其碱性。

②轻度灼伤多行换药治疗能愈合，重度灼伤应尽早行手术植皮。

③眼氨灼伤时立即用清水冲洗，清水冲洗后进行扩瞳，并滴抗生素眼药水和涂抗生素眼膏等。具体措施参见本书《职业性化学性眼灼伤》章节。

④有呼吸道损伤时，给予吸氧、超声雾化吸入。如合并喉头水肿、进行性呼吸困难时，立即行气管切开术，保持呼吸道通畅。对合并化学性肺水肿者，可给予糖皮质激素治疗。

（2）预后与康复。

氨灼伤通常创面不深，及时正确处理多能治愈且不留瘢痕。可按《劳动能力鉴定　职工工伤与职业病致残等级》（GB/T 16180—2014）进行工伤及职业病致残程度鉴定。

康复方法参见硫酸灼伤章节。

（七）石灰灼伤

1. 概述

石灰灼伤是一种特殊原因导致的化学灼伤。致伤机制是生石灰（化学式：CaO）具有强烈的吸水性及溶脂浸润性，遇水生成氢氧化钙［化学式：$Ca(OH)_2$］并释放出大量热量。石灰灼伤是热力灼伤和化学渗透性碱灼伤，所以皮肤软组织损伤往往较深。此外创面痂皮易溶解，常引起感染，早期处理不当或延误易引发创面脓毒症等诸多并发症。临床上由于对石灰灼伤重视不够或早期处理不够及时，常使石灰灼伤损害加重。

2. 临床表现

（1）石灰灼伤的创面早期干燥，呈褐色，有痛感，数天后创面较湿，痂皮溶解时间短，保痂困难。

（2）创面潮湿，易感染，因此一般愈合时间长。伤情重，创面大而深，一般创面在深Ⅱ度以上。

（3）眼部合并石灰灼伤时：轻度灼伤时视物不清，异物感，流泪，重度时可致失明。

（4）实验室和辅助检查：同一般热力烧伤。

3. 诊断与鉴别诊断

（1）诊断原则。根据明确石灰接触史，创面较深，早期干燥、呈褐色，后期创面较湿，痂皮溶解时间短等特点即可诊断。

（2）诊断分级。皮肤灼伤根据《职业性化学性皮肤灼伤诊断标准》（GBZ 51—2009）进行分级。

（3）鉴别诊断。石灰灼伤应与氢氧化钠、水泥灼伤等相鉴别，均具有湿润，呈肥皂滑腻感等碱灼伤特点，确切的接触史是关键。

4. 治疗与康复

（1）治疗原则和方法。

①清创前首先尽量去除黏着在体表的石灰颗粒，然后以大量清水长时间冲洗创面，早期清创要求彻底。

②石灰灼伤后创面进行性加深，损伤的组织早期肿胀明显，渗出多，失液量大，因此补液量宜偏大，外层敷料应较厚。

③石灰灼伤组织损伤大、感染率高，应早期行抗感染治疗。

④创面可继续加深，应及时行切、削痂加自体皮移植手术，覆盖创面，减少感染。

⑤眼部被石灰灼伤时，具体治疗措施参见本书《职业性化学性眼灼伤》章节。

（2）预后与康复。

石灰灼伤通常较深，治愈后可留有瘢痕。可按《劳动能力鉴定　职工工伤与职业病致残等级》（GB/T 16180—2014）进行工伤及职业病致残程度鉴定。

康复方法参见硫酸灼伤章节。

5. 案例分析与经验启示

案例一：群体性硫酸二甲酯中毒伴皮肤、眼灼伤。

（1）基本信息：16 人群体发病，男性 15 人，女性 1 人。年龄 19~57 岁，平均（43.31 ± 11.61）岁。

（2）职业史与职业病危害因素接触史。7 月 6 日 22 时左右，某快递公司分拣车间分拣员入库分货时，发现一个蓝色塑料桶（25kg）快件因桶盖破损且有液体渗漏，包装上无所装物品的标志。分拣员将其手工搬放到南侧流水线上，使其传送到破损快件存放区。桶壁及流水线上均沾染到快件中的液体，使搬运该快件的分拣员、该流水线周边的分拣工以及破损快件存放区的人员均有机会经皮肤、眼、呼吸道接触该液体。7 月 7 日，16 名分拣员因出现皮肤、眼、呼吸系统损伤，至医疗机构就诊。快递收件人于 7 月 8 日上午取件时称快递液体为硫酸二甲酯（DMS），为节约运输成本违规通过快递公司运送。

（3）临床表现及诊疗经过。列举典型病例如下。

一名工作人员发现桶盖有液体渗漏，并滴落在裤子上，当时感觉腿部局部皮肤有灼热感，但未引起重视，没有进行任何处理。约 3 小时后，接触局部皮肤红肿，灼痛明显，伴大量淡黄色的水疱，于接触 6 小时后就诊。体格检查发现双下肢和会阴部皮肤红肿，散在较多大小不一的水疱，直径为 1~5cm，阴茎头部、体部Ⅱ度灼伤，灼伤总面积约 17%。

治疗及转归：患者均住院观察，及时脱去污染衣服，用生理盐水冲洗污染皮肤和眼部。卧床休息，保持安静，监测动脉血气及血氧饱和度，观察喉头、悬雍垂水肿情况，保持呼吸道通畅；经鼻导管吸氧和超声雾化吸入地塞米松和庆大霉素。根据临床表现、X 线胸片及动脉血气情况，给予所有患者静脉滴注地塞米松，用量：10~40mg/d，3~7 天，并给予支气管解痉、预防感染等对症支持治疗。对皮肤损伤者进行常规清创，剪切其水疱，局部外用磺胺嘧啶银霜；眼损伤者则以氧氟沙星滴眼液、小牛血去蛋白提取物眼用凝胶滴眼。所有患者住院 5~30 天后痊愈或好转出院，半年后随访均痊愈，无后遗症。

（4）职业卫生学调查。公司有两个分拣车间，本次事件发生在分拣二车间，该车间面积 6000m^2。车间北侧和南侧各有一条分拣流水线，西南角有一个破损快件存放区，面积约 50m^2，以不完全隔断的形式与车间分开。当晚二车间共有 87 名劳动者实施分拣作业。车间自然通风，劳动者戴纱布手套，无其他个人防护设备。

（5）综合分析。结合劳动者职业病危害接触史、临床表现及医学检查等综合分析，根据《职业性化学性皮肤灼伤诊断标准》（GBZ 51—2009），16 人中诊断为职业性中度化学性皮肤灼伤 1 例，职业性轻度化学性皮肤灼伤 1 例。

（6）经验启示。本组病例接触方式为皮肤直接接触和蒸气暴露。皮肤接触后，早期无明显不适，易被忽视，经一定的潜伏期，接触部位皮肤出现灼痛，创面初为点状或片状红斑，继而出现水疱，以至坏死。接触 10 小时后水疱明显增多，逐渐融合为巨大水疱。眼及呼吸系统症状也存在数小时的潜伏期，因此有明确 DMS 接触史者，即使无明显症状，也应观察 24~48 小时，防止喉水肿、肺水肿的发生而危及生命。任何部位皮肤接触到 DMS 液体后，不论有无疼痛，现场均应以流动清水彻底冲洗，及时更换衣物。

本组接触 DMS 蒸气患者的眼损伤表现是最早也是最突出的症状之一，随后出现呼吸道刺激症状。眼部症状的严重程度与急性中毒程度不平行。本组病例上呼吸道损伤的表现明显，均出现严重咽喉痛和声音嘶哑，而下呼吸道损伤程度较轻。DMS 的水解产物对眼及上呼吸道黏膜产生的刺激和腐蚀作用更早、更强烈。

应加强对危险化学品运输相关法律法规的宣传和执行。一旦发生意外暴露，应迅速脱离接触，加强医学观察，必要时及时氧疗，尽快给予短期足够剂量的糖皮质激素等治疗。

案例二：大面积氢氟酸灼伤合并急性重度氟中毒。

（1）基本信息：患者王某，男，38 岁；上海某厂氢氟酸工段操作工。

（2）职业史与职业病危害因素接触史。患者于 7 月 20 日上午 9：45 在该厂氢氟酸工段检修，拆卸氢氟酸（HF）管子时，管内大量无水 HF 喷至躯干、四肢、会阴，伴大口吸入氟化氢气体。

（3）临床表现及诊疗经过。患者立即用自来水冲洗 20 分钟后，厂医给红花油外涂，肌注哌替啶 100mg，静注葡萄糖酸钙 1g 后于 7 月 20 日 11 时急诊入院。查体：意识模糊，急性病容，呼吸困难，体温 38.7℃，呼吸 36 次 / 分，血压 90/60mmHg，双瞳孔针尖大小，口唇轻度紫绀，口腔泡沫分泌物较多，心率 100 次 / 分，心音轻，两肺闻及干啰音，肝脾肋下未及。灼伤部位及面积：前胸、背部 2%，右上肢 1%，左上肢 1.5%，右下肢 3%，左下肢 4.5%，会阴等皮肤创面均呈棕褐色（皮革状），灼伤总面积 12%，Ⅲ度。患者既往体健，无药物过敏史。实验室检查：血 Hb 124g/L，RBC 4.12×10^{12}/L，WBC 15.4×10^{9}/L；尿常规：pH 值为 6，蛋白质（++），糖（+++），隐血（+++），WBC 2~4 个 /HP，RBC 18~25 个 /HP，比重 1.020；电解质：钾 4.3mmol/L，钠 138mmol/L，氯 96mmol/L。静注葡萄糖酸钙 5g 后，查血钙 0.83mmol/L（正常值 2.2~2.58mmol/L）；肾功能：肌酐 148μmol/L（正常值 50~110μmol/L）、尿素 7.1mmol/L（正常值 2.5~6.5mmol/L）；动脉血气分析：鼻导管吸氧 5L/min 情况下，pH 值为 7.095，PaO_2 157mmHg，$PaCO_2$ 46mmHg，BE^- 16.3mmol/L，HCO_3^- 13.8mmol/L，

O_2Sat 98%，心电图示Ⅰ度房室传导阻滞，ST段压低、Q–T间期延长。胸片示：两上肺纹理较多、粗，左上肺纹理模糊。入院诊断：无水氢氟酸灼伤躯干、四肢、会阴（12%、Ⅲ度）；急性重度HF吸入性损伤伴氟中毒。抢救经过：立即鼻导管吸氧、吸痰、纠正低氧血症、抗感染、抗休克、抗肺水肿，创面清创后，外敷HF灼伤霜。入院20分钟，患者四肢末梢冰冷，血压下降，血压（BP）80/60mmHg，处于休克期，立即补充血容量、低分子右旋糖酐500mL，干冻血浆200mL，多巴胺80mg，阿拉明20mg静滴，葡萄糖酸钙40mL静注。入院1小时40分钟，患者病情急剧恶化，口唇紫绀，点头呼吸，白色泡沫痰分泌增多，吸引器吸出500mL，咽红（++），上腭水肿，悬雍垂水肿，两肺闻及湿啰音，BP 60/40mmHg，提示急性肺水肿，呼吸衰竭，立即给呼吸兴奋剂、葡萄糖酸钙、碳酸氢钠、地塞米松等药抢救。入院4小时，患者牙关紧闭，呼之不应，四肢肌张力增强，瞳孔散大6mm，对光反射消失，呼吸40次/分，心率130次/分，两肺布满湿啰音，BP 140/90mmHg。因病情危急，给西地兰0.2mg静推，立即行气管切开，吸出大量泡沫痰，随之症状有所缓解。入院8小时，呼吸困难，体温38.9℃、呼吸44次/分、心率112次/分、两肺闻及湿啰音。查尿氟39942μmol/L（正常值168μmol/L）。在吸氧8L/min的情况下，查动脉血气分析：pH值7.06、$PaCO_2$ 76mmHg、PaO_2 53.3mmHg、BE^- 10.3mmol/L、HCO_3^- 21.3mmol/L、氧合指数PaO_2/FiO_2 100mmHg。入院17小时动脉血气分析仍提示代谢性酸中毒合并呼吸性酸中毒、低氧血症。入院19小时呼吸衰竭仍未纠正，采用人工皮囊加压给氧，即呼气末正压呼吸，呼吸由54次/分降到36次/分，病人自觉胸闷症状改善。入院20小时心电监护出现频发室早，即给葡萄糖酸钙60mL静滴，地塞米松20mg静推。入院21.5小时，患者在人工加压呼吸后，进行超声雾化吸入时，突然出现呼吸心跳停止，瞳孔散大，心电图呈直线。立即做心肺复苏抢救，给予心内注射肾上腺素、阿托品、葡萄糖酸钙2次，并给予尼可刹米、洛贝林、阿拉明静注。经1小时的抢救，心肺复苏无效死亡。从发病到呼吸、心搏骤停共22.5小时。死亡原因：急性呼吸、循环衰竭。

（4）职业卫生学调查。该病例未进行现场职业卫生学调查。

（5）综合分析。结合劳动者职业病危害接触史、临床表现及医学检查等综合分析，最终诊断：氢氟酸灼伤躯干、四肢、会阴（12%，Ⅲ度）合并重度吸入性损伤伴氟中毒（中毒性休克、急性呼吸衰竭、急性中毒性肺水肿、ARDS、中毒性心肌损害、中毒性肾病）。

（6）经验启示。a.劳动者在检修更换HF设备时，一定要先进行设备冲洗，配备防毒面具和防护服，把HF造成的损害降到最低。b.该病例HF灼伤后虽经自来水冲洗20分钟，但厂医给红花油外涂是绝对禁忌的，红花油有活血通络作用，涂后加速创面上的氟离子吸收，也是导致氟中毒加重的因素之一。因此加强对基层医务人员的急救培训，做好正确的现场急救是十分重要的。c.休克需要扩容，而肺水肿、呼吸衰竭又要控制输液量，这是抢救中的一对矛盾。患者在不到24小时内输液4060mL，对肺水肿是非常不利的。故在休克纠正后，必须严格控制补液。d.患者心电图出现ST段压低、Q–T间期延长，频发室早，说明心脏因缺氧、低血钙等综合因素已受到明显损害，但没有及时用抗心律失常的利多卡因治疗，很快导致心室颤动而死亡。e.纠正缺氧刻不容缓，可采用面罩持续气道正压吸氧，能改善ARDS呼吸功能，主要通过其呼气末正压使陷闭的支气管和闭合的肺泡张开，提高功能残气，缺氧改善，也有利于“代谢”纠正。该患者在气管切开后14小时，用皮囊加压正压呼吸，病人呼吸困难明显好转。故早期仅用鼻导管吸氧不能解决问题。如能早期采取面罩加压给氧，可能对纠正ARDS有较好的作用。

（王　洁　张雪涛）

第九节　白　斑

一、概述

职业性白斑是指在职业活动中长期接触苯基酚或烷基酚等化合物引起的皮肤色素脱失斑。

据 1977—2003 年我国化学物致职业性皮肤损伤文献中报道，苯基酚和烷基酚类化学物引起的职业性白斑，发病率可达 24.4%。笔者曾报道 4 例某厂生产对叔丁酚的劳动者均出现职业性白斑；某橡胶厂原料车间 42 名劳动者中有 4 名出现色素脱失斑，患病率为 9.54%。我们于 2007—2009 年分别对某石化总厂的炼油厂化验中心、烯烃厂、供排水厂、橡胶厂、研究院及某市塑料厂接触苯基酚或烷基酚类化合物的人员进行职业性皮肤病的调查，发现接触者中均有人出现色素脱失斑。上述资料表明职业性白斑的患病率还是比较高的，足以引起有关部门与职业病防治人员的关注，且本病好发于直接接触部位，严重危害劳动者身心健康，影响社会经济良性发展。本标准的研制可避免出现误诊、漏诊现象，既可保障劳动者的健康，又可减轻企业负担，取得较好的社会效益和经济效益。

（一）病因与接触机会

迄今为止，按照化学结构，可将引起本组疾患的职业性致病化学物质归纳为两类，一类为苯酚（羟基苯）和邻苯二酚（二羟基酚）的衍生物——在第 4 位（对位）带有烷基的烷基酚；另一类为巯基胺类化合物。暴露途径主要是皮肤接触。

第一类化学物质包括：对苯二酚（氢醌）、对叔丁基邻苯二酚、对叔丁基酚、对叔戊基酚、对甲氧基苯酚、对乙氧基苯酚、对苯基苯酚、对辛基酚、对壬基酚、对异丙基邻苯二酚、对甲基邻苯二酚、丁基苯甲醇、叔丁基 -4- 羟基茴香醚、邻苯二酚、对甲酚等。

第二类巯基化合物包括：半胱胺盐酸盐、N-（2- 巯乙基）- 二甲胺盐酸盐（MEDA）、磺胺酸、胱胺二盐酸盐、3- 巯丙基胺盐酸盐等。

常见致职业性白斑的化学物质见表 1–7。

表 1–7　常见致职业性白斑的化学物质

中文名称	英文名称
对苯二酚（氢醌）	Hydroquinone（1,4–dihydroxybenzene；1,4–Benzenediol；quinol；p–hydroxyphenol）
对叔丁基邻苯二酚	p–tert–Butylcatechol
对叔丁基酚	p–tert–Butylphenol
对叔戊基酚	p–tert–Amylphenol
对甲氧基苯酚	p–Methoxyphenol
羟基茴香醚	p–Hydroxyanisole
氢醌甲基醚	Monomethyl ether of hydroquinone
对辛基酚	p–Octylphenol
对壬基酚	p–Nonylphenol

续表

中文名称	英文名称
对异丙基邻苯二酚	p-Isopropylcatechol
对甲基邻苯二酚	p-Methylcatechol
丁基苯甲醇	Butylated hydroxytoluene
叔丁基 -4- 羟基茴香醚	Butylated hydroxyanisole
苯酚	Phenol
邻苯二酚	Pyrocatechol（1,2-benxenediol）
对甲酚	p-Cresol
对苯基苯酚	p-Phenylphenol
氢醌单苄醚	Monobenzyl ether of hydroquinone

引起职业性白斑的化学物主要是对位酚类化合物，如对叔丁基酚、氢醌苄基醚、对戊基酚、对辛基酚、4,4′- 二羟基联苯（DOD）等，其中尤以对叔丁基酚为多见。对叔丁基酚作为重要的精细化工中间体，已被广泛地用于制造表面活性剂、紫外线吸收剂、农药以及油溶性酚醛树脂等产品，市场需求量很大。此外，本品还可用于光气法制碳酸酯反应的终止剂、环氧树脂的改进、二甲苯树脂改性、聚氯乙烯稳定剂的原料、紫外线吸收剂、表面活性剂等。因此石油化工、树脂、橡胶业，以及使用含酚制品的劳动者中均可发现色素脱失。1939 年 Oliver 等首先报道苯酚衍生物可致白斑，在一家皮革制作公司，使用橡胶手套的 48 名劳动者中有 25 名手及前臂出现色素脱失。用橡胶手套中的一种成分——对苯二酚单苯醚做斑贴试验，结果仅在发病病人中呈现阳性反应。接触对叔丁基酚或含有该成分的物品后发生皮肤白斑的病例，国内外均有报道，发病者有生产对叔丁基酚的化工劳动者，使用含有对叔丁基酚黏结剂的汽车劳动者与皮革劳动者，制造和修理皮鞋劳动者，以及使用含有该物的消毒剂的医院清洁工等。苏联及荷兰亦发现生产烷基酚的劳动者发生皮肤脱色的病例。胶靴及橡胶手套中含有的防老剂（对苯二酚单苯醚）亦可致接触部位发生色素脱失斑。另有报道，接触含酚类抗氧化剂、酚类杀菌除垢剂、含对叔丁基酚黏合剂的橡胶和工业用油的劳动者亦可患职业性白斑。该致病物质涉及行业广泛，接触人员众多，故职业危害也比较大。

（二）发病机理

迄今为止，职业性白斑的发病机理仍不明了，主要有化学物质毒性学说、氧化应激学说、细胞凋亡学说和接触性皮炎后白斑学说等四种。

1. 化学物质毒性学说

由于苯酚 / 邻苯二酚及其衍生物等化学物质在结构上极似黑素前体酪氨酸，因此酪氨酸酶最初充当了细胞毒性作用的中介体。它们选择性破坏黑素细胞引起的白斑；或阻滞黑素传递引起的色素性异色症或光线性色素性异色症；还可以降低黑素颗粒合成导致皮肤色素脱失性改变。从现有的文献分析，苯酚 / 邻苯二酚及其衍生物选择性的细胞毒性作用是化学物致职业性白斑的主要原因。

2. 氧化应激学说

酪氨酸相关蛋白 –1 要比酪氨酸酶作用更大，可能是通过邻苯二酚及其衍生物等化学物质转换了酪氨酸相关蛋白 –1，提高了其毒性作用，产生基本的活性氧分子。氧化应激可以触发激活细胞清除自由基的途径，以防止细胞死亡。黑素细胞的遗传不耐受 / 响应氧化应激可能是职业性白斑的发病原因。

3. 细胞凋亡学说

有研究表明对叔丁基苯酚的细胞毒性作用不是通过酪氨酸酶的作用途径，对叔丁基苯酚处理的黑素细胞表现为细胞膜出现空泡化、DNA 片段化和磷脂酰氨酸再定位等，表明对叔丁基苯酚产生的黑素细胞破坏是通过细胞凋亡过程来实现的。

4. 接触性皮炎后白斑学说

接触性皮炎由过敏原或刺激物引发，导致皮肤炎症，释放炎症介质（如前列腺素、白三烯、细胞因子等），这些介质可能破坏黑色素细胞，影响其功能。炎症还可能影响黑色素从黑色素细胞向角质形成细胞的转运，导致色素分布不均或脱失。

（三）预防与控制

（1）改善生产环境与劳动条件，安装良好的通风设备，生产设备的密闭化、管道化、操作过程的自动化、机械化是防治本病的根本措施。

（2）加强个人防护，避免直接接触致病物是预防本病的重要措施。

（3）职业性白斑确诊后，应调换工作，避免继续接触致病物，必要时应调离发病环境。

二、临床表现

职业性白斑常于接触致病物 1~2 年，甚至更长时间后发生，其特点是多数患者无自觉症状，白斑在不知不觉中发生。皮损好发于手、腕部及前臂等直接接触部位，亦可发生于颈部、前胸、后背、腰腹等非暴露部位，少数患者皮损可泛发全身。皮损呈大小不一、不规则形、点状或片状色素脱失斑，境界比较清楚，脱色程度与接触致病物的时间及程度有关。部分白斑中央可见岛屿状色素斑点，少数皮损边缘色素略为增深。

三、诊断与鉴别诊断

（一）诊断原则

根据明确的职业接触史、皮损发病部位、临床表现、病程经过，参考现场职业卫生学调查和同工种发病情况，综合分析，并排除因职业因素引起的炎症后继发性皮肤色素脱失斑、非职业因素引起的色素脱失斑及先天性色素脱失性疾病时，并具有下列全部条件者方可诊断：

（1）有明确的接触苯基酚类或烷基酚类等化合物的职业史；

（2）于接触致病物 1 年或更长时间后发病；

（3）皮损好发于手、腕部及前臂等直接接触部位，亦可发生于颈部、胸、背、腰腹等非暴露部位，少数患者皮损可泛发全身；

（4）皮损呈大小不一、不规则形、点状或片状的色素脱失斑，境界比较清楚，少数皮损边缘色素略为增深，部分白斑中央可见岛屿状色素沉着，脱色程度常与接触致病物的时间及程度有关；

（5）无自觉症状；

（6）脱离接触致病物后，皮损可自行缓慢地好转乃至恢复正常。

（二）鉴别诊断

职业性白斑的临床表现及皮肤病理变化与白癜风类似，两者颇难鉴别。可依据职业史、临床表现、病程经过，并参考现场职业卫生学调查作出诊断及鉴别诊断。此外本病还应与花斑癣、特发性点状色素减少症、炎症后继发性色素脱失斑等疾病相鉴别。鉴别要点见表 1–8。

表 1–8　职业性白斑与其他色素减少性疾病的鉴别要点

疾病名称	外源性致病物	发病部位	临床表现	真菌检查
职业性白斑	苯基酚类或烷基酚类等化合物	手、腕部及前臂等暴露部位，亦可累及其他部位	皮损呈大小不一、不规则形、点状或片状的色素脱失斑，境界比较清楚，少数皮损边缘色素略为增深，部分白斑中央可见岛屿状色素沉着，脱色程度常与接触致病物的时间及程度有关	阴性
白癜风	无	任何部位，但较常见于指背、腕部、前臂、面、颈、生殖器及其周围	皮损呈大小不一、不规则形、点状或片状的色素脱失斑，境界比较清楚，少数皮损边缘色素略为增深，部分白斑中央可见岛屿状色素沉着	阴性
花斑癣	无	好发于胸、腹、上臂及背部。有时可波及面颈及其他部位	皮损为淡白色圆形或卵形斑，上覆糠秕状皮屑	鳞屑直接镜检可见糠秕马拉色菌
特发性点状色素减少症	无	多分布于暴露部位，如四肢、面部以及躯干部	损害为乳白色斑，直径 2~6mm，有时可较大，形状不规则，呈圆形或多角形，无自觉症状	阴性
炎症后继发性色素脱失斑	无	任何部位	炎症后继发性色素脱失斑为一些炎症性皮肤病遗留的暂时性色素减退斑，其特点为有原发疾病历史，色素减退局限在原发疾病皮损部位，一般为暂时性，以后能自行消退	阴性

四、治疗与康复

（一）治疗原则和方法

职业性白斑确诊后，应调换工作，避免继续接触致病物，必要时应调离发病环境。根据病情按白癜风治疗原则对症处理。一般采用局部外用激素及 NB–UVB 光疗治疗。

（二）预后与康复

本病呈慢性过程，发病后如继续接触致病物，可导致皮损扩大、增多、融合成片。脱离接触后，皮损可自行缓慢地好转乃至恢复正常。

五、案例分析与经验启示

1. 基本信息

程某某，女，40 岁，某石化企业排水厂劳动者。

2. 职业史与职业病危害因素接触史

患者在某石化企业供排水厂工作 20 余年，从事操作工，工作中主要接触对苯二酚、邻苯二酚、芳香族烃等化合物。

3. 临床表现

患者在双手背、口周、右侧颈部等暴露部位见有不规则的点、片状色素脱失斑，大小不等，双手背部融合成大片状，边界清楚，无色素沉着带。

4. 治疗

首先脱离接触具有对苯二酚、邻苯二酚、芳香族烃等化合物工作环境。卤米松乳膏白天外用2次，他克莫司软膏外用1次。患者治疗两周左右明显好转。

5. 流行病学调查

选择了某石化企业的供排水厂、烯烃厂油品车间、烯烃厂裂解车间、炼油厂、研究院中试基地、橡胶厂原料车间等6个接触脱色素化学物质的基层单位的493名工作人员作为调查对象，其中男283人，女210人；年龄27~53岁，平均年龄38.1岁；工龄7~32年，平均工龄18.9年。调查对象均有长期直接接触脱色素化学物质的职业史，接触时间均在7年以上，最长达31年，对职业危害因素的了解较少，防护意识差。接触组493人共查出白斑患者7例，患病率为1.42%，这7例患者均否认有家族史，均接触了有脱色素作用的化学物质，发病部位为手背、面部、颈部等暴露部位，呈渐进性病程，皮损开始多为不规则的点、片状色素脱失斑，后逐渐扩大，甚至融合成大片状，边界清楚，无色素沉着带。职业健康监护结果除7例白斑外，其他无明显特殊异常。

6. 综合分析

依据《职业性白斑的诊断》（GBZ 236—2011），结合患者接触明确脱色素物质对苯二酚、邻苯二酚、芳香族烃等化合物20余年，临床表现符合并排除其他因素，如白癜风等，临床诊断为职业性白斑。

7. 经验启示

职业性白斑，从临床表现上看与白癜风无明显差别，因此在诊断上我们需考虑到职业性白斑的以下特点：患者有明确的接触具有脱色素作用化学物质的职业接触史；发病部位多为职业暴露部位或直接接触部位；呈渐进性病程；皮损边界清楚，无色素沉着带；无家族遗传病史等。因此，在对职业性白斑进行诊断时，我们要详细调查患者职业接触史、接触物质、疾病发展史及遗传因素等，综合考虑做出相对准确的诊断。

职业性白斑一旦发生则应尽快脱离具有明确脱色素物质的工作环境，并及时到医院接受正规治疗。

（王海华　王兴刚）

02

第二章　职业性眼病

广义的职业性眼病是指劳动者在职业活动中因接触职业病危害因素所引起的各种眼部病变，如：化学物质所致眼损伤；电离辐射、非电离辐射眼损伤；机械性眼外伤；电击、雷击性眼损伤以及视频终端眼损伤等。狭义的职业性眼病是指《职业病分类和目录》（国卫职健发〔2024〕39 号）中的国家法定职业性眼病，包括化学性眼灼伤、电光性眼炎（紫外线结膜角膜炎）、职业性白内障（含三硝基甲苯白内障、放射性白内障）。本章所述职业性眼病主要是指国家法定职业性眼病。

导致职业性眼病的危害因素主要有化学因素和物理因素两大类。化学因素既可引起眼部的接触性损害，以化学性眼灼伤最为常见，又可经机体的吸收引起中毒而致职业性白内障，如三硝基甲苯白内障。物理因素所致的眼部病变可分为电离辐射和非电离辐射所致职业性眼病，前者主要有 X 射线、高能 β 射线、中子、γ 射线等，后者主要包括微波、紫外线、红外线、激光等。电离辐射可导致放射性白内障，非电离辐射可导致电光性眼炎和非电离辐射性白内障。

职业性眼病的诊断主要依据对应的职业病诊断标准，根据劳动者职业接触史、临床表现、眼科检查结果，排除其他原因所致眼部疾病进行诊断。诊断为职业性眼病的劳动者应调离其相应的有害因素作业，劳动能力鉴定根据《劳动能力鉴定　职工工伤与职业病致残等级》（GB/T 16180—2014）处理。

职业性化学性眼灼伤和电光性眼炎的治疗以对症治疗为主。化学性眼灼伤的救治重在应急处置，第一时间脱离毒物接触和眼部充分冲洗是最重要、最关键的急救措施；电光性眼炎治疗措施以抗炎、促进角膜上皮再生为主；早期职业性白内障可通过脱离毒物接触和服用抗氧化剂治疗，已严重影响视力的成熟白内障以白内障摘除人工晶体置换术为主。

职业活动中严格遵守操作规程和按规定佩戴符合要求的眼、面部个体防护用品是预防职业性眼病的重要措施。

第一节　化学性眼灼伤

一、概述

职业性化学性眼灼伤是指在工作场所接触酸、碱或其他含有化学物质的气体、液体或固体导致的眼部组织损伤。职业性化学性眼灼伤是一种相对多发的职业性眼病，据统计化学性眼灼伤约占眼外伤的 10%。统计资料显示，在我国可致化学性眼灼伤的化学物质超过 180 种。化学物质的种类与形态、溶解性、渗透性、浓度、温度等，以及化学物质的接触时间、接触面积是影响化学性眼灼伤病变程度与转归的重要因素。

（一）病因与接触机会

工业生产、科研实验中，常会使用、接触到各种化学性物质，一些刺激性、腐蚀性化学物质会直接作用于人的眼部，造成眼部的化学性损伤。致眼损伤的化学物质以酸、碱类化学物质为主，如硫酸、盐酸、硝酸、氢氧化钠、氨、甲醛、硫酸二甲酯、酚等，多为液体或气体；其次为金属腐蚀剂、非金属无机刺激剂及腐蚀剂、刺激性及腐蚀性碳氢化物衍生物、起泡剂、氧化剂、催泪剂、表面活性剂等。

化学性眼灼伤主要存在于无机酸、碱、有机化工原料、化学农药制造业、医药工业，金属表面处理及热处理等行业，劳动者在生产、使用、储运某些化学品、化学试剂过程中，直接接触或生产性事故溅入眼部而致化学性眼灼伤。

（二）发病机制

化学物质对眼组织损伤的主要机制有：①氧化作用，如过氧化氢、高锰酸钾、次氯酸盐；②还原作用，如硫酸、硝酸、盐酸、羟基汞剂能与组织蛋白电子结合而致蛋白变性；③腐蚀作用，如强酸、强碱、黄磷、重铬酸盐等可使蛋白质变性；④脱水作用：如硫酸、盐酸，通过夺取组织中的氢原子和氧原子而使组织脱水；⑤起泡作用：如芥子气、路易氏气、二甲基亚砜等；⑥原生质毒：如三氯醋酸、钨酸、蚁酸等与组织蛋白结合形成盐类，竞争机体正常运行所需的钙质或其他无机离子。

化学性眼灼伤的严重程度和预后与化学物质穿透眼组织的能力密切相关。碱性化学物质具有双相溶解性，能与眼组织中的脂类发生皂化反应，其对眼部组织的破坏是持续性的，即使停止接触或组织表面的碱性物质被冲洗干净后，已渗入组织内的碱性物质仍会继续向深层组织扩散，引起深而广泛的组织坏死，致使眼内组织发生剧烈炎症反应并诱导新生血管形成瘢痕，造成角膜穿孔甚至失明。碱烧伤后以持续性的角膜上皮缺损及角膜溃疡为其主要特征。碱烧伤病变的接触面常呈扇状扩散，病变边缘不清，灼伤组织呈无色或灰白色。酸性化学物质多为水溶性，可使组织蛋白发生凝固性坏死，在结膜及角膜表层形成焦痂，可减缓酸性物质继续向深层组织扩散，故组织坏死一般局限于酸性物质接触面，内眼组织如晶状体的损伤较少见。酸烧伤的临床特点是非进行性的，损伤区界限边缘较为清晰，修复较快、预后较好。但也有例外，氢氟酸则能够迅速穿过细胞膜进入前房，造成严重损伤。

（三）预防与控制

用人单位应当依据《工作场所职业病危害警示标识》（GBZ 158—2003）、《高毒物品作业岗位职业病危害告知规范》（GBZ/T 203—2007）在使用有毒物品作业岗位的醒目位置设置图形标识、警示线和警示语句，严格规范操作规程，按规范设置紧急喷淋洗眼设施，并定期检查设施运行完好，为劳动者配备符合要求的眼、面部个体防护用品。

规范职业健康培训，提高劳动者安全意识，督促劳动者按规范佩戴个体防护用品。

制定完善化学品泄漏中毒事故应急预案，并定期开展应急演练。重点演练如何正确使用紧急眼部冲淋设施第一时间充分冲洗眼部。建立急救绿色通道，确保发生化学性眼灼伤后的及时救治。

定期进行职业健康检查，建立劳动者职业健康监护档案。

二、职业健康检查

职业健康检查主要指眼部接触化学物质后的应急健康体检，检查项目主要包括：视力、色觉、外眼（眼睑、结膜、巩膜、角膜、瞳孔）和内眼（晶状体、玻璃体），必要时荧光染色后在裂隙灯下检查结膜和角膜。检查应在充分彻底洗眼后进行。

三、临床表现

化学性眼灼伤的临床表现主要为化学性结膜角膜炎、眼睑灼伤及眼球灼伤。

（一）化学性结膜角膜炎

1. 症状

明显的眼部刺激症状，如眼痛、灼热感、异物感、流泪以及眼睑痉挛等。

2. 体征

眼部检查可见结膜充血、角膜上皮脱落等体征。经荧光素染色裂隙灯显微镜可见散在的点状着色，以睑裂部位最为明显。无角膜实质层的损害，视力一般不受影响，预后良好。

（二）眼睑灼伤

1. 症状

眼睑红、肿、热、痛，若灼伤在内眦附近，则伤后瘢痕变化常造成泪点移位或泪小管的阻塞，引起泪溢。

2. 体征

轻度灼伤时眼睑皮肤充血、肿胀，重者起水疱，肌肉、睑板等均可受到破坏。面积广泛的灼伤可形成睑外翻、睑裂闭合不全、睑内翻、睑球粘连等并发症。

（三）眼球灼伤

临床上常以组织学的急性破坏、修复及其结局为依据，将其灼伤后的临床演变过程分为急性期、修复期和并发症期。

1. 急性期

一般认为灼伤后数秒钟至 24 小时，主要表现为结膜的缺血性坏死，角膜上皮脱落，结膜下组织和角膜实质层水肿、混浊，角膜缘及附近血管广泛血栓形成，急性虹膜睫状体炎，前房积脓，晶状体、玻璃体混浊及全眼球炎等。

2. 修复期

灼伤后 10 天至 2 周，组织上皮开始再生，多形核白细胞和成纤维细胞亦伴随血管新生进入角膜组织，巩膜内血管逐渐再通，新生血管开始侵入角膜，形成角膜血管翳，虹膜睫状体炎趋于稳定状态。

3. 并发症期

灼伤 2~3 周后即进入并发症期，表现为反复出现的角膜溃疡、睑球粘连、角膜新生血管膜，继发性内眼改变如葡萄膜炎、白内障和青光眼等。

（四）眼科检查要求

应充分冲洗眼部及彻底清除眼部化学固体物质后进行眼科检查；按常规做外眼检查，包括眼睑、眶周皮肤、上下睑缘、结膜、结膜穹隆、巩膜及角膜组织。重点检查角膜荧光素着色部位及范围，先用无菌玻璃棒蘸少许 1% 荧光素于结膜囊内或用一次性荧光色素钠试纸轻触睑缘，在裂隙灯显微镜下观察角膜病变部位，角膜缘荧光素染色范围以 12 个钟点描述。同时进行内眼检查，包括前房、虹膜、瞳孔以及晶状体等。

四、诊断与鉴别诊断

(一)诊断原则

《职业性化学性眼灼伤的诊断》(GBZ 54—2017)规定了职业性化学性眼灼伤的诊断标准,应根据明确的眼部直接接触化学物质的职业史和眼睑、结膜、角膜等组织损害的临床表现,参考作业环境调查,综合分析,排除其他有类似表现的疾病,方可诊断。

(二)诊断分级

《职业性化学性眼灼伤的诊断》(GBZ 54—2017)将化学性眼灼伤的严重程度分为壹至陆级。

1. 壹级眼灼伤

具备以下任何一项者,即可诊断。

(1)眼睑皮肤充血、水肿、水疱;

(2)结膜充血、出血、水肿;

(3)角膜上皮损伤(上皮缺损),损伤未累及角膜缘,无角膜缘外周缺血。

2. 贰级眼灼伤

具备以下任何一项者,即可诊断。

(1)角膜上皮部分缺损,角膜基质浅层水肿混浊,但仍可见虹膜纹理;

(2)角膜缘损伤(角膜缘处上皮荧光素染色阳性或角膜缘附近有缺血表现)累及范围大于 1 个钟点并小于或等于 3 个钟点。

3. 叁级眼灼伤

具备以下任何一项者,即可诊断。

(1)角膜上皮全部缺损,角膜基质深层水肿混浊,看不清虹膜纹理,可看见瞳孔;

(2)角膜缘损伤(角膜缘处上皮荧光素染色阳性或角膜缘附近有缺血表现)累及范围大于 3 个钟点并小于等于 6 个钟点。

4. 肆级眼灼伤

具备以下任何一项者,即可诊断。

(1)眼睑皮肤、皮肤下组织及肌肉损伤和深部睑板的损伤,修复期出现瘢痕性睑外翻和(或)瘢痕性睑内翻,睑裂闭合不全;睑缘畸形、睫毛脱失或乱生;或结膜出现坏死,修复期出现睑球粘连;

(2)角膜全层混浊呈瓷白色,看不见虹膜纹及瞳孔,或出现角膜穿孔;角膜缘损伤(角膜缘处上皮荧光素染色阳性或角膜缘附近有缺血表现)累及范围大于 6 个钟点并小于或等于 9 个钟点。

5. 伍级眼灼伤

具备以下任何一项者,即可诊断。

(1)继发性青光眼;

(2)角膜缘损伤(角膜缘处上皮荧光素染色阳性或角膜缘附近有缺血表现)累及范围大于 9 个钟点并小于 12 个钟点。

6. 陆级眼灼伤

具备以下任何一项者,即可诊断。

角膜缘损伤(角膜缘处上皮荧光素染色阳性或角膜缘附近有缺血表现)累及范围达到 12 个钟

点，即角膜缘损伤累及角膜缘全周。

（三）鉴别诊断

职业性化学性眼灼伤需要与结膜炎、角膜炎、眼外伤等其他眼部疾病进行鉴别。这些疾病在临床表现上可能与化学性眼灼伤相似，但病因和治疗方法不同。因此，在诊断过程中需要仔细鉴别，确保准确诊断并采取合适的治疗措施。

五、治疗与康复

职业性化学性眼灼伤的治疗与康复是一个综合性的过程，旨在减轻患者症状、促进眼部组织修复，并预防并发症的发生。针对已明确诊断的患者，采取及时、有效的处置，以防止病情恶化、促使功能恢复、预防并发症和伤残；对已丧失劳动能力者则通过康复医疗措施，尽量恢复或维持机体正常生命活动和功能，使之能参加社会活动并延长寿命。

（一）治疗原则和方法

1. 紧急处理

在发生化学性眼灼伤后，应立即进行紧急处理，用大量清水或生理盐水冲洗受伤的眼睛，建议冲洗时间超过 15 分钟。医疗机构接诊后，应详细询问受伤过程及现场处置情况，再次对眼部进行彻底冲洗。眼部冲洗是处理酸碱烧伤最重要的一步，及时冲洗能将烧伤损伤降到最小。冲洗时应注意翻转眼睑和转动眼球，检查结膜囊，尤其是穹隆部，是否有残留的化学物质并彻底清除，清除后再次冲洗。对于遇水具有产热效应或可产生有毒物质的化学物质，如生石灰、钠、钾、锂、磷、苯酚等，需要用干棉签仔细清除结膜囊内残留的异物，然后再进行清洗。如果患者被碱灼伤，可选用 3% 硼酸溶液和大量维生素 C 注射液持续清洗。如果为酸灼伤，选用 2% 碳酸氢钠溶液持续冲洗。

2. 后续治疗

治疗目标是重建和保持健康的角膜上皮，控制胶原合成与胶原溶解之间的平衡，减少后遗症。

（1）药物治疗。

预防感染药物：局部应用有效的抗菌药物，以减轻眼部炎症和预防感染。角膜上皮缺损时须局部应用广谱抗菌药物预防感染；损伤处污染或出现感染性角膜炎时，应在微生物培养和药物敏感性试验结果的指导下选择敏感抗菌药物。临床可局部使用的广谱抗菌药物包括左氧氟沙星、加替沙星和莫西沙星等。

促上皮创面修复药物：使用表皮生长因子等促进角膜上皮的修复和再生。

抗炎药物：糖皮质激素具有双向作用，既有抗炎、抑制新生血管和减少组织坏死的有利作用，又有刺激胶原酶活性、增加角膜组织溶解致角膜穿孔的不利作用。在烧伤初期，可适当使用糖皮质激素，以抑制炎症反应和新生血管的形成。2 周后胶原酶活性增强，根据角膜是否上皮化及是否存在角膜基质溶解减量或停用糖皮质激素。使用糖皮质激素期间应注意观察其并发症，并及时调整用量或停用。

睫状肌麻痹剂：局部应用睫状肌麻痹剂，如环戊通、阿托品，可减轻睫状肌痉挛引起的疼痛和炎性反应。盐酸去氧肾上腺素和其他拟肾上腺素药物具有收缩血管的作用，可加剧角膜缘缺血，应避免使用。

降眼压药物：眼烧伤后严重且易被忽视的并发症之一是继发性青光眼。眼烧伤后，角膜和巩膜的胶原纤维收缩、小梁网直接受损和炎症细胞碎片堵塞、炎性反应渗出引起虹膜粘连和房角关闭等均可导致眼压升高。建议选择抑制房水生成的药物控制眼压。前列腺素类降眼压药物可加重炎性反应，应避免应用。

胶原保护药物：急性期口服或静脉给予维生素 C，1000mg/ 次，每天 4 次，以补充抗坏血酸盐，增加胶原合成活性。急性期补充抗坏血酸盐至关重要，因为一旦发生角膜溃疡，抗坏血酸盐的保护作用将丧失。补充胶原酶抑制剂，可以防止角膜胶原组织溶解；口服四环素类药物，可抑制中性粒细胞胶原酶的基因表达，清除活性氧自由基，从而降低胶原酶活性，抑制角膜溃疡。

（2）手术治疗。

对于角膜缘累及范围超过 6 个钟点位、有角膜斑翳或白斑形成等严重的化学性眼灼伤，后期可酌情选择角膜移植。若遗留瘢痕性睑外翻、睑内翻、眼睑闭合不全、眼球粘连等影响视功能的并发症，需进行手术治疗。手术方法包括羊膜移植术、角膜缘干细胞移植、睑球粘连分离术、假性胬肉切除术以及前房穿刺术等，旨在促进角膜上皮修复、防止穿孔发生，并处理并发症。

（二）预后与康复

职业性化学性眼灼伤患者确诊后，按《劳动能力鉴定　职工工伤与职业病致残等级》（GB/T 16180—2014）进行工伤及职业病致残程度鉴定。根据视力受损程度，化学性眼灼伤工伤及职业病致残程度从重到轻可分为 10 级，视力损伤情况较轻者应脱离作业场所或休息，在康复期间，患者应减少外出活动，多闭眼休息，避免外界光刺激。保持眼部清洁，避免用手揉搓眼睛，以免加重病情。重者可适当延长休息时间，定期到医院进行随访检查，观察眼部组织的恢复情况，及时调整治疗方案。

六、案例分析与经验启示

1. 基本信息

患者，男，53 岁，某化工厂劳动者。

2. 职业史与职业病危害因素接触史

2021 年 12 月 29 日 8：40 左右在清洗剂车间用蒸汽冲洗堵塞管道时右眼不慎溅入三氯乙烷，劳动者未佩戴面部防护用品。

3. 临床表现及诊疗经过

劳动者当时即感右眼不适，视物模糊，立即予清水冲洗并在当地医院治疗，症状无明显好转，后至当地县人民医院进一步治疗，初次就诊（受伤当日）查体：视力为右眼光感，左眼 5.0；眼睑无肿胀；右眼结膜充血；角膜水肿混浊，呈大泡性病变，后弹力层皱褶，角膜后细小棕色 KP（角膜后沉积物）；前房房水清；瞳孔欠圆，直径 3~4mm，光反射迟钝；右眼眼压 28.0mmHg（升高），左眼 12.0mmHg；眼底未描述。临床诊断：右眼角结膜化学灼伤、继发性青光眼（急性期）。

一周后复诊查体：视力为右眼指数视力 30cm（光感），左眼 5.0；眼睑稍肿胀，右眼睑痉挛（+）；右眼球结膜充血（+），球结膜稍水肿；角膜：大片浸润面，水肿混浊，局部上皮大泡性病变，后弹力层皱褶明显；前房略浅，房闪（+）；瞳孔圆，光反射迟钝；右眼眼压增高（未具体数值）；眼底不能窥清。病情进展：炎症持续（角膜浸润、房闪）。

一年后复查：视力为右眼 4.1（约 0.12），左眼 5.0；结膜右眼鼻下方结膜瘢痕，假性胬肉侵入角膜缘内 3mm，宽 8mm，结膜不充血，结膜囊存在；角膜中央透明，周边角膜瘢痕及混浊；瞳孔圆，光反射正常；眼压未提及（推测恢复正常）。临床诊断：1. 右眼角膜瘢痕及混浊（视力残留损伤）2. 右眼假性翼状胬肉（结膜瘢痕增生）。

4. 职业卫生学调查

该公司主要生产全氟辛酸、氟碳清洗剂、1,1,2- 三氯乙烷及氯乙醛。1,1,2- 三氯乙烷生产工艺流程：废卤代溶剂（原料）→蒸馏→精馏→清洗→包装→入库。2021 年 12 月 29 日 8：40 劳动者未佩戴任何个人面部防护用品，在多功能车间四楼用蒸汽冲洗堵塞管道时右眼不慎溅入三氯乙烷，因当时所在楼层没有自来水和洗眼器，遂独自到二楼用自来水冲洗眼睑 40 分钟，被工友发现后用洗眼器继续洗眼 20 分钟。

5. 综合分析

结合该劳动者职业病危害接触史、临床表现及医学检查等综合分析，职业病诊断结论为职业性伍级化学性眼灼伤。本案例中造成职业性化学性眼灼伤主要是因为劳动者在清洗含三氯乙烷管道作业时未佩戴任何眼、面部个体防护用品。

6. 经验启示

职业性化学性眼灼伤是一种严重的眼部损伤，需要及时有效的紧急处理和后续治疗。一旦发生职业性化学性眼灼伤事件，首先要帮助伤者脱离危害因素，脱去伤者被污染的衣物，彻底进行眼部冲洗，然后第一时间送医救治。

职业性化学性眼灼伤是一种可以避免的工作场所伤害。在此提醒劳动者在从事化工生产等可能接触有害化学物质的工作时，必须严格遵守操作规程，用人单位按照《个体防护装备配备规范》（GB 39800.1—39800.9）为劳动者配备符合要求的眼、面部个体防护用品，并对劳动者佩戴防护用具进行宣教、督促和管理。通过正确的预防措施和应对方法，有效降低发生化学性眼灼伤的风险和伤害。

（张红兵　刘　涵）

第二节　急性电光性眼炎（紫外线角膜结膜炎）

一、概述

职业性急性电光性眼炎是眼部受紫外线过度照射后所致的角膜结膜炎，故又称紫外线角膜结膜炎，是最常见的一种职业性眼病，也是我国最早确认的法定职业病之一，主要发生于电焊操作及产生紫外线辐射的工作岗位，有学者研究显示，电焊工中电光性眼炎的患病率高达 70%~80%，约占眼外伤的 2%。

（一）病因及接触机会

紫外线所致角膜和结膜上皮损害引起的急性炎症是职业性急性电光性眼炎的主要病因。工业生产中常见于使用高温热源操作，如电焊、乙炔焊接、氧气焰切割金属、碳弧灯和水银灯制版或摄影、检测、修理高压电等作业。在高原、冰川、雪地、沙漠、海面作业人员，眼部受到大量表面反射的太阳光紫外线照射，可致日光性眼炎、雪盲等。在医院等环境中使用或修理紫外线灯而引起角膜结膜炎。以上工种作业时如未严格按要求佩戴必要的个体防护用品，皆有可能引起紫外线结膜角膜炎。

（二）发病机制

紫外线主要引起眼组织的光电性损害。紫外线作用于角膜上皮细胞产生大量自由基，自由基通过攻击 DNA 碱基和 DNA 的双链结构以及角膜上皮的 Na^+-K^+-ATP 酶等多种途径攻击细胞而导致角膜细胞代谢障碍，促使细胞死亡，释放出大量炎症刺激因子，导致角膜发生一系列的水肿、坏死、细胞脱落等，表现为角膜上皮与前弹力层的黏附能力丧失，从而导致角膜上皮脱落。

紫外线所致角膜损伤依赖于紫外线的波长和强度。一般认为，以短波紫外线（100~280nm）所致的损伤较重，中波紫外线（280~315nm）所致损伤较轻，270nm 波长的紫外线对角膜的损伤力最大。

（三）预防与控制

电光性眼炎好发于电焊工和辅助焊接的劳动者，焊条燃烧时或多部焊机联合作业时最容易受弧光伤害。因此除戴防护面罩外，可戴橙色玻璃眼镜作辅助保护。在高原、冰雪上作业人员或者水手，亦应佩戴上述防护眼镜。

二、职业健康检查

根据《职业健康监护技术规范》（GBZ 188）对接触紫外辐射（紫外线）作业人员进行健康监护。

（一）上岗前职业健康检查

1. 目标疾病

职业禁忌证：①活动性角膜疾病；②白内障；③面、手背和前臂等暴露部位严重的皮肤病；④白化病。

2. 检查内容

（1）症状询问：重点询问眼部和皮肤的不适症状，如是否存在眼异物感、视物模糊、视力减退、眼痛、畏光、流泪和皮肤瘙痒、红肿、皮疹等；

（2）体格检查：

①内科常规检查；

②眼科常规检查及角膜、结膜、晶状体和眼底检查；

③皮肤科常规检查。

（3）实验室和其他检查：

血常规、尿常规、血清 ALT、心电图。

（二）在岗期间职业健康检查

1. 目标疾病

（1）职业病：

①职业性电光性皮炎（见 GBZ 19—2002）；

②职业性白内障（见 GBZ 35—2010）。

（2）职业禁忌证：活动性角膜疾病。

2. 检查内容

（1）症状询问：重点询问有无视物模糊、视力下降，皮肤炎症、疼痛等症状；

（2）体格检查：

①皮肤科常规检查：注意有无皮疹、皮肤红肿等；

②眼科常规检查如角膜、结膜、晶状体和眼底检查。

3. 健康检查周期

健康检查周期为 2 年。

（三）应急健康检查

1. 检查对象

因意外或事故接触高强度紫外线可能导致急性电光性眼炎（紫外线角膜结膜炎）和（或）电光性皮炎的职业接触人群。

2. 目标疾病

（1）职业性急性电光性眼炎（紫外线角膜结膜炎）（见 GBZ 9—2002）；

（2）职业性急性电光性皮炎（见 GBZ 19—2002）。

3. 检查内容

（1）症状询问：重点询问有无眼部不适，如眼干、眼胀、异物感及灼热感、剧痛、畏光、流泪等症状。

（2）体格检查：①眼科常规检查及睑裂部球结膜有无充血水肿，角膜上皮有无水肿，必要时可进行荧光素染色检查；②皮肤科常规检查：注意有无皮肤红肿、大疱。

（3）必要时进行作业场所现场调查。

（四）离岗时职业健康检查

1. 目标疾病

职业病：职业性白内障。

2. 检查内容

同在岗期间职业健康检查。

三、临床表现

职业性急性电光性眼炎发病具有一定的潜伏期，通常为接触后的 6~8 小时，且多为双眼同时出现。紫外线强度越高，照射时间越长，症状出现得也越快。此外，电光性眼炎的病程较短，多数患者在 24 小时内即可痊愈，且一般不会造成永久性的视力减退。

（一）症状

早期主要表现为眼异物感、胀痛、灼热感、视力模糊及虹视。进一步发展为剧痛、畏光、流泪、眼睑痉挛。同时伴有颜面部灼热和疼痛。电光性眼炎的病程分为 3 期。

1. 潜伏期

眼部暴露于紫外线的当时并无症状，潜伏期的长短取决于照射方向、辐射剂量及照射时间。潜伏期最短的为 0.5 小时，最长不超过 24 小时，一般为 6~12 小时，因此多在晚间入睡前后发病。

2. 急性发作期

有强烈的异物感、刺痛、畏光、流泪、眼睑痉挛等症状。此期由于角膜上皮细胞脱落，从而扰乱了角膜上皮细胞脱落与自身再生的稳定平衡，使角膜浅层的神经末梢暴露而引起疼痛。

3. 恢复期

角膜上皮修复，结膜充血消退，自觉症状消失。

（二）体征

检查可见眼睑皮肤潮红，球结膜混合充血水肿，角膜透明度下降，角膜上皮脱落呈现弥漫浅层点状着色，荧光素染色阳性。重者眼睑皮肤可见红斑、瞳孔缩小。角膜上皮脱落是紫外线辐射所致电光性眼炎的典型表现。

（三）实验室和辅助检查

1. 泪膜破裂时间试验

泪膜破裂时间（BUT）试验是目前临床最常使用的方法，须在常温、湿度适宜、避光室内环境下进行。标准检查方法：灭菌滴管吸取 1% 荧光素钠溶液（2μL）滴于结膜囊，或使用抗生素滴眼液湿润但无多余残留药液的荧光素试纸接触下眼睑睑缘，患者瞬目 3~4 次使荧光素涂布于眼表，双眼平视前方，从末次瞬目至角膜出现首个黑斑的时间为泪膜破裂时间，测量 3 次取平均值。正常的泪膜破裂时间范围为 10~40 秒，10 秒以下提示泪膜异常。

2. 裂隙灯检查

球结膜充血水肿、荧光素染色可见角膜上皮弥漫性着色、脱落。

四、诊断与鉴别诊断

（一）诊断原则

《职业性急性电光性眼炎（紫外线角膜结膜炎）诊断标准》（GBZ 9—2002）规定了职业性急性电光性眼炎（紫外线角膜结膜炎）的诊断，应根据眼部受到的紫外线照射的职业史和以双眼结膜、角膜上皮损害为主的临床表现，参考作业环境调查，综合分析，排除其他原因引起的结膜角膜上皮的损害，方可诊断。

（二）观察对象

眼部受到紫外线照射于 24 小时内出现下列任何一项表现者，可列为观察对象：

（1）轻度眼部不适，如眼干、眼胀、异物感及灼热感等；

（2）睑裂部球结膜轻度充血；

（3）角膜上皮轻度水肿，荧光素染色阴性。

（三）诊断标准

电光性眼炎的诊断应依据《职业性急性电光性眼炎（紫外线角膜结膜炎）诊断标准》（GBZ 9—2002）有关要求进行。职业人群应详细询问职业史或同一作业场所劳动者是否有发病的情况，并根据作业场所调查，结合典型临床表现而作出判断。其主要诊断依据和要点如下。

（1）确切的职业接触史；

（2）典型的临床表现：眼部异物感、灼热感加重，并出现剧痛，畏光，流泪，眼睑痉挛；角膜上皮脱落，荧光素染色阳性，裂隙灯显微镜下观察星细点状染色或有相互融合的片状染色，并可见到上下眼睑及相邻的颜面部皮肤潮红，结膜充血或伴有球结膜水肿；

（3）必要时应进行现场职业卫生学调查，了解劳动者作业环境、作业方式，劳动保护状况以及个人防护用品的佩戴情况。

（四）鉴别诊断

职业性急性电光性眼炎的刺激症状需要与其他眼部疾病引起的刺激症状进行区分。职业性急性电光性眼炎的诊断需要综合考虑患者的职业史、临床表现以及相关检查结果。通过裂隙灯检查等辅助检查手段，可以更加准确地诊断该病，并与其他眼部疾病进行鉴别。

1. 眼外伤

眼外伤引起的角膜擦伤通常有明显的外伤史，症状立即出现，裂隙灯检查可发现大片角膜上皮脱落。

2. 化学性灼伤

有化学物品接触史，多见于碱酸损伤，症状也立即出现，裂隙灯检查可观察到结膜角膜化学性烧伤。

3. 单纯疱疹性角膜炎

具有反复发作史，裂隙灯检查可发现角膜呈现树枝状、地图状、盘状等改变。

4. 急性闭角型青光眼

多在傍晚夜间发作，伴有视力急剧下降、恶心呕吐、头疼等症状，裂隙灯检查可见结膜混合充血、角膜水肿、房水混浊、瞳孔扩大等体征。

五、治疗与康复

（一）治疗原则

紫外线辐射后导致的双眼角膜上皮大片剥脱，引起双眼剧烈疼痛，高度畏光，眼睑痉挛等是电光性眼炎的主要临床表现。针对以上症状，电光性眼炎的治疗原则为：止痛、抗感染、促进角膜上皮细胞生长。

（二）治疗方法

1. 应急处理

脱离紫外线作业。佩戴护目镜，避免强光照眼，防止继续接触紫外线造成眼组织二次损伤。

2. 对症治疗

（1）止痛：早期冷敷可减轻症状，局部适当滴用表面麻醉剂（如1%地卡因眼液）消除眼痛，必要时用镇静和止痛药物。

（2）抗感染：及时使用抗生素滴眼液或眼膏防止感染。

（3）促进角膜上皮再生：应用促进角膜上皮修复滴眼液，常用的有重组牛碱性成纤维细胞生长因子滴眼液、重组人表皮生长因子滴眼液，小牛血去蛋白提取物眼用凝胶，玻璃酸钠滴眼液等，能加快角膜上皮的愈合、维持泪膜稳定、缩短病程，减轻患者痛苦。

（4）其他：患病期间注意眼部卫生，尽量避免用手揉眼，暂停佩戴隐形眼镜，以防造成眼角膜二次损伤和感染。

（三）预后与康复

电光性眼炎患者确诊后，按《劳动能力鉴定　职工工伤与职业病致残等级》（GB/T 16180—2014）进行工伤及职业病致残程度鉴定。根据视力受损程度，电光性眼炎工伤及职业病致残程度从重到轻可分为十级，视力损伤情况较轻者应先脱离作业场所或休息，重者可适当延长休息时间，做好定期复查，一般每年复查一次。

六、案例分析与经验启示

1. 基本信息

患者，女，27岁，某储蓄公司员工。

2. 职业史与职业病危害因素接触史

该劳动者在某储蓄公司储蓄岗位工作，使用多功能票据、凭证、人民币鉴别仪（银新YX-118型）短波紫外线功能进行存折核验工作。2017年11月15日，患者工作8小时，核验存折共84个，每次核验时双眼直视仪器紫外线光源约 3 秒。

3. 临床表现与诊疗经过

患者当日 23：15 出现面部皮肤刺痛，双眼异物感、肿痛、显著畏光、流泪伴疲倦、头晕、头痛。11 月 16 日 1：36 就诊于北京某三甲医院眼科急诊。主诉：双眼红痛流泪 2 小时。

实验室及辅助检查：左眼视力 4.2、右眼视力 4.1，颜面部皮肤潮红，双眼红肿，球结膜水肿，角膜上皮点状剥脱，荧光素染色阳性。

临床诊断：双眼电光性眼炎。予以 0.5% 丁卡因眼药水滴眼，1 次 /2 小时；左氧氟沙星滴眼液点眼，4 次 / 天；患者症状明显好转。两天后复查，双眼角膜上皮损伤已恢复。持续滴重组人表皮生长因子滴眼液 1 周（3 次 / 天）。11 月 24 日复查视力正常，前额皮肤脱屑及色素沉着。

职业病诊断：根据患者的临床症状、体征以及紫外线接触史，依据《职业性急性电光性眼炎（紫外线角膜结膜炎）诊断标准》（GBZ 9—2002），诊断为职业性急性电光性眼炎。

4. 职业卫生学调查

患者从事储蓄岗位，在核验存折、人民币时会接触到紫外线，每日工作 8 小时，接触紫外线时间 4~6 小时，工作期间未佩戴紫外线防护眼镜或眼罩。

5. 综合分析

本案例劳动者使用的多功能鉴别仪具有发射短波紫外线（UVC）功能，患者工作时双眼直视光源，未佩戴任何防护眼镜，在无防护措施下进行作业，防护意识薄弱。根据其典型的临床症状和体征，以及紫外线接触史，诊断明确。

6. 经验启示

职业性电光性眼炎虽不会导致患者出现永久性的视力减退，但是患者病情反复，严重影响患者的工作及生活。电光性眼炎重点在于预防，对于从事可能接触紫外线的工作的人员，加强卫生宣教工作，督促劳动者认真遵守操作规程，积极做好自身防护工作。

对拟从事接触紫外辐射作业的新录用人员，包括转岗到该种作业岗位的人员做好上岗前职业健康检查，以发现有无职业禁忌证。一旦出现电光性眼炎的症状，应立即就医，接受专业治疗。

（张红兵　沈欢喜）

第三节　白内障（三硝基甲苯白内障）

一、概述

职业性三硝基甲苯白内障是由于职业活动中长期接触三硝基甲苯（TNT）所引起的以眼晶状体混浊改变为主要表现的眼部疾病。职业性三硝基甲苯白内障发病率与作业工作和工龄密切相关。常见于粉碎、铸药、装药、包装、搬运等 TNT 作业工种。工龄越长发病率越高，从事 TNT 作业 1 年以上即可发生 TNT 白内障，一般为 3~5 年后出现。根据全国调查资料显示，TNT 白内障总检出率为 17.9%，最高检出率为 85.2%，最低检出率为 7.6%，李凤鸣等最先报道其检出率为 26.6%。TNT 白内障的发生还与工作条件、个人防护、个人卫生习惯和卫生条件有关系，其中加强个人防护，有良好的个人卫生习惯尤为重要。大量调查资料显示，即使工作条件、生产工艺得到改善，车间空气 TNT

粉尘浓度控制在 1mg/m^2 容许范围内，临床观察表明仍有 TNT 白内障的发生，说明 TNT 接触不仅仅通过呼吸道侵入，而经皮肤吸收可能是 TNT 接触的另一重要途径。

（一）病因与接触机会

TNT 俗称黄色炸药，易燃、易爆，广泛应用于采矿爆破、隧道开凿、建筑拆毁、染料制造，以及军事工业的弹体装药等。TNT 为淡黄色针状结晶，脂溶性，难溶于水，易溶于乙醚、乙醇、丙酮等有机溶剂，共有 5 种异构体，其中以 2,4,6-TNT 最重要。TNT 职业接触限值即时间加权平均容许浓度（PC-TWA）为 0.2mg/m^3，PC-STEL 为 0.5mg/m^2。职业活动中，TNT 可通过呼吸道和污染皮肤吸收，也可通过消化道吸收，从而导致职业性中毒性疾病的发生，其中晶状体是 TNT 中毒最主要的靶器官，并表现出特异性晶状体改变。

（二）发病机制

关于 TNT 致白内障形成机制主要有以下几种理论。一种理论认为，TNT 进入人体后先经硝基还原转变成亚硝基活性代谢产物 4-A 和 2-A，然后才能与大分子的血红蛋白共价结合，说明结合物的生成与活性代谢产物的生成有关。也有实验研究发现，红细胞能活化 TNT 并诱发活性氧，同时有高铁血红蛋白形成，从而否定 TNT 中毒所致变性血红蛋白为 TNT 代谢产物所致的论点。两者都证明 TNT 对人体的毒作用部位首先是侵害红细胞。

（三）预防与控制

1. 加强健康宣教，做好个人防护

工作期间按要求穿戴防护服、防护手套、眼罩、面具等，下班后淋浴冲洗眼睛并更衣。

2. 合理安排工作时间

将 TNT 作业劳动者合理分组，定期轮换，间断脱离接触 TNT，减少 TNT 接触时间。

3. 做好上岗前和在岗期间职业健康监护

重点检查晶状体，上岗前筛查是否存在 TNT 作业职业禁忌证，在岗期间定期进行职业健康检查，以及时了解中毒病变的发生和发展情况，及时采取防治措施。

二、职业健康检查

（一）上岗前职业健康检查

1. 目标疾病

职业禁忌证：①慢性肝病；②白内障。

2. 检查内容

（1）症状询问：重点询问消化系统、眼科疾病史及相关症状，如食欲不振、乏力、腹胀、肝区疼痛和视力改变等；

（2）体格检查：①内科常规检查，重点检查肝脏；②眼科常规检查及眼晶状体、玻璃体、眼底检查；

（3）实验室和其他检查：①必检项目，血常规、尿常规、心电图、肝功能；②选检项目，肝脾 B 超。

（二）在岗期间职业健康检查

1. 目标疾病

（1）职业病：

①职业性慢性三硝基甲苯中毒（见 GBZ 69—2011）；

②职业性三硝基甲苯致白内障（见 GBZ 45—2010）。

（2）职业禁忌证：同上。

2. 检查内容

（1）症状询问：重点询问食欲不振、乏力、腹胀、肝区疼痛和视力改变等症状；

（2）体格检查：同上岗前检查；

（3）实验室和其他检查必检项目：血常规、心电图、肝功能、肝脾 B 超。

3. 健康检查周期

（1）肝功能检查，每半年 1 次；

（2）健康检查，1 年 1 次。

（三）离岗时职业健康检查

检查对象包括接触职业病危害因素的离岗人员、退休人员、内部转岗人员。

三、临床表现

（一）症状

TNT 白内障早期视功能正常，二期、三期白内障视敏锐度、视野、暗适应功能等有不同程度损害。临床流行病学调查表明：晶状体损害越重，视野缩小幅度越大，说明视野缩小与晶状体混浊程度有关。同时也发现，周边视野缩小早于晶状体改变，有研究者认为周边视野缩小的原因是视网膜、视神经等眼部组织损害所致。

（二）体征

1. 眼睑皮肤

接触部位可发生皮炎，表现为红色丘疹，疹后脱屑。

2. 结膜、角膜、巩膜

结膜、角膜、巩膜均可受 TNT 粉尘或蒸气刺激而发生炎症。

3. 晶状体损害临床表现特征

TNT 白内障表现具有明显的特征性。TNT 晶状体病变始于晶状体的周边部，病变过程缓慢，具体表现如下。

（1）混浊形态：早期晶状体周边部呈环形暗影混浊，环形暗影与晶状体赤道部间有一窄透明区。随病程进展，病变范围扩大，环形混浊渐由多数尖向内、底向外的楔形混浊相连接。

（2）混浊部位：晶状体周边部混浊位于前后成人核和前后皮质内；中央部混浊位于前成人核和前皮质内。双眼病变一般呈相对称的改变。

（3）混浊色泽：晶状体混浊色泽、形态具有特征性，由多数大小不等的灰黄色小点聚集而成。

（4）晶状体中央部混浊，位于晶状体瞳孔区，由最初不完全的环到完全的环形混浊，逐渐加重并呈花瓣状、盘状混浊。混浊范围约等于瞳孔直径。中央部混浊仅见于部分患者，与周边部混浊病变程度不具有一致性。

4. 眼底改变

少数 TNT 接触者可发生视网膜出血，视神经炎，球后视神经炎及视神经萎缩。视野检查周边视野缩窄，偶有中心暗点。

（三）实验室和辅助检查

晶状体检查应在放大瞳孔后，用裂隙灯显微镜检查法（又称弥散光照明法和直接焦点照明法）或晶状体摄影照相检查观察病变范围、形态特征，划分诊断起点和诊断分期。

四、诊断与鉴别诊断

（一）诊断原则

《职业性三硝基甲苯白内障诊断标准》（GBZ 45—2010）规定了职业性三硝基甲苯白内障的诊断与处理原则，根据密切的TNT职业接触史，出现以双眼晶状体混浊改变为主的临床表现，结合必要的动态观察，参考作业环境职业卫生学调查，综合分析，排除其他病因所致的类似晶状体改变后，方可诊断。

（二）观察对象

长期接触TNT后，裂隙灯显微镜直接焦点照明检查可见晶状体周边部皮质内有灰黄色均匀一致的细点状混浊，弥散光照明检查或晶状体摄影照相检查时细点状混浊形成半环状或近环形暗影，但尚未形成完整的环形暗影。每年复查一次，经连续5年观察上述改变无变化者，终止观察。

（三）诊断分级或分期

1. 诊断起点

（1）一期白内障诊断起点为晶状体周边部有完整的环形混浊（暗影）。

（2）二期白内障诊断起点为晶状体周边部混浊范围达到晶状体半径的1/3，或晶状体中央部（相当于瞳孔区晶状体前皮质或前成人核部位）出现不完全的环形混浊。

（3）三期白内障诊断起点为晶状体周边部混浊范围达到晶状体半径的2/3，或晶状体中央部出现花瓣状或盘状混浊。

2. 诊断分级

（1）一期白内障。裂隙灯显微镜检查和（或）晶状体摄影照相可见晶状体周边部皮质内灰黄色细点状混浊，组合为完整的环形暗影，其环形混浊最大环宽小于晶状体半径的1/3。视功能不受影响或正常。

（2）二期白内障。晶状体周边部灰黄色细点状混浊向前后皮质及成人核延伸，形成楔状，楔底向周边，楔尖指向中心。周边部环形混浊的范围等于或大于晶状体半径的1/3。或在晶状体周边部混浊基础上，瞳孔区晶状体前皮质内或前成人核出现相当于瞳孔直径大小的完全或不完全的环形混浊。视功能可不受影响或正常或轻度障碍。

（3）三期白内障。晶状体周边部环形混浊的范围等于或大于晶状体半径的2/3。或瞳孔区晶状体前皮质内或前成人核有致密的点状混浊构成花瓣状或盘状或晶状体完全混浊。视功能受到明显影响。

（四）鉴别诊断

裂隙灯显微镜弥散光照明检查和直接焦点照明检查可以确定TNT白内障的混浊形态和混浊部位，这种改变具有明显的特征性，容易与其他类型白内障鉴别。

1. 先天性白内障

（1）晶状体周边部细小散在混浊点，应与早期TNT白内障鉴别，先天性者混浊点细小，数量较少，大小较一致，晶状体皮质透明，为非进行性。

（2）先天性周边部花冠状白内障，后映照时晶状体周边部也呈环形暗影，裂隙灯检查，混浊点较大，有的呈棒槌形，排列较整齐。点多者呈花冠状，其余部分的晶状体皮质透明，多数为非进行性的。

（3）先天性核性白内障，混浊位于晶状体中央部婴儿核内，星球形，界限清楚，非进行性。

2. 早期老年性白内障

见于老年人，一般晶状体混浊开始于鼻下方，多呈片状致密的灰白色混浊或呈大小不一的楔形，两眼的混浊程度、部位、形状不一定对称。

3. 红外线白内障

起始于晶状体中轴部，早期即可影响视力。红外线白内障起始于晶状体后极部后囊下皮质出现空泡，以后逐渐发展成点状、不规则的格子样混浊，逐渐发展为边界清晰而不规则的碟状混浊，由视轴区向赤道部扩散，最后发展到晶状体全部混浊。

五、治疗与康复

（一）治疗

1. 可给予增进晶状体营养代谢药物

维生素 C、维生素 B1、维生素 B2、谷胱甘肽等。

2. 手术

若晶状体大部或完全混浊，可施行白内障摘除、人工晶状体植入术。

（二）预后与康复

观察对象每年复查一次。诊断为三硝基甲苯白内障者应调离 TNT 作业。需进行劳动能力鉴定者，按 GB/T 16180—2014 处理。

六、案例分析与经验启示

1. 基本信息

某地疾病预防控制中心对当地某民爆器材企业从事 TNT 破碎、球磨、装药、动力、药柱、雷管、运送、维修等岗位的 451 名在岗劳动者进行职业性健康检查，其中男 364 人、女 87 人，年龄 26~51 岁，平均年龄 34.7 岁，工龄 3~33 年，平均工龄 13.4 年。检出疑似 TNT 白内障 21 例，检出率 4.66%，各工种作业环节均接触 TNT。

2. 职业史与职业病危害因素接触史

生产线工艺流程为进料（TNT 结晶块）→球磨→装药、包装→成品出厂。TNT 生产车间岗位作业点空气中 TNT 粉尘含量测定结果为 0.12~0.35mg/m^3，均低于国家标准（短时间接触容许浓度不超过 0.5mg/m^3）。现场调查发现，该企业防护设施可基本满足要求，车间有一般通风设备，每天工作 8 小时，上班时作业人员配有统一工作服、鞋、帽及佩戴防尘、防毒面罩，个人防护用品配备率为 90.3%、使用率仅为 52.7%。下班时劳动者均到工房外专用的淋浴室淋浴后休息。

3. 综合分析

TNT 为脂溶性物质，职业接触中易吸附在皮肤表面，经皮肤污染吸收而导致晶状体受损。有研究指出，当车间空气中的 TNT 浓度接近或低于国家标准时，劳动者下班淋浴后皮肤 TNT 污染阳性率仍可达到 25.0%。该病例中的工作岗位 TNT 浓度虽低于职业接触限值，但仍发生了晶状体的病变。做好个体防护，减少 TNT 接触机会，对预防职业性三硝基甲苯白内障至关重要。

4. 经验启示

TNT在体内有蓄积作用，使晶体皮质及核透明变性而引起晶体不可逆的损伤。作业人员应做好个人防护，正确使用个体防护用品，养成良好卫生习惯，减少TNT与皮肤、黏膜及呼吸道直接接触，下班后要睁眼淋浴，以冲去皮肤和眼球表面的毒物，防止皮肤、黏膜和结膜污染，从而减少TNT对作业人员眼晶状体的损害。对于长期接触有害职业因素的劳动者，定期进行眼科检查是预防和治疗职业性白内障的关键措施。对于疑似职业性白内障的患者，建议及时就医，通过专业的眼科检查进行确诊和治疗。

（张红兵　窦建瑞　李　巧）

03

第三章　职业性耳鼻喉口腔疾病

第一节　铬鼻病

一、概述

铬鼻病（chromium induced nasal disease）是在职业活动中，较长时间接触铬酸酐、铬酸、铬酸盐及重铬酸盐等六价铬化合物引起的鼻部损害。

铬是银灰色坚硬而脆的金属，常温下在空气中不被氧化，具有很高的耐腐蚀性。在自然界多以三价铬和六价铬存在，食品和生物组织中的铬多以 Cr^{3+} 形式存在，是人体必需的微量元素之一。Cr^{6+} 化合物是强氧化剂，常见的 Cr^{6+} 化合物有铬酸酐、铬酸、铬酸盐及重铬酸盐。

（一）接触机会

职业接触铬的机会有铬铁矿的开采、冶炼，铬酸盐的制造，以及电镀、金属加工、制革、油漆、颜料、印染等行业可以接触到铬的烟尘、铬酸雾等，长期接触 Cr^{6+} 的浓度为 0.15~1mg/m^3。在我国，电镀和铬酸盐生产行业关于铬鼻病发病的报道明显多于其他行业。

（二）毒性

铬对鼻黏膜有刺激和腐蚀作用，铬的急慢性毒性都是由 Cr^{6+} 引起的，常见的 Cr^{6+} 化合物铬酸酐、铬酸雾、铬酸盐及重铬酸盐均为强氧化剂，可使蛋白质变性，沉淀核酸、核蛋白，干扰酶系统。铬鼻病的发生与作业环境中六价铬浓度及作业工龄有关，潜伏期最短者仅 3 个月。我国工作场所铬职业接触限值 PC-TWA 为 0.05mg/m^3，有报道长期在低于 0.05mg/m^3 铬浓度环境中作业也有铬鼻病发生，长期吸入铬酸雾或铬酸盐尘，浓度＞0.1mg/m^3 时可引起鼻中隔穿孔。

（三）发病机制

铬可破坏鼻前庭毛囊组织，使鼻毛脱落失去防尘功能，并使鼻黏膜纤毛活动受到抑制、黏膜腺体分泌功能减弱，造成鼻腔黏膜干燥，干痂形成。发病的部位主要在鼻部血管较少的鼻中隔前部，少数情况发生于鼻甲黏膜。这可能因为鼻中隔前下方黏膜较薄、血管较少，黏膜常发生上皮化生，呈现小血管扩张和表皮脱落，气流常在此发生流向改变，故铬酸和铬酸盐易在此沉积。尤其是鼻中隔偏曲或有嵴突者，其凸面黏膜易受气流冲击而首遭侵犯。铬尘或铬酸雾直接腐蚀鼻中隔黏膜，发生鼻中隔黏膜糜烂，进一步发生溃疡、鼻中隔软骨部穿孔。不良习惯如当鼻受刺激不适应时，用污染的手指挖鼻孔亦可使鼻黏膜接触大量的铬尘而更易受刺激和损伤。长期接触铬尘或铬酸雾，可产生嗅觉疲劳，导致嗅觉功能下降。

（四）预防与控制

1. 改进工艺，加强工程防护

在生产过程中使用无铬催化剂代替传统的铬酸盐催化剂，这样可以减少铬的使用量和废弃物的产生量。开发和应用新的技术来取代传统的含六价铬工艺，例如铜及铜合金钝化六价铬替代技术，这种技术可以在保证产品性能的同时减少六价铬的使用。采用自动化操作，尽可能密封生产设备，电镀槽边应装置抽风设备，以加强铬酸雾排出，槽内还可使用酸雾抑制剂。

2. 车间装设专门水龙头，以便及时冲洗皮肤和眼睛

加强个人防护，正确佩戴相关防护用品，从事铬酸和铬酸盐作业时须戴手套，班后充分洗手；工作前检查手皮肤有无破损，鼻腔涂油膏保护；工作后冲洗鼻腔。

3. 加强健康监护

每年体检一次，内容包括血常规、尿常规、肝功能、肺功能、X 线胸片检查，尤其注意上呼吸道炎症、鼻腔损害等。萎缩性鼻炎为职业禁忌证。

二、健康检查

（一）上岗前职业健康检查

1. 目标疾病

职业禁忌证：萎缩性鼻炎。

2. 检查内容

症状询问，重点关注鼻腔情况；体格检查主要是行鼻及咽部常规检查。

（二）在岗期间及离岗职业健康检查

1. 目标疾病

职业性铬鼻病（见 GBZ 12—2014）。

2. 检查内容及周期

症状询问，重点询问耳鼻喉病史及相关症状；体格检查与上岗前职业健康检查相同。检查周期为 1 年。

三、临床表现

铬鼻病的发生过程常历时数月至数年，最短的可于接触铬酸盐 3 个月即发病。病变部位主要是鼻中隔，少数是鼻甲。早期症状有流涕、鼻塞、打喷嚏、鼻出血、鼻干燥、鼻灼痛、嗅觉减退等，数月后部分上述症状会自行消失，但鼻腔病变可在无症状情况下继续缓慢发展，有时仅在体检时才发现。鼻部专科检查可见鼻中隔黏膜充血、肿胀、干燥、结痂或萎缩，鼻中隔或鼻甲黏膜糜烂，溃疡形成，鼻中隔软骨部穿孔。穿孔由米粒大小至 2cm，由于鼻穿孔部位多在距离鼻中隔软骨前下端 1.5cm 处，该部位神经分布稀少，不会产生疼痛感，患者可不发觉。发生小穿孔时，可出现呼吸时吹哨声，随着穿孔增大，吹哨声消失。铬鼻病患者尿铬未见增高，提示尿铬水平与铬鼻病发生无相关性。

四、诊断与鉴别诊断

（一）诊断原则

根据较长时间的六价铬化合物职业接触史，专科检查发现鼻黏膜糜烂、溃疡和鼻中隔穿孔的体征，结合现场职业卫生学调查，排除其他原因所致鼻部病变，可做出诊断。

（二）诊断分级

1. 轻度铬鼻病

具有下列临床表现之一者，即可诊断。

（1）鼻中隔、鼻甲黏膜糜烂面积累计≥ $4mm^2$；

（2）鼻中隔、鼻甲黏膜溃疡。

2. 重度铬鼻病

鼻中隔软骨部穿孔。

（三）鉴别诊断

鼻黏膜糜烂属病情最轻者，临床上也可由普通鼻炎所致，应注意与之鉴别；鼻中隔穿孔也可由氟盐、五氧化二钒、梅毒、结核、外伤等引起，故诊断时应结合患者上岗前及在岗期间职业健康体检资料、职业接触史和现场职业卫生学调查及相关临床、实验室检查资料等进行鉴别诊断。流涕、鼻塞、鼻衄、鼻干燥、鼻灼痛等症状及鼻黏膜充血、肿胀、苍白等体征虽可见于铬鼻病，但也常见于其他鼻病，特异性较差，可作为诊断的参考。

（四）鼻腔检查及记录方法

1. 检查方法

使用前鼻镜进行常规鼻腔检查，依次观察鼻甲、鼻道及鼻中隔，对可疑鼻黏膜损害部位应清洁分泌物后再观察。必要时可使用鼻内窥镜进行检查。

2. 记录方法

糜烂面积大小以病变部位长径 × 宽径（mm^2）表示；出现多处糜烂时，分别记录单个病变糜烂面积，然后累加得出总面积。

3. 鼻腔检查记录表

鼻腔检查记录表见表 3–1。

表 3–1　鼻腔检查记录表

检查情况	右		左	
	鼻甲	鼻中隔	鼻甲	鼻中隔
糜烂				
溃疡				
穿孔				
其他				

填表说明：阴性结果用“–”表示，阳性结果需记录病变大小［长径 × 宽径（mm^2）］。

五、治疗

（一）治疗

诊断为铬鼻病者应脱离六价铬化合物环境，其治疗原则是病因治疗与对症治疗相结合。

1. 病因治疗

局部使用维生素 C 溶液擦洗和 5% 硫代硫酸钠软膏涂敷。维生素 C 是体内对六价铬的主要还原剂，可使六价铬还原成三价铬；硫代硫酸钠可以与金属铬形成无毒的硫化物。

2. 对症治疗

鼻黏膜糜烂及溃疡的治疗多以促进修复和再生为主，如鼻黏膜局部使用重组人表皮生长因子或碱性成纤维细胞生长因子；鼻中隔黏膜溃疡者可用枸橼酸钠溶液洗涤，再用 5% 硫代硫酸钠软膏涂敷。鼻中隔穿孔长期不愈合，同时伴有鼻部症状者可考虑手术修补，但过大的穿孔则修补困难。

（二）预后

铬鼻病患者脱离六价铬化合物作业环境，并经积极治疗后，鼻黏膜糜烂、溃疡一般均可好转直至痊愈，鼻中隔穿孔则需手术修补。

六、案例分析与经验启示

（一）案例一

1. 基本信息

陈某，男，46 岁。

2. 职业史与职业病危害接触史

2002 年 4 月至 2015 年 4 月在某摩托车连杆制造有限公司电镀车间从事镀铬工作。总工龄 13 年，作业工龄 13 年，工种：电镀；接触毒物：铬酸酐、铬酸雾；接触方式：直接接触；操作方式：手工操作。

3. 临床表现与诊疗经过

主诉：鼻塞，鼻痛，流涕 2 年。入院前 2 年出现不明原因鼻塞，鼻腔疼痛，呈针刺样疼痛，流涕以白色黏液涕为主。无明显季节性发作，工作时明显，无鼻衄；无咳嗽胸闷、呼吸困难，自服鼻炎药物无好转，未进一步诊治。无氟盐和五氧化二钒等其他毒物职业接触史，无鼻部外伤史。

耳鼻喉科检查：左右鼻翼皮肤各见一个 1cm×1cm 鸟眼状铬疮溃疡瘢痕，自述为 5 年前工作中电镀液溅到面部所致。电子鼻咽喉镜检查，鼻黏膜苍白，下鼻甲肿大，鼻中隔软骨部有一个卵圆形孔，直径约 1.5cm×1.5cm，否认其他原因导致鼻中隔穿孔。治疗：因鼻中隔穿孔过大，无法手术治疗。

4. 实验室和辅助检查

尿铬 0.15μmol/L（正常参考值＜ 1.9μmol/L），血常规、肝肾功、胸片、心电图等检查未见异常。

5. 流行病学调查

（1）工作场所情况：生产车间长 50 米，宽 20 米，高 8 米。自然通风良好，车间一侧安装数台排风扇，工作时开启。车间内有 8 个电镀槽，槽上方有抽风设备。工艺流程：将摩托车连杆打磨→酸洗→手洗→上挂→放入 50~60℃电镀槽内通电加热，电镀 1 小时→水洗→吹干。工作时间及工作量：每天工作 12 小时，每月工作 30 天，每年工作 12 个月，每天生产小件 5000~6000 件或大件

2000件。个人防护：工作时穿工作服，戴橡胶手套、防毒面罩。工作中有时用已被铬污染的手挖鼻或擦脸。现场检测结果：用人单位不能提供既往作业场所铬检测资料，本次调查电镀车间8号电镀槽旁测得三氧化铬0.075mg/m^3（TWA），清洗岗位测得三氧化铬0.011mg/m^3（TWA），国家职业卫生标准《工作场所有害因素职业接触限值 第1部分：化学有害因素》（GBZ 2.1—2019），三氧化铬、铬酸盐、重铬酸盐（按Cr计）时间加权平均容许浓度PC-TWA $<$ 0.05mg/m^3。

（2）职业健康监护情况：未做上岗前检查，2年前职业健康检查中发现鼻中隔黏膜糜烂，未调离工作岗位，2015年在体检中发现鼻中隔穿孔。同工种另一名劳动者1年前被诊断为职业性铬鼻病。

6. 综合分析

患者从事电镀作业13年，长期密切接触较高浓度六价铬化合物，其工作场所三氧化铬浓度超过职业接触限值；入院前2年职业健康检查中即发现鼻中隔黏膜糜烂，有鼻塞、鼻痛、反复流涕症状，鼻中隔软骨部穿孔，排除氟盐、五氧化二钒、外伤等其他原因所致的鼻部损伤；结合同工种另一名劳动者1年前被诊断为职业性铬鼻病，依据《职业性铬鼻病的诊断》（GBZ12—2014），诊断为职业性重度铬鼻病。处理意见：调离铬作业环境，专科治疗。

7. 经验启示

本例患者发生重度铬鼻病，主要由于该企业违反职业病防治相关法律法规，没有承担起职业病防治的主体责任。具体有以下几个原因。一是未对作业场所进行六价铬化合物检测，并采取有效措施降低六价铬化合物浓度，导致劳动者长期在较高浓度铬酸酐、铬酸雾环境中作业。二是用人单位在职业健康体检已经发现鼻黏膜糜烂情况下，未及时安排患者进行职业病诊断，也未将其调离铬作业岗位，而是让其继续工作，错过了及时治疗的机会，导致病情由鼻黏膜糜烂进展到鼻中隔穿孔。三是患者口鼻防护意识不足，在工作中有时用已被铬污染的手挖鼻或擦脸，增加了铬鼻病发生的概率。相关研究表明，空气中低浓度的铬沾染手指后挖鼻可以直接刺激鼻部，导致鼻中隔穿孔。此外，本例患者尿铬未超标，一般认为，尿铬高低与铬鼻病发生无平行关系，尿铬增高仅提示机体有过量的铬摄入。

（二）案例二

1. 基本信息

万某，男，52岁。

2. 职业史与职业病危害接触史

2011年5月至2016年7月，在某化工厂红矾钠车间工作，作业工龄5年，工种：萃取工；接触：铬酸钠；接触方式：直接接触。

3. 临床表现与诊疗经过

（1）主诉：鼻干涩、疼痛1年。1年前出现鼻干涩、疼痛，未治疗，3个月前出现右足背、脚趾皮肤溃疡，疼痛，无出血，于工厂医务室治疗（具体用药不详），病情无好转，仍坚持工作。患者右足皮肤溃疡逐渐加重，右脚背逐渐出现两个鸟眼状溃疡，直径约0.5cm大小，右足趾间皮肤溃疡渐成片状、湿润、糜烂状，疼痛加重，活动受限。职业病门诊以“鼻干涩、疼痛伴右足皮肤溃疡”收入院。发病以来，精神食欲尚可，无发热，无氟盐和五氧化二钒等其他毒物职业接触史，否认外伤史。

（2）体格检查：T 36.4℃，P 60次/分，R 20次/分，BP 122/74mmHg。皮肤巩膜无黄染，外鼻未见异常。心、肺、腹未见异常。右足肿胀，色暗红，右足背皮肤可见两个鸟眼状溃疡，直径约

0.5cm，溃疡面色暗红，无出血点；右足趾间皮肤溃疡呈片状，溃疡面湿润，无出血；左下肢，双上肢，躯干皮肤未见异常。耳鼻喉科检查：鼻黏膜充血、肿胀，鼻腔内大量分泌物，鼻中隔溃疡，大小约 1cm × 0.8cm，咽喉部充血。

（3）治疗：静脉滴注还原型谷胱甘肽、大剂量维生素 C、川芎嗪；足部溃疡予以 3% 硼酸液湿敷，辅以局部红外线治疗；鼻部溃疡予以 10% 依地酸钙钠、重组牛碱性成纤维细胞生长因子、复方薄荷鼻油滴鼻。经上述治疗 1 个月后，足部溃疡和鼻中隔溃疡均痊愈。

4. 实验室和辅助检查

血常规，尿常规，肝、肾功，心电图，胸片未见异常。尿铬 0.30μmol/L（正常参考值＜ 1.9μmol/L）。

5. 流行病学调查

（1）工作场所情况：该企业从事铬酸盐生产，产品有铬酸酐、铬酸钠、重铬酸钠、铬粉。患者所在红矾钠车间长 60 米，宽 30 米，高 10 米。工艺过程：用手推车将湿铬渣倒至干燥炉内烘干，6~7 小时后得到白色铬渣，将此白色铬渣倒入水池内浸泡 1~2 小时，再将得到的湿铬渣进行烘干，如此反复提炼萃取铬。车间四面无墙，自然通风好，有排风扇，干燥炉附近温度高，地面潮湿，为高温高湿环境。工作时间：12 小时 / 天，每月工作 30 天。每天萃取铬渣约 200000kg。个人防护情况：工作时穿工作服，穿帆布胶鞋，戴护目镜、帆布手套，塑料泡沫口罩。工作中有时用被铬污染的手挖鼻或擦脸，铬渣粉有时会撒落在下肢及双足。现场检测结果：用人单位提供的近 10 年三氧化铬检测结果：0.075~0.20mg/m^3（TWA）。国家职业卫生标准《工作场所有害因素职业接触限值 第 1 部分：化学有害因素》（GBZ 2.1—2019），三氧化铬、铬酸盐、重铬酸盐（按 Cr 计）时间加权平均容许浓度为 PC-TWA ＜ 0.05mg/m^3。

（2）职业健康监护及职业病发病情况：上岗前及在岗体检报告未见异常，该企业既往有 6 人诊断为职业性铬鼻病，3 人诊断为职业性皮肤溃疡，1 人诊断为职业性接触性皮炎。

6. 综合分析

患者从事铬酸钠生产 5 年，长期密切接触高浓度六价铬化合物，其工作场所三氧化铬浓度显著超过职业接触限值；临床表现为鼻干涩、疼痛，伴右足背鸟眼状溃疡、足趾皮肤溃疡以及鼻黏膜充血、肿胀，鼻中隔溃疡体征，排除外伤、先天性疾患等所致的鼻部损伤及皮肤溃疡、浸渍等。结合同工种既往 6 人诊断为职业性铬鼻病，3 人诊断为职业性皮肤溃疡，依据《职业性铬鼻病的诊断》（GBZ 12—2014）、《职业性皮肤病的诊断》（GBZ 18—2013），诊断结论：①职业性轻度铬鼻病，②职业性皮肤溃疡。处理意见：暂时调离铬作业环境；专科治疗。

7. 经验启示

本例患者长期从事铬酸盐生产，导致职业性轻度铬鼻病和职业性皮肤溃疡发生，主要有以下原因：一是企业没有采取有效工程防护措施降低车间作业环境六价铬浓度，致使劳动者长期在六价铬浓度显著超标的环境中工作。二是个体防护用品使用不到位。铬酸盐可以引起多器官（系统）损伤，包括上呼吸道炎症、接触性皮炎、皮肤溃疡、铬鼻病、肾脏损伤以及肺癌等，呼吸防护和皮肤黏膜防护应重点关注。本例患者接触铬酸盐粉尘及酸雾，且在高温高湿环境中作业，未使用有效的防护用品，如防毒面具、防酸碱手套、防护靴，导致其发生鼻部和足部皮肤损伤，而患者本次就诊的最主要症状是足部皮肤溃疡而非鼻部症状，只是在进一步检查中发现同时合并了鼻中隔溃疡。提示在对铬酸盐作业劳动者的诊疗中应进行相关靶器官的全面检查，避免漏诊。三是患者自我防护意识不足，存在不良的卫生习惯，在工作中有时用已被铬污染的手挖鼻或擦脸，增加了铬鼻病发生的概率。

结合该企业先后多人发生六价铬所致职业病，提示卫生行政部门应依据职业病防治相关法律法规，强化对该企业的监督，指导其采取工程防护措施降低作业环境中六价铬化合物浓度，使用对铬酸盐有效的防护用品，加强对劳动者预防职业病知识的培训。

（王永义）

第二节　牙酸蚀病

一、概述

（一）定义

牙酸蚀病（dental erosion）也称牙酸蚀症，是指在无细菌参与的情况下，由于酸性化学物侵蚀作用造成牙齿表面硬组织进行性丧失的一种慢性牙体疾病。职业性牙酸蚀病是劳动者在工作过程中长期接触酸酐、酸雾或其他酸性物质引起的一种职业损害。我国在1987年颁布实施的《职业病范围和职业病患者处理办法的规定》中把牙酸蚀病正式列为国家法定职业病。

（二）流行病学

牙酸蚀的发生速度与空气中酸酐、酸雾及其他酸性物质的浓度及种类有关。劳动者接触硫酸5周后即可出现牙酸蚀，壹度牙酸蚀的最短发病时间是4个月，贰度牙酸蚀为1年10个月，叁度牙酸蚀为8年。何振峰等对558名酸作业劳动者牙酸蚀病调查结果表明，在工作场所空气中硫酸质量浓度检测合格，盐酸质量浓度超标11%的情况下，酸接触组的疑似牙酸蚀病患病率高达20.61%，与近年国内外相关报道24%左右的患病率基本一致。职业性牙酸蚀病的发病除与酸性物质的种类、浓度和接触时间有关外，还与个人的卫生习惯有关。

（三）病因与接触机会

职业接触是牙酸蚀病最早发现的和最主要的致病因素。工作场所空气中酸酐、酸雾或其他酸性物质超标均可引起牙酸蚀病。另外，长期食用饮食酸（果酸、柠檬酸等）、酸性饮料（pH值低于5.5），患胃反流性食管炎或涎腺异常、长期服用酸性药物或抗组胺药等亦可致牙酸蚀病。

（四）关键预防措施

工作场所存在酸酐、酸雾和其他酸性物质的，用人单位首先要采取消除替代原则，采用新技术、新设备和新材料从源头控制劳动者接触酸性物质。对生产工艺、技术和原辅材料达不到的，应采取防尘、通风等工程防护措施，使工作场所的酸性物质浓度符合卫生要求。同时制定合理的工作制度，减少劳动者接触。当所采取的控制措施仍不能有效控制时，应联合使用个体防护用品。对劳动者进行宣传教育，养成良好的卫生习惯也是预防的关键。

二、职业健康检查

在现行《职业健康监护技术规范》（GBZ 188）中，没有关于牙酸蚀病职业健康检查的内容，体检机构应根据GBZ 188的规定，通过专家评估的方式确定职业健康监护方法、检查指标和检查周期。

三、临床表现

（一）症状

牙酸蚀病自觉症状与酸蚀后牙体缺损程度有关，早期仅出现牙敏感，酸蚀牙发木、发酸，对冷、热、酸、甜和探触等刺激敏感。之后逐渐出现牙体组织实质性缺损。酸蚀严重的可对语言和进食有影响。

（二）体征

职业性牙酸蚀病，除一级牙酸蚀上颌多于下颌外，其他各级牙酸蚀均以下颌居多，且酸蚀更为严重。左右两侧比较，酸蚀牙的数量、酸蚀的程度及牙位分布基本相同，具有明显的对称性。接触盐酸所致的牙酸蚀表现为自切缘向唇面形成刀削状的光滑面，硬而无变色，切端可能因为太薄而折断；硝酸所致的牙酸蚀病多发生于牙颈部，表现为白垩状、黄褐色或灰色的脱矿斑块，质地松软、易崩碎而逐渐形成实质性缺损；硫酸不易引起牙酸蚀，一般仅有酸涩感；其他低浓度酸性物质导致的损害一般发生在釉牙骨质界，轻者出现沟状损害，重者出现大面积深度破坏。

四、诊断与鉴别诊断

（一）诊断原则

根据较长时间接触酸雾、酸酐或其他酸性物质的职业史，以前牙硬组织损害为主要临床表现，结合现场职业卫生学调查结果，排除其他牙齿硬组织疾病后，方可诊断。

（二）诊断分级和分度

1. 牙酸蚀分级

在诊断职业性牙酸蚀病之前，要先进行牙酸蚀程度的判定，在临床上单个牙酸蚀可分为四级：

一级牙酸蚀（代号Ⅰ）：仅有唇面牙釉质缺损，多见于侧唇切端1/3，切缘变薄、透亮；或唇面中部牙釉质呈弧形凹陷性缺损。缺损面表面光滑，与周围牙釉质无明显分界线。

二级牙酸蚀（代号Ⅱ）：缺损达牙本质浅层，多呈斜坡状，从切缘起，削向牙冠唇面。暴露的牙本质呈黄色，周围可见较透明的牙釉质层。

三级牙酸蚀（代号Ⅲ）：缺损达牙本质深层，在缺损面暴露牙本质的中央，即相当于原髓腔部位，可见一圆形或椭圆形的棕黄色牙本质区。但无髓腔暴露，也无牙髓病变。

四级牙酸蚀（代号Ⅳ）：缺损达牙本质深层，虽无髓腔暴露，但有牙髓病变；或缺损已达髓腔；或牙冠大部分缺损，仅留下残根。

2. 职业性牙酸蚀病分度

壹度牙酸蚀病：前牙区有两个或两个以上牙齿为一级牙酸蚀。

贰度牙酸蚀病：前牙区有两个或两个以上牙齿为二级或三级牙酸蚀。

叁度牙酸蚀病：前牙区有两个或两个以上牙齿为四级牙酸蚀。

（三）诊断时注意事项

因同一人可同时存在多个不同酸蚀级的牙齿。根据酸蚀牙牙位分布的特点，在前牙区，左右对称或相邻的牙齿酸蚀程度基本相同。因此，可按前牙中同时存在的两个或两个以上酸蚀最严重，且酸蚀程度又相同的牙齿来确定牙酸蚀病的诊断分度。如果只有一个酸蚀最严重的牙齿，为避免误诊，则按第二个酸蚀最严重的牙齿来确定其分度。

（四）鉴别诊断

进行职业性牙酸蚀病诊断时，需和酸性食物、饮料、药物和某些疾病等非职业因素引起的牙酸蚀病进行鉴别。磨耗、磨损、外伤、牙釉质发育不全、氟牙症、龋病、楔状缺损也可造成牙齿硬组织损害等，应根据职业史、病史和临床特征进行鉴别。

五、治疗原则

职业性牙酸蚀病的治疗除必要的对症处理外，还需根据缺损情况采用充填和修复处理，帮助牙齿恢复形态和功能。早期牙酸蚀对冷、热、酸、甜等刺激敏感时，可用药物进行脱敏治疗，如用3%碳酸氢钠溶液漱口、氟化钠涂擦牙表面或用脱敏牙膏刷牙等；对牙体有缺损者，可根据牙体组织缺损部位和程度用复合树脂、高嵌体或冠修复；伴有牙髓病变时，应先做牙髓治疗，然后再做冠修复治疗。

壹度牙酸蚀病是否要做牙体修复，可视具体情况决定。贰度牙酸蚀病应尽早做牙体修复。叁度牙酸蚀病可在牙髓病及其并发症治疗后再进行牙体修复。

六、案例分析与经验启示

（一）案例一

电镀工因接触酸性物质致贰度牙酸蚀病。

1. 背景

某化学有限公司的工艺流程工程师，工作期间接触酸雾与酸酐，每天3小时，6年后判定为疑似职业性牙酸蚀病，14年后诊断为贰度牙酸蚀病。

2. 原因分析

直接原因：工作环境中酸雾与酸酐超标，用人单位未采取预防控制措施。

间接原因：用人单位对职业健康检查结果不重视，员工缺乏自我保护意识。

3. 治疗结果

确诊后虽进行相关补救措施，但牙缺损已不可逆。

4. 启示

防护措施：用人单位应提供符合国家职业健康标准要求的工作场所，对存在有毒有害的工作场所应采取综合措施进行治理。

企业责任：未按标准要求组织开展职业健康检查；在被判定为疑似牙酸蚀病后时隔8年才进入职业病诊断程序并诊断；未如实提供工作场所职业病危害因素检测结果，应加强职业健康培训，完善防护设备配备。

（二）案例二

污水处理工因接触盐酸等致贰度牙酸蚀病。

1. 背景

某冰箱有限公司从事前处理、污水处理工作，工作中接触盐酸和氯化氢，每天接触8小时，9年后职业健康检查判定为疑似职业性牙酸蚀病，向职业病院提出职业病诊断要求后诊断为贰度牙酸蚀病。

2. 原因分析

直接原因：工作环境中酸雾与酸酐超标，用人单位未采取预防控制措施，用人单位在9年间仅进行2次工作场所职业病危害因素检测；未按法律和标准要求组织劳动者进行职业健康检查，未提供符合要求的个体防护用品。

间接原因：用人单位未按要求安排劳动者进行职业健康检查，员工缺乏自我保护意识。

3. 治疗结果

确诊后虽进行相关补救措施，但牙缺损已不可逆。

4. 启示

防护措施：工作场所存在酸酐、酸雾等酸性物质，用人单位未采取措施进行治理，患者在工作过程中仅佩戴橡胶手套，未佩戴防毒口罩。

企业责任：用人单位未按要求定期开展工作场所职业病危害因素的检测，未对所有的职业病危害因素进行检测。未按要求安排劳动者进行职业健康检查；缺乏对劳动者的健康教育，劳动者缺少自我防护意识。

（朱秋鸿）

第三节　爆震性聋

一、概述

（一）噪声

噪声是指在日常生活和工作环境中让人感觉不舒服、厌烦、难以忍受的声音。噪声的研究最早开始于17世纪，主要是研究噪声的产生和传播。随着时代的发展，噪声对人们健康的危害、对通信的干扰日益严重。在20世纪50年代之后，噪声被公认为一种严重的社会公害。现在，噪声的研究也成为当下的热点，噪声也成为与当代社会关系最密切的声学分支，对噪声的研究内容已经扩展到对噪声的测量、评价和控制等方面。使用相关的仪器对噪声进行频率分析，有的是频率连续的分波所组成的连续谱，有的是频率分立的线状谱，也有的是连续谱上又有线状谱。噪声可以从不同角度进行分类，例如在噪声测量期间，幅值和频谱的变化＜3dB的被称为稳态噪声，反之称为非稳态噪声。持续的时间＜0.5秒，间隔时间＞1秒，声压有效值变化＞40dB的噪声称为脉冲噪声。脉冲噪声广泛分布于我国工矿业中，对从事此项工作的劳动者听力造成严重的影响。

（二）冲击波

炸药、火炮在爆炸或发射时的高温高压气体迅速膨胀，导致周围的压力突变，在空气中以超声速传播，这个就是冲击波，也称爆炸波。冲击波属于脉冲噪声，是一种特殊类型的脉冲噪声。冲击波是由时相交替的超压和负压组成，通常认为超压是导致听器发生冲击伤的主要因素，其实负压也存在一定的作用。冲击波超压峰值、上升速度和持续时间是决定听器损伤程度的3个主要因素。当其他的因素不变，超压的上升速度（某一作用点从开始受冲击波作用到压力峰的速度）越快，听器损伤越重；持续的时间（冲击波压缩区通过某一作用点的时间）越长，听器损伤的程度也越大；超压的峰值（冲击波的压力在超压时相的最大值）越高，听器损伤程度越大。另外，冲击波的能量频谱越集中，对听器的损伤也越严重。冲击波对人体的影响是由多种因素决定的：与冲击波的距离、朝向冲击波的方向、导致冲击波反射和共振的环境特征、冲击波的能量以及患者的创伤史等。

（三）基本概念

爆震性聋（explosive deafness）也称间断脉冲噪声损伤，指由 170.7dB 以上的高强度脉冲噪声对中耳、内耳损伤或者中耳和内耳混合性的急性损伤，从而引起听力的下降。导致爆震性聋的噪声源有很多，在战争时期，手雷、大口径火炮等武器爆炸引起的高强度爆震是主要损伤来源；在现代军事演习中，各种新式武器威力增加的同时爆震强度也随之增加；在采矿、采石、建筑等行业中，劳动者在作业过程中会接触到强烈的爆炸声；在日常生活中，各种民用烟花、爆竹也会成为爆震来源。另外就是工厂里的锅炉、气锤所产生的噪声也是引起爆震性聋的原因之一。

（四）爆震性聋的研究现状

近年来，爆震伤的发病率呈上升趋势，由于耳对冲击波超压是最敏感的器官，爆震引起的耳聋或耳鸣是战争中军人残疾的主要原因之一。爆震性聋在现役军人和退役军人中的发病率逐渐上升。冲击波暴露后最常见的损伤是耳部的损伤。冲击波超压作用于耳朵会引起感音神经性聋，并且会伴随生活质量的下降。2011 年，我国发布了《职业性爆震聋的诊断》（GBZ/T 238—2011）标准，建议将“职业性爆震聋”列入国家职业病目录。2013 年，爆震性耳聋作为新增职业病种类纳入由国家卫生及计划生育委员会公布的《职业病分类和目录》中。据相关的调查，我国服役 2 年以上的高炮兵听力损失达 48.3%，炮兵为 37.5%，装甲兵为 30.6%，舰艇部队（0.5~12 年）为 23.5%的发病率。一项针对我国某军区炮兵的调查显示，现役的炮兵在进行炮兵训练后，会出现不同程度的耳痛、耳鸣、眩晕和听力下降的占 55.9%。根据军事噪声性听觉损伤流行病学调查研究显示，军事噪声导致军人听力损失的发病率为 20%。在美国现役的军事人员中，由于在作战行动中暴露于简易的爆炸装置和其他爆炸物的机会增加，爆炸伤害变得非常普遍。由于个体之间存在着差异，在发生爆炸的时候，听觉器官被高强度的噪声冲击后，听觉器官的损伤程度相差很大，处在同一位置的人员有的很轻，有的很重。不同年龄之间也存在着差异，年轻人对突然增高的大气压力比老年人有较强的抵抗力，40~60 岁的人的内耳比年轻人的脆弱。耳朵、眼睛、肺和其他充满空气或液体的器官对冲击波和压力下的损伤特别敏感。

（五）发病机制

1. 机械性损伤

（1）爆震对外耳的损伤。耳郭和耳道收集声音的同时，还可以对声音有增强的效果。所以在辨别微弱的声音时起着重要的作用。耳郭可以使纯音 5.5kHz 在频带峰压点上增加 10dB 的增益，外耳道在 2.5kHz 共振频率峰值增益可以达到 11~12dB。爆震通过烧伤或者飞屑导致外耳的损伤，听觉的灵敏度会下降，声音的定位能力也会随之下降。

（2）爆震对中耳的损伤。中耳由鼓膜、鼓室、中耳的肌肉和韧带以及鼓窦和听小骨等组成。通过这些结构可以将从外耳收集到的声音传入内耳。中耳起到一个增益和杠杆作用，可以将空气中的声波阻力与内耳中所出现的声波相匹配。这种由中耳介导的阻抗匹配是保证声音的能量传输到内耳的一种重要方式。与外耳相比，中耳的损伤在爆震聋患者中发生率高。大于或等于 130dB 的压力会导致鼓膜破裂、听小骨移位或发生断裂。引起爆震性聋的噪声音强度都是 170dB 以上的。相关的实验和临床观察已经证明，鼓膜穿孔时内耳的损伤程度较鼓膜未穿孔的轻。爆震所引起的鼓膜穿孔、破裂对内耳具有保护作用。当鼓膜和听骨链发生完整性的损伤时，爆震波的传递和增益将会消失。

（3）爆震对内耳的损伤。内耳可以将声音的机械振动转化成听觉神经的电信号。这种传导发生于毛细胞和顶端有毛束的特化细胞。当爆震波经中耳作用于内耳时，会引起内耳内、外淋巴液的剧烈振动，所产生的剪切力会导致基底膜发生撕裂、毛细胞与神经突触间的联系断离、毛细胞纤毛与盖膜之间分离。外毛细胞最先受累，损伤部位的严重程度与刺激频率引起的基底膜的最大波幅有关。其次是一些支持细胞，严重者内毛细胞也会受损。高强度的脉冲噪声可以使得耳蜗螺旋器从基底膜上剥离下来。这样会导致内外淋巴液混合，钾离子浓度升高，从而加快细胞损伤的速度。

2. 代谢性损伤

代谢性的损伤发生在内耳，继发于机械损伤。

（1）爆震可以引起代谢紊乱，从而影响到内耳细胞的能量代谢，造成细胞的进一步损伤。相关的实验研究发现，爆震后的不同时间点，外淋巴液中的乳酸脱氢酶（LDH）和苹果酸脱氢酶（MDH）的含量会发生变化。当噪声传入内耳，会作用于内耳的液体，从而引起基底膜和盖膜之间发生相对运动，使得处于二者之间的螺旋器受到挤压和剪切作用而受损，导致螺旋器中的 LDH 和 MDH 溢出细胞，进入内耳液中，这样使得细胞的能量代谢受到了影响，从而干扰耳蜗内组织的能量供应，影响耳蜗的功能。此外，临床上 LDH 和 MDH 通常被看作细胞急性损伤的指标，噪声暴露后两种酶在外淋巴液中的含量升高，也反映出了内耳细胞存在着急性损伤。

（2）在噪声暴露后，血管纹会受到一定的损伤，导致血管纹发生局部微循环障碍，引起组织水肿，血氧下降，血管纹 K^+–Na^+–ATP 酶活性降低。

（3）出现噪声暴露时，内淋巴液中的 Ca^{2+} 会升高，并聚集在盖膜和纤毛的附近，会导致毛细胞的纤毛发生肿胀、粘连，与此同时 K^+ 会聚集在毛细胞的周围，毛细胞去极化时，会伴有外淋巴液中的 Ca^{2+} 相关的 K^+ 通透性下降。毛细胞去极化的时候会引起大量的 Ca^{2+} 进入毛细胞，导致毛细胞功能受损。

（4）暴露会使耳蜗内毛细胞释放大量的谷氨酸，当超过支持细胞的摄取能力时，谷氨酸 – 谷氨酰胺循环发生障碍，具有兴奋毒性的谷氨酸会大量堆积在突触区，会激活 α– 氨基羟甲恶丙酸 / 海人藻酸 AMPA/KA 受体，导致大量的 Na^+ 内流，K^+ 外流，同时 Cl^- 和水分子进入细胞内，引起细胞发生水肿，细胞功能发生障碍。当激活 N– 甲基 –D– 天冬氨酸（NMDA）受体时，大量的 Ca^{2+} 进入细胞内，细胞内发生了 Ca^{2+} 超载，会引起线粒体功能异常，产生自由基，导致细胞发生坏死。另外还会引起内毛细胞发生空泡样改变，引起内毛细胞的急性损伤。

3. 血管损伤

噪声暴露时，会导致内耳的毛细血管发生改变，血管发生收缩，从而引起血流速度减慢，血液黏度增加，局部的血液再灌注减少；与此同时，毛细血管的通透性增加，红细胞和血小板发生聚集。

4. 耳蜗毛细胞损伤

脉冲噪声是一类特殊的噪声，由于其特殊的物理特性，对听觉的损伤也不同于其他噪声。相关的实验证明，同等水平的脉冲对听觉的损害是大于稳态噪声的。脉冲噪声暴露后，听阈升高，毛细胞大量缺失。脉冲噪声会导致毛细胞发生凋亡。

5. 耳蜗的神经损伤

（1）耳蜗传入神经的损伤。爆震会导致内耳发生病理性的改变，爆震后毛细胞底部的传入神经末梢会发生水肿。谭祖林等发现，噪声暴露后豚鼠耳蜗的外毛细胞和内毛细胞的传入神经末梢出现了空泡样的病变。随着噪声暴露的时间推移，外毛细胞的传入神经末梢的空泡样改变会逐渐减轻，而内毛细胞下的传入神经末梢的空泡样改变仍然存在。所以噪声暴露后会损伤耳蜗的传入神经。

（2）耳蜗传出神经的损伤。爆震后不仅仅引起耳蜗毛细胞传入神经的损伤，还会导致存在于螺旋器隧道中的传出神经的损伤。相关实验证明，高强度的脉冲噪声暴露后，会导致穿越在耳蜗螺旋器隧道中的传出神经发生严重的变性坏死。

二、职业健康检查

职业健康检查主要是指对长期暴露于高强度噪声环境中的从业人员进行的听力健康评估，旨在早期发现和预防因噪声暴露导致的听力损伤。其主要内容如下。

（一）病史采集

了解噪声暴露的时间、强度及频率，询问是否存在耳鸣、听力下降等症状。既往是否存在耳部疾病、手术史等。

（二）体格检查

检查外耳道和鼓膜的情况，通过纯音测听来评估听力水平。

（三）噪声暴露评估

对工作环境进行监测，测量噪声的强度。使用噪声剂量计记录个体暴露情况。

（四）诊断与评估

根据诊断结果判断听力损伤的程度，确定噪声暴露与听力损失的关系。

（五）健康建议

建议佩戴耳塞等防护设备，必要时建议减少噪声暴露的时间或调岗，定期进行听力检查。

（六）防护措施

1. 机械性防护

（1）器材防护。机械防护器材主要用于战争时期的参战人员或者其他容易受到强大冲击波的人员。现在许多国家都研究出了各种类型的耳防护器材，并且装备于军队，其中耳塞是最常见的。根据作战需求，此类防护耳塞应做到经济实惠、穿戴简便、舒适耐用、可批量生产，在做到有效防护的同时又能正常通信交流。伞形带孔耳塞由硅胶制作而成，有各种型号，针对不同大小的外耳道都能使用。伞形带孔耳塞能够与外耳道壁紧密贴合。伞形带孔耳塞的带孔中柱减少了外耳道的横截切面积，降低了脉冲噪声和冲击波对中耳的损伤，能够很好地预防爆震性声损伤。佩戴防护耳塞虽然不能够使听力完全不受影响，但可使听力损失＜ 20dB。

（2）简易防护和工事。暴露在冲击波的情况下，修建的工事和建筑物能够减少冲击波对听器的损伤。军队上使用的装甲车对车内的人员也存在一定的保护作用。如果周围没有工事和建筑等防护条件，可以采用一些比较简单的措施进行防护，可将橡皮块、手指塞入外耳道。只要是方法得当，都能起到一定的作用。

2. 噪声习服

声训练的保护现象是指提前给动物低水平长期的声刺激，这种声刺激可以对抗噪声所引起的听力永久性阈移。已经有相关的研究证明大多数的哺乳动物存在声训练的保护现象。1963 年，声训练的保护现象就被发现并记载。米勒（Miller）等发现中等强度的声音反复刺激可以使每次刺激所引起的暂时性阈移减少。噪声是一种导致感音神经性聋的常见危险因素，当不可避免噪声时，声训练也可以是一种听力的保护手段。汉塞尔曼（Henselman）等报道声训练可以抵抗脉冲噪声和军事噪声。进行声训练防护噪声性听力损伤的过程就是噪声习服。噪声习服对爆震性的听力损失有保护作用。

3. 药物防护

（1）抗氧化药。脉冲噪声不同于一般的噪声，具有瞬发性和强度大的特点。所以其带来的听力损害更为严重。相关的实验研究表明，噪声暴露后，耳蜗会发生病理性的改变。耳蜗内的氧自由基生成量增加，所生成的脂质过氧化物会导致细胞凋亡。耳蜗产生的氧自由基主要来自线粒体的电子传递链。噪声暴露时，线粒体的有氧呼吸增加，会生成大量的氧自由基，然后转化成超过氧化物和脂质过氧化物，诱发细胞发生凋亡和坏死，从而导致听力受损。目前已经证实有多种抗氧化物可以缓解脉冲噪声所导致的听力损害，如 N- 乙酰半胱氨酸、HPN-07 等。

（2）自由基清除剂。维生素 E 是一种亲脂性的自由基清除剂，依布硒（Ebselen）是一种过氧亚硝基阴离子 ONOO- 清除剂。研究表明维生素 E 和 Ebselen 能够显著降低噪声暴露后引起的 ABR 阈移。

（3）镁离子。镁是人体内不可缺少的微量元素，大部分存在于细胞内，镁离子可以作为酶的激活剂，参与体内的生物代谢。国内外的相关实验已经表明，缺镁可以增加噪声性或爆震性声损害，主要表现有以下几种情况：

（a）当发生噪声暴露时，机体会分泌肾上腺素，细胞内的镁会转移到细胞外，并且镁的排泄会增加，最终会导致机体内缺镁。

（b）缺镁会导致细胞膜的通透性增加，细胞内 Mg^{2+}、K^+ 外流，Na^+、Ca^{2+} 内流，细胞内外的电解质发生变化，使得 Na^+/K^+-ATP 酶、Ca^{2+}-ATP 酶的活性增加，会导致离子泵的能量耗竭，最终毛细胞会能量耗竭、坏死。

（c）缺镁和噪声引起的电解质变化同样也发生于血管平滑肌细胞中，缺镁会引起内耳的血管收缩，血流的速度减慢，供氧减少，毛细胞获取的能量减少。

（d）缺镁会导致毛细胞细胞膜对 Ca^{2+} 的通透性增加，从而引起毛细胞内的钙超载，并引起谷氨酸的释放增加并堆积，激活突触后膜的 NMDA 受体，产生神经毒性作用，损害听神经。

从以上的情况可以发现，在噪声暴露后，血清镁和外淋巴液中的镁浓度均降低，所以适量地补充镁可以保护毛细胞。

（4）神经营养因子和强化铁剂。相关的动物实验证明神经生长因子和强化铁剂对稳态噪声和爆震所引起的听力损失有治疗作用。多种实验证明神经生长因子能提高外周神经的传导功能，防止受损的神经元发生退行性变和促进神经细胞的分化、增殖，促进神经突起的生长。为毛细胞的代谢活动提供相关酶，具有营养神经的作用。根据有关的报道，缺铁会引起内耳含铁酶的活性降低甚至消失，导致血管纹萎缩，毛细胞静纤毛受损，从而导致感音神经性聋的发生。强化铁剂可以增加细胞内、外铁含量，从而使得琥珀酸脱氢酶、细胞色素氧化酶的活性增强，增加毛细胞的能量代谢。

（5）谷氨酸受体拮抗剂。谷氨酸作为耳蜗内毛细胞传入神经递质，当发生噪声暴露时，会导致谷氨酸的过度释放，造成谷氨酸过度堆积在内毛细胞－传入神经突触间隙中。内毛细胞下的传入神经末梢质膜上的谷氨酸受体被激活，Ca^{2+} 可以通过这些被激活的受体大量进入传入神经末梢，最终发生钙超载，从而引发一系列的毒性反应。

（6）地塞米松。地塞米松作为一种在临床上被广泛使用的糖皮质激素。王锦玲等用地塞米松按照一定的剂量每日进行腹腔注射，在爆震后的不同时间对豚鼠进行 ABR 阈值测试，发现地塞米松可以使爆震后豚鼠的阈移降低。地塞米松可能通过降低毛细血管的通透性及渗出作用、减轻水肿、抑制免疫损伤等达到治疗的目的。

三、临床表现

（一）症状

1. 听力下降

听力下降的程度依损伤部位的不同而不同。中耳的损伤常为传导性聋，内耳及听神经损伤为感音神经性聋，二者同时存在引起混合性聋。严重的爆震可导致全聋。

2. 耳鸣

爆震后即刻出现，多呈高调，持续时间较长。

3. 耳痛

耳痛见于鼓膜穿孔、鼓室黏膜撕裂等。

4. 头痛

头痛见于爆震之后，严重者可伴有脑震荡等颅脑并发症。

5. 眩晕

多为旋转性眩晕，通常表现为恶心、呕吐、平衡失调等症状。

6. 其他症状

严重的爆震可能会引起颅脑及其他部位的损伤，出现昏迷、休克等。

（二）体征

耳科检查可以发现鼓膜充血、散在的出血点甚至穿孔，有时可见听小骨脱位等。

（三）辅助检查

1. 纯音测听

听力损失主要在 4000Hz 呈 V 形下降，重者可全聋，有时可合并精神性聋。

2. 耳蜗电图和听性脑干诱发电位检查

耳蜗电图和听性脑干诱发电位（ABR）检查可帮助了解耳聋的部位和客观评价听力损失的程度。

3. 影像学检查

严重爆震患者必要的情况下可行颞骨高分辨率薄层 CT 或 MRI 扫描，以了解鼓室、内耳道的损伤情况。

四、诊断

（一）诊断原则

根据确切的职业性爆震接触史，有自觉的听力障碍及耳鸣、耳痛等症状，耳科检查可见鼓膜充血、出血或穿孔，有时可见听小骨脱位等，纯音测听为传导性聋、感音神经性聋或混合性聋，结合客观测听资料，现场职业卫生学调查，并排除其他原因所致听觉损害，方可诊断。

（二）诊断与分级

1. 诊断标准

符合以下所有条件者即可诊断：

（1）确切的职业性爆震接触史；

（2）测听环境应符合《声学　测听方法　第1部分：纯音气导和骨导测听法》（GB/T 16296.1—2018）的要求；

（3）听力计应符合《电声学　测听设备》第1部分到第5部分（GB/T 7341.1—7341.5）的要求，并按《声学　校准测听设备的基准零级　第1部分：压耳式耳机纯音基准等效阈声压级》（GB/T 4854.1—2004）、《声学　校准测听设备的基准零级　第3部分：骨振器纯音基准等效阈振动力级》（GB/T 4854.3—2022）、《声学　校准测听设备的基准零级　第4部分：窄带掩蔽噪声的基准级》（GB/T4854.4—1999）进行校准；

（4）职业性的爆震聋的听力评定以纯音气导听阈测试结果为依据，纯音气导听阈重复性测试结果各频率阈值偏差应≤ 10dB；

（5）纯音气导听力检查结果应按 GB/T 8170—2008 数值修约规则取整数，并按 GB/T 7582—2004 进行年龄性别修正；

（6）分别计算左右耳在500Hz、1000Hz、2000Hz、3000Hz平均听阈值，并分别进行职业性爆震聋的诊断分级；

（7）单耳平均听阈按公式（3–1）计算：

$$\text{单耳平均听阈（dB）}=\frac{HL_{500Hz}+HL_{1000Hz}+HL_{2000Hz}+HL_{3000Hz}\cdots}{4} \quad (3\text{–}1)$$

（8）对纯音测听测试不配合的患者，或对纯音听力检查结果的真实性有怀疑时，应进行客观听力检查，如听性脑干反应测试，40Hz听觉相关电位测试、声导抗、镫骨肌反射阈测试、耳声发射测试等检查，以排除伪聋和夸大听力损失的可能。

2. 细化参考标准—2021年WHO听力损失分级标准

正常听力：＜ 20dB（HL）

轻度听力损失：20至＜ 35dB（HL）

中度听力损失：35至＜ 50dB（HL）

中重度听力损失：50至＜ 65dB（HL）

重度听力损失：65至＜ 80dB（HL）

极重度听力损失：80至＜ 95dB（HL）

听力完全损失 / 全聋：≥ 95dB（HL）

单侧聋：好耳＜ 20dB（HL），差耳≥ 35dB（HL）

五、治疗

职业性爆震聋患者应在爆震声暴露后3天内接受治疗，并动态监测听力1~2个月。

（1）根据国内外的相关文献报道，爆震伤后鼓膜穿孔的治愈率在75%~91%，自愈时间多在爆震伤后10~15天，也有可能延长到伤后4~6个月甚至1年。中耳损伤早期应保持外耳道清洁和干燥，鼓膜穿孔者根据穿孔的大小及部位进行保守治疗或烧灼法促进愈合。纸片贴敷法治疗可提高治愈率。合理地运用抗生素可促进愈合。经保守治疗3个月的未愈者可行鼓膜修复或鼓室成形术。听骨脱位或听骨链断裂的需行听骨链重建。并发中耳炎的患者按急、慢性中耳炎的治疗方案进行治疗。合并继发性中耳胆脂瘤的患者应行手术治疗。冲击波引起的鼓膜穿孔的所有耳内都有可能发生表皮样瘤。所以需要长期随访观察。仔细检查鼓膜穿孔边缘和中耳腔内是否存在表皮样瘤或者上皮珠。如果怀疑有表皮瘤样形成，应进行手术清除。

（2）内耳损伤的治疗主要有两种，分别是氧气治疗和药物治疗。氧气治疗分为冲击波暴露前或者暴露后吸入高压氧或普通氧。药物治疗可以使用一些恢复听力为目的细胞活性药物和改善微循环的药物。有实验研究发现静脉注射丹参注射液，可有效减轻爆震性听力损失。

（3）不能使用滴耳液。鼓膜穿孔较大，3个月后仍尽早给予神经营养药物，神经因子生物制剂。

（4）伴有恶心、呕吐、平衡障碍等前庭功能异常者，应该卧床休息，适当给予止吐和镇静的药物。

（5）对于长期从事与爆震有关的职业者应加强预防知识的宣教。平时应佩戴防护用品如耳塞、耳罩、防声帽等。在紧急情况下，可用小手指塞于外耳道内，及时就地背向爆震源卧倒，采用张口呼吸可以减低受伤的程度。

六、案例分析与经验启示

（一）案例一

钢厂员工因压缩空气噪声致耳聋。

1. 背景

某炼钢厂员工陈某在处理冷钢时，因压缩空气产生的高强度噪声导致右耳突发听力下降，左耳因长期噪声影响导致感音神经性聋。

2. 原因分析

直接原因：作业环境噪声强度超标（未配备耳塞等防护设备）。

间接原因：企业未重视职业危害防护，员工缺乏自我保护意识。

3. 治疗结果

确诊后虽进行药物治疗，但听力损失已部分不可逆。

4. 启示

防护措施：高危职业须强制佩戴耳塞或耳罩，并定期进行噪声环境监测。

企业责任：应加强职业健康培训，完善防护设备配备。

（二）案例二

军事训练中爆震性耳聋的针刺辅助治疗。

1. 背景

某士兵因军事训练中爆炸物冲击导致左耳听力下降及耳鸣，诊断为爆震性聋。

2. 治疗过程

在常规药物治疗（如银杏叶提取物、甲钴胺）基础上，联合耳周穴位注射治疗，总有效率显著提升。

3. 结果

患者听力部分恢复，耳鸣减轻。

4. 启示

综合治疗：药物联合物理治疗（如高压氧、针灸）可提高疗效。

早期干预：损伤后 3 天内开始治疗是关键，避免毛细胞不可逆损伤。

（三）案例三

矿业劳动者长期噪声暴露致混合性聋。

1. 背景

某矿工因长期暴露于爆破噪声环境，逐渐出现听力下降、耳鸣及眩晕，检查显示混合性聋（鼓膜穿孔合并内耳损伤）。

2. 治疗难点

鼓膜穿孔保守治疗 3 个月未愈须行鼓膜修复术，内耳损伤须持续使用改善微循环药物（如丹参注射液）。

3. 启示

分级诊疗：根据损伤程度选择治疗方案（如鼓膜贴片术或听骨链重建）。

长期随访：需监测鼓膜穿孔后是否继发胆脂瘤等并发症。

（四）案例四

烟花爆竹作业者急性耳聋。

1. 背景

某临时工在烟花爆竹作业中因近距离爆炸冲击导致鼓膜穿孔及感音神经性聋，伴剧烈耳鸣。

2. 治疗

短期使用糖皮质激素（如地塞米松）减轻炎症，14 天以内辅以高压氧治疗促进内耳修复。

3. 结果

听力部分恢复，但高频听力损失不可逆。

4. 启示

应急防护：作业时须背对声源、张口呼吸以减少鼓膜压力。

法律规范：临时高风险岗位应纳入职业健康管理范畴。

（五）案例五

训练伤致爆震性耳聋的康复管理。

1. 背景

某士兵因训练中枪支射击噪声导致双耳高频听力下降，经纯音测听确诊为中度爆震聋。

2. 康复措施

药物治疗（甲钴胺、维生素 B 族）联合听觉训练和助听器适配。

3. 启示

康复训练：听觉和言语训练可提高语言识别能力，改善生活质量。

心理支持：突发耳聋易引发焦虑，需结合心理疏导。

通过以上案例，提出以下建议。①职业防护优先：高危行业须强制使用降噪设备，并定期进行听力筛查。②早期治疗窗口期：损伤后 72 小时内是药物治疗（如激素、改善微循环药物）的最佳时机。③多学科协作：耳鼻喉科、康复科及心理科联合干预可优化预后。④政策完善：需制定更严格的噪声作业规范，并加强企业监管。

（于　宁）

04 第四章　物理因素所致职业病

第一节　中　暑

一、概述

（一）高温作业

有高气温或有强热辐射或伴有高气湿相结合的异常气象条件、湿球黑球温度指数（wet-bulb globe temperature index，WBGT 指数）超过规定限值的作业。

（二）热适应

长期在热环境中工作和生活的人对热的耐受能力增强的生物学现象，是经过若干代的适应作用，对热气候建立起来的稳定的协调关系。

（三）热习服

后天获得的、机体对热环境刺激的保护性生理反应，又称获得性热适应或生理性热适应。热习服具有可产生、可加强、可脱失的特点，常可通过 7~14 天的热暴露诱导获得。脱习服是指脱离热环境 1~2 周后出现迅速消退，并可在 1 个月左右返回到适应前的状况。

（四）中暑先兆

高温作业环境下工作一定时间后，出现头晕、头痛、乏力、口渴、多汗、心悸、注意力不集中、动作不协调等症状，体温正常或略有升高但低于 38.0℃，可伴有面色潮红、皮肤灼热等，短时间休息后症状即可消失。中暑先兆不属于中暑诊断范畴。

（五）中暑

中暑指在高温作业环境下，由于热平衡和（或）水电解质代谢紊乱、有效循环血量减少而引起的以体温升高和（或）中枢神经系统功能障碍和（或）心血管功能障碍等为主要表现的急性全身性疾病。

（六）中暑类型

我国通常将中暑分为热痉挛、热衰竭、热射病三型，且临床表现常相互伴随存在，很难截然分开。

（七）接触机会

常见发生中暑的作业包括高温、强辐射作业，如冶炼、炉窑等；高温、高湿作业，如印染、缫丝、深矿井作业；夏季露天作业，如夏天的建筑、施工、农田劳动、环卫等室外作业；夏季高强度作业，如体育竞赛和军事训练等。

（八）发病因素

1. 主要因素

（1）中暑与生产环境温度过高有密切的关系，气温超过 30℃时，即可能有中暑病例发生。

（2）在同样的高气温条件下，若同时存在高气湿或强热辐射，特别是风速又小时，则更易发生中暑。

（3）劳动强度过大、持续劳动时间过长、缺乏工间休息或休息条件不良、过度疲劳、未热适应、睡眠不足、年老、体弱、肥胖和抗热激蛋白抗体增加等，都可能成为促进中暑发生的因素。

2. 诱发因素

凡是能致人体热负荷增加或散热功能障碍的因素均可诱发中暑。主要有以下几点。

（1）出汗功能障碍：如先天性汗腺缺乏、汗腺损伤、皮肤广泛受损。

（2）热适应障碍：患有各种慢性疾病、产妇、营养不良、年老体弱、过度疲劳、睡眠不足、大量饮酒等均可干扰人体热适应。急性感染可提高人体的热敏感性而诱发中暑。

（3）药物应用：影响机体散热和减少出汗的药物（如抗组胺药、抗胆碱药）；改变皮肤血流的药物（如钙离子拮抗剂、性激素）；降低心肌收缩能力的药物（如 β- 肾上腺素、钙离子拮抗剂）；增加机体产热或使下丘脑体温调定点上升的药物（如大剂量的苯丙胺类、水杨酸类药物）等。

（九）发病机制

人体在正常生理情况下，机体的产热与散热两个过程总是维持着动态平衡，以使体温保持在一个相对稳定的水平上。但如果生产环境温度过高、湿度过大、风速小、劳动强度过大、劳动时间过长等，体内产热和受热超过散热，引起体内蓄热，体温不断增高，致使下丘脑体温调节功能发生障碍。体温调节功能受损，可能是机体失水、热负荷过大、心血管系统负荷过重、过度换气、内生致热原的释放、炎性细胞因子、血管内皮细胞损伤、凝血功能障碍等诸因素综合作用的结果。同时，机体产热增加、机体散热受阻和汗腺功能障碍等易引起中暑。如作业环境温度超过 34℃时，劳动者就有可能发生中暑，有时虽然作业环境温度未超过 34℃，但湿度高达 60% 时也极易发生中暑。

1. 热痉挛

发病机制较明确，由于大量出汗，体内钠、钾过量丢失，水和电解质的平衡失调所致。高温作业时由于大量出汗且仅补水者，水、盐大量损失而发生肌痉挛。

2. 热衰竭

发病机制尚不明确，多数认为在高温、高湿环境下，皮肤血流增加，但不伴有内脏血管收缩或血容量的相应增加，因此不能进行足够的血液代偿，导致脑部暂时供血减少而发生晕厥。

3. 热射病（包括日射病）

日射病指夏季露天作业时因太阳辐射直接作用于头部而引起的中暑，因其病理和临床表现与热射病基本相同，因而将日射病归于热射病中。由于人体在热环境下，散热途径受阻，体温调节机制失调。致命性热射病最显著的变化是在脑部，有弥漫性点状出血。由于热的直接作用致神经细胞水肿，显著的浦肯野细胞变性、核浓缩、染色质溶解、树突肿胀的变化遍布脑部，且以小脑最突出。热直接作用于细胞或细胞内结构，以及热对血管内皮直接损害，致全身广泛出血及凝血异常是热射病时的普遍变化，而且病情愈重，凝血障碍愈显著。几乎所有的热射病患者都有程度不等的急性肾损害，除热的直接作用外，还由于肾血流的减少、失水失盐以及高热状态对氧的需要增加而引起肾缺氧。在高温下强体力劳动的年轻热射病患者常有广泛的肌损伤，表现为肌红蛋白尿，亦可引起急性肾损害。热射病患者也可出现横纹肌溶解，与热应激和长时间的体力活动有关，导致肌肉的快速分解，受损肌肉的破裂和坏死。当肌肉组织坏死后，电解质和大分子蛋白质释放入血。钾是肌肉坏死后释放入血的主要电解质，高钾可导致心律失常和癫痫发作。此外，大分子量的肌肉蛋白可损伤肾脏的滤过系统。

二、临床表现

1. 热痉挛

肌肉痉挛短暂、间歇发作，轻者不影响工作，重者因疼痛甚剧，无法工作。患者神志清醒，体温正常。

2. 热衰竭

一般起病急，表现为以有效循环血容量不足为特征的一组临床综合征，出现头晕、头痛、恶心、呕吐、面色苍白、皮肤湿冷、多汗，脉搏细弱，体温常升高但不超过 40℃，可伴有眩晕、晕厥。部分患者早期仅出现体温升高，并超过 38℃。严重者发生晕厥，如得不到及时诊治，可发展为热射病。

3. 热射病（包括日射病）

多数患者起病急，少数有数小时至 1 天左右的前驱期，表现为乏力、头痛、头晕、恶心、呕吐、多尿等症状。典型症状为急骤高热（肛温常达 41℃以上），突然昏迷，开始大量出汗，后期出现“无汗”，体温可达 40℃以上，皮肤干热发红伴有不同程度的意识障碍，表现为嗜睡、谵妄、昏迷、抽搐，个别患者出现小脑功能障碍，表现为构音障碍、共济失调。由于高热致全身热损伤，多数患者可伴有肝、肾功能损伤；也有文献报道中暑后出现急性肝衰竭，经肝移植后治愈；凝血功能障碍可表现为皮肤瘀斑、穿刺点出血及瘀斑、结膜出血、黑便、血便、咯血、血尿、心肌出血、颅内出血等，凝血功能异常可在发病第 1 天出现，但常见于第 2 天和第 3 天，如有弥散性血管内凝血（Disseminated Intravascular Coagulation，DIC）提示预后欠佳；呼吸系统症状早期可表现为呼吸急促、口唇发绀等，重者发展为急性呼吸窘迫综合征（Acute respiratory distress syndrome，ARDS）；心血管功能不全者表现为低血压、心动过速、心律失常等；也可有腹痛、腹泻等急性胃肠炎表现。部分患者可出现横纹肌溶解，典型症状是肌肉疼痛、痉挛、肿胀、肌无力、关节活动受限、茶色尿、酱油尿，后期可有肌肉肿胀、骨筋膜室综合征。严重者可引起多器官功能障碍，常可遗留神经系统后遗症，可合并多脏器功能衰竭和弥散性血管内凝血，预后差。此病是中暑中较常见的一种，也是最严重的一种，即使迅速救治，仍有 20%~40% 的病人死亡。

热射病可分为经典型热射病和劳力型热射病，两者比较见表 4-1。

表 4-1　经典型和劳力型热射病比较

相关指标	经典型热射病	劳力型热射病
年龄	低龄儿童或老年人	15~45 岁成人
健康	慢性疾病或体弱者	常见于健康人
天气	持续高温	都可发生

续表

相关指标	经典型热射病	劳力型热射病
药物使用	利尿剂、抗抑郁药、抗胆碱药、吩噻嗪类	通常无用药史、偶用兴奋剂和可卡因
活动	非运动	剧烈运动
出汗	常无	常见
发热性疾病史	常无	常见
酸中毒	呼吸性酸中毒	乳酸性酸中毒
急性肾衰竭	罕见	常见
横纹肌溶解	严重少见	严重常见
高尿酸血症	中度	明显
尿素氮肌酐比值	1∶10	升高
肌酸激酶、醛缩酶	轻度升高	明显升高
高钾血症	少见	常见
低钙血症	少见	常见
DIC	轻度	重度
低血糖	少见	常见

三、诊断与鉴别诊断

（一）诊断

1. 诊断原则

依据《职业性中暑的诊断》（GBZ 41—2019），根据高温作业的职业史，工作场所职业卫生学调查资料，出现以体温升高、肌痉挛、晕厥、低血压、少尿、意识障碍为主的临床表现，结合辅助检查结果，综合分析，并排除其他原因引起的类似疾病，方可诊断。

2. 诊断资料

（1）职业史：确切可靠的高温作业史是诊断中暑的基本条件，包括工种、暴露情况、工作时的气象条件、高温作业的时间等。

（2）现场职业卫生学调查及流行病学调查资料：现场职业卫生学调查资料主要是指卫生技术部门检测情况及工作场所防护和个人防护情况等。流行病学调查资料主要是指该企业同工种劳动者发病情况。

（3）临床资料：中暑可有不同程度的发热、精神神经系统及某些实验室检查的异常，但均不具有特异性，因此只能作为诊断中暑的参考。

（4）实验室检查和辅助检查资料：检查项目有血、尿、便常规，血生化，肝、肾功能，肌酶，出、凝血常规及动脉血气分析等。辅助检查：胸部X线片、心电图、腹部B超检查。根据病情需要，进行神经—肌电图、脑电图、脑部CT及脑脊液检查。热衰竭患者的实验室检查可见血细胞比容增高、高钠血症、氮质血症等。热射病多数患者的血清谷丙转氨酶（ALT）、谷草转氨酶（AST）、乳酸脱氢酶（LDH）升高，蛋白尿及血尿素氮升高，肌酸激酶（CK）升高，血小板（PLT）、纤维蛋白质（Fib）减少或进行性下降，血浆D–二聚体升高、凝血酶原时间（PT）延长等，19%患者有尿肌红蛋白升高。但均不具有特异性，因此只能作为诊断中暑的参考。临床检查和实验室检查重点是排除其他表现与中暑相类似的疾病和进行鉴别诊断。

3. 诊断方法

（1）热痉挛。

在高温作业环境下从事体力劳动或体力活动，大量出汗后出现短暂、间歇发作的肌痉挛，伴有收缩痛，多见于四肢肌肉、咀嚼肌及腹肌，尤以腓肠肌为显著，呈对称性；体温一般正常。

（2）热衰竭。

在高温作业环境下从事体力劳动或体力活动，出现以血容量不足为特征的一组临床综合征，如多汗、皮肤湿冷、面色苍白、恶心、头晕、心率明显增加、低血压、少尿，体温常升高但不超过40℃，可伴有眩晕、晕厥，部分患者早期仅出现体温升高。实验室检查可见血细胞比容增高、高钠血症、氮质血症。

（3）热射病（包括日射病）。

在高温作业环境下从事体力劳动或体力活动，出现以体温明显增高及意识障碍为主的临床表现，表现为皮肤干热，无汗，体温高达40℃及以上，谵妄、昏迷等；可伴有全身性癫痫样发作、横纹肌溶解、多器官功能障碍综合征。

（二）鉴别诊断

（1）热痉挛与热衰竭的鉴别一般不难。热痉挛有时易与热衰竭时过度通气致手足抽搐相混淆，后者常出现手足痉挛和四肢末端及口周麻木。

（2）热射病的鉴别诊断主要应与其他高热伴有昏迷的疾病相鉴别，如脑炎和脑膜炎、脑型疟疾、中毒性痢疾、产后感染、急性脑血管病昏迷等。中暑高热患者除昏迷外，还可出现抽搐、单瘫、偏瘫，类似脑卒中的表现，但脑卒中者昏迷在前、高热在后，实验室检查有助于鉴别。

（3）对高温作业患者，遇有体温过高伴有昏迷者首先应考虑中暑诊断，在诊断前，应与脑出血（脑血管意外）、糖尿病酮症酸中毒、肺炎、甲状腺危象脑炎、伤寒及抗胆碱能药物中毒等相鉴别。

①脑出血。本病起病急骤，表现有头痛、呕吐、进行性言语不清和昏迷，鼾声大作，小便失禁，可有抽搐。丘脑出血累及丘脑下部、脑桥出血者表现为高热、昏迷，头颅CT可明确诊断。

②糖尿病酮症酸中毒及非酮症高渗性昏迷。本病的诱发因素中以感染占首位，发热即成为主要症状之一，以肺部感染为多见。中暑亦是诱发因素之一。常以昏迷、失水、休克而就诊。非酮症高渗性昏迷多数见于老年人，半数无糖尿病史。实验室检查能明确诊断。

③肺炎。肺炎临床表现多种多样，尤其是老年性肺炎甚至缺乏呼吸道症状，如咳嗽、咳痰等，更缺乏典型的肺炎体征。可表现为食欲不振、意识障碍或精神异常，有些表现为心悸、胸闷、心动过速、心律不齐（房性早搏、室性早搏）等。发热，体温多在39℃以下，个别可无发热仅表现为多汗。周围血象、白细胞正常或升高，以中性粒细胞增多较为明显。易合并水、电解质紊乱和酸碱平

衡失调，休克，心律失常，呼吸衰竭及心力衰竭。早期呼吸音减弱，可出现少许湿性啰音，多在一侧局部肺底部多见。发生在慢性支气管炎基础上的，两肺可出现多种干、湿性啰音。上述肺部体征可提供肺炎的线索，X线检查可明确诊断。

④甲状腺危象。本病是甲状腺疾病恶化时的严重症候群，较多见于感染、各种应激或碘-131治疗早期，老年患者多见。初期症状为高热达39℃，有时可有过高热。脉搏一般120次/分钟以上，重者可达160次/分钟或以上，常可因心房颤动或扑动等而病情危重，神情焦虑，烦躁不安，大汗淋漓，时有恶心、厌食、呕吐、腹泻、大量失水以致虚脱，甚至休克。有时伴有心力衰竭或肺水肿，偶有黄疸。中性粒细胞常增高。血中T3、T4浓度增高。

（三）职业性中暑诊断命名原则

在诊断职业性中暑后注明具体疾病类型的名称，比如职业性中暑（热痉挛）、职业性中暑（热衰竭）、职业性中暑（热射病）、职业性中暑（热痉挛、热衰竭）等。

四、治疗

（一）基本原则

对中暑先兆患者，应立即脱离高温环境，松解过紧的衣物，到通风阴凉处休息、平卧，病情可缓解。对热痉挛、热衰竭和热射病患者应迅速送入医院进行抢救，降低体温，纠正水、电解质紊乱和酸碱平衡，积极防治休克、脑水肿等。

（二）治疗措施

1. 中暑先兆

给予含盐清凉饮料及对症处理，必要时给予仁丹、解暑片、藿香正气水，并密切观察。

2. 热痉挛

纠正水、电解质紊乱及对症治疗，及时口服含盐清凉饮料，必要时给予葡萄糖生理盐水静脉点滴。

3. 热衰竭

给予物理降温和（或）药物降温，并注意监测体温，纠正水、电解质紊乱，扩充血容量、防止休克。静脉给予盐水虽可促进恢复，但通常无必要，升压药不必应用，尤其对心血管疾病患者慎用，避免增加心脏负荷，诱发心力衰竭。

4. 热射病

治疗的首要措施是快速降温，病死率与体温过高及持续时间密切相关。如果降温延迟，死亡率明显增加。当患者脱离高温环境后立即开始降温，并持续监测体温。降温目标：使核心体温在10~40分钟内迅速降至39℃以下，2小时降至38.5℃以下。同时保护重要脏器功能，呼吸循环支持，改善微循环，纠正凝血功能紊乱，对出现肝肾功能衰竭、横纹肌溶解者，早期予以血液净化治疗。

（1）物理降温：室温调节在20~24℃，使用降温毯、冰帽、冰袋、冷毛巾、冷盐水灌胃和（或）经灌肠、静脉输注液体（4℃）等降温措施。冰水浸浴是降低热射病患者体温的强有效措施，特别是对于年轻人、运动员等，但必须不断摩擦四肢皮肤，以保持皮肤血管扩张，促进散热，同时亦可促使外围已冷却的血液流到过热的脑部及内脏以减轻细胞损害。冰水浸浴需对患者加强看护，避免误吸和溺水。为了防止因体表受冷刺激而引起皮肤血管收缩或肌震颤，目前多主张物理降温与药物降温同时进行。经典型热射病患者建议使用冷水擦浴、冷水喷雾等降温措施。

（2）药物降温：常采用吩噻嗪类药物氯丙嗪，并可用哌替啶（杜冷丁）或地西泮（安定）等以控制寒战。在降温过程中，必须加强监护，密切观察体温、血压和心脏情况，一旦肛温降至38℃左右时即停止降温措施，以免发生虚脱。也有研究建议应用解热镇痛类药物，如对乙酰氨基酚、布洛芬、阿司匹林等，抑制前列腺素合成来降低体温调定点。

（3）纠正水、电解质紊乱：应按病情适当补充水电解质，静脉滴注不可过快。热射病时严重失水、电解质紊乱较少见。因此，除非有明显脱水现象，不宜大量输液，以免发生肺水肿、脑水肿。对热痉挛患者，主要补充氯化钠，口服含盐饮料即可，必要时亦可缓慢静脉推注10%葡萄糖酸钙液10mL。对热衰竭患者，采取在阴凉处平卧，补充水盐等措施后，一般即可恢复，有时静脉注射50%葡萄糖液40mL可有助于患者恢复。

（4）对症治疗：①防止休克，给予扩容、升压药物，维持收缩压在12kPa（90mmHg）以上。对重症患者应及时给予氧气吸入和预防继发感染，必要时行气管插管。②血液净化，对于并发多器官功能障碍甚至衰竭的患者，可应用血液净化治疗，如连续性血液净化、血浆置换等可降低核心温度，清除炎性因子，如其他器官均已恢复功能，仅肾功能不全或横纹肌溶解者，可行血液透析或腹膜透析维持治疗。③镇静镇痛，对于出现躁动、抽搐者，可选用丙泊酚、苯二氮䓬类药物。④防治DIC，积极补充凝血因子（如新鲜冰冻血浆、凝血酶原复合物、纤维蛋白原、冷沉淀等）、血小板，肝素抗凝等对症治疗。⑤阻断炎症反应治疗：短期、小剂量应用糖皮质激素改善微循环，预防脑水肿，乌司他丁、胸腺肽、丙种球蛋白等，抗炎、调节免疫治疗。

（5）并发症治疗：①昏迷，应进行气管内插管，保持呼吸道通畅，防止误吸。颅内压增高者常规静脉输注甘露醇1~2g/kg，30~60分钟输入。癫痫发作者，静脉输注地西泮。②低血压，应静脉输注生理盐水或乳酸林格液恢复血容量，提高血压。必要时也可静脉滴注异丙肾上腺素提高血压。勿用血管收缩药，以免影响皮肤散热。③心律失常、心力衰竭和代谢性酸中毒，应予以对症治疗，心力衰竭合并肾衰竭伴有高钾血症时，慎用洋地黄。④肝衰竭合并肾衰竭，为保证肾血流灌注，可静脉输注甘露醇。发生急性肾衰竭时，可行血液透析或腹膜透析治疗。应用H_2受体拮抗药或质子泵抑制药预防上消化道出血。肝衰竭者可行肝移植。

五、预防

（一）工程控制措施

1. 合理设计工艺流程

合理设计工艺流程，改进生产设备和操作方法是改善高温作业劳动条件的根本措施。生产自动化可使劳动者远离热源，并减轻劳动强度。热源的布置应符合下列要求：①尽量布置在车间外；②采用热压为主的自然通风时，尽量布置在天窗下方；③采用穿堂风为主的自然通风时，尽量布置在夏季主导风向的下风侧；④对热源采取隔热措施，如采用隔热材料、水箱或循环水门以及空气夹层墙等；⑤使工作地点易于采用降温措施，热源之间可设置隔墙（板），使热空气沿着隔墙上升，经过天窗排出，以免扩散到整个车间。热成品和半成品应及时运出车间或堆放在下风侧。

2. 通风降温

（1）自然通风：任何房屋均可通过门窗、缝隙进行自然通风换气，但高温车间仅仅靠这种方式是不够的。热量大、热源分散的高温车间，每小时需换气30~50次以上，才能使余热及时排出。此时必须把进风口和排风口配置得十分合理，充分利用热压和风压的综合作用，使自然通风发挥最大的效能。

（2）机械通风：在自然通风不能满足降温的需要或生产上要求车间内保持一定的温、湿度时，可采用机械通风。

3. 控制环境温度

可以在工作场地设置风扇或空调以降低环境温度，或者为露天工作场地提供遮挡物遮挡阳光。

（二）个人防护

高温劳动者的防护用品要耐用、舒适、防热效果好，如工作服应以耐热、导热系数小而透气性能好的织物制成，防止辐射热可用白帆布或铝箔制的工作服。工作服宜宽大又不妨碍操作。按不同作业的需要，供给工作帽、防护眼镜、面罩、手套、鞋盖、护腿等个人防护用品。特殊高温作业劳动者，如炉衬热修、清理钢包等工种，为防止强烈热辐射的作用，须佩戴隔热面罩和穿着隔热、阻燃、通风的防热服，如喷涂金属（铜、银）的隔热面罩、铝膜隔热服等。为高温作业岗位提供防暑降温服，如水冷式防护服、风冷式防护服、冰袋背心等。

（三）限制高温暴露时间

避开高温季节中午温度较高时作业；高温区域设备的维护和检修安排在一年中的非高温季节；合理组织工作、休息；为劳动者提供凉爽的休息场所，如空调房或遮荫处；增加人手，减少高温暴露时间；当劳动者感觉不适时，允许工作中断；增加水补充等。

（四）降低工作强度

提高自动化设备使用率，降低劳动者的劳动强度，减少体内产生的热量，从而减少中暑的可能性。也可考虑岗位轮换，尽量减少长期工作于高温高湿区域。

（五）增加耐热能力

提前进行热习服训练，提高生理耐受度。各人的热适应能力存在差异。实行一个合理的热适应计划，可提高劳动者在高温环境中的工作能力，降低发生中暑的风险。接触高温 1~2 周内，人体逐渐热适应。对于有经验的劳动者，从事高温作业第一天，高温暴露时间不应超过工作时间的一半，第二天应不超过 60%，第三天不超过 80%，第四天不超过 100%。对于新入职劳动者，第一天高温暴露时间不应超过工作时间的 20%，之后每天高温暴露时间增加不超过 20%。为了确保通过汗液和尿液流失的水分得到补充，合理补充和摄入水分对热耐受和预防中暑很重要。维持体液电解质平衡有助于预防中暑。对于未热适应的劳动者，在高温刚开始暴露的前两天需要食物补充盐分，补偿汗液流失的盐分。

（六）营养保健措施

为高温作业的劳动者供应含盐清凉饮料［含盐量为 0.1%~0.2%（质量分数）］，饮料水温不宜高于 15℃。高温作业的劳动者应补充与出汗量相等的水分、盐分和适当补充多种维生素、氨基酸和人体必需的微量元素（如钙等）。饮水方式以少量多次为宜。

（七）加强职业健康监护

组织高温作业岗位按照《职业健康监护技术规范》（GBZ 188）进行上岗前、在岗期间的职业健康检查。对发现有高温禁忌者，调离高温作业岗位。

（八）组织措施

根据生产特点及具体条件，适当调整夏季高温作业劳动和休息制度，保证高温作业劳动者夏季有充分的睡眠和休息。休息室或休息凉棚应尽可能设置在远离热源处，必须有足够的降温设施和饮料。大型厂矿可专门设立具备空气调节系统的劳动者休息公寓，保证高温作业劳动者在夏季有充分的睡眠与休息。出现中暑先兆时应及时脱离高温现场，并予以密切观察处理。

（九）加强职业健康培训

培训内容包括高温危害，中暑的诱发因素、临床表现、急救措施和预防措施，高温环境监测和健康监护的目的，防暑防护用品的使用等。

六、案例分析与经验启示

20 世纪 90 年代，我国夏季高温热浪的频次、持续时间和强度呈现增加、增强趋势，且职业人群和非职业人群均可罹患。我国以 6~9 月份为高温中暑好发季节，月高温中暑病例数与月均气温呈正相关，可发生在室内或室外。就职业性中暑的类型，本节介绍三个案例。

（一）案例一

1. 基本信息

张某某，男，30 岁，某单位染缸操作工。

2. 职业病危害因素接触史

2020 年 7 月 22 日，当天气温 26~34℃，该劳动者在化料间抬染料，劳动强度Ⅳ级，工作车间内有产热设备，室内温度 36℃，无空调设施，自然通风，岗位设有鼓风机。

3. 临床表现与诊疗经过

当天 14:37 时，张某某因“四肢抽搐伴大汗淋漓”入医院急诊。主诉：全身抽搐一小时。就诊后给予心电监护，物理降温，扩容补液，镇静。第二天症状消失。

4. 实验室及功能检查

白细胞（WBC）12.96×10^9/L，红细胞（RBC）5.49×10^{12}/L，血红蛋白（Hb）170g/L，血小板（PLT）309×10^9/L，C- 反应蛋白（CRP）10.02mg/L；谷草转氨酶（AST）61.00U/L，乳酸脱氢酶（LDH）677U/L，磷酸肌酸激酶（CPK）137U/L，总蛋白（TP）118.2g/L，白蛋白（ALB）65g/L，肌酐（CRE）198.8mmol/L，尿酸（UA）629μmol/L，钙离子（Ca^{2+}）2.87mmol/L，氯离子（Cl^-）95.4mmol/L，钾离子（K^+）3.62mmol/L，钠离子（Na^+）144.3mmol/L，氨基末端脑钠尿肽前体（NT–proBNP）＜ 50pg/mL，肌酸激酶同工酶（CK–MB）＜ 2.50ng/mL，肌钙蛋白Ⅰ（cTn Ⅰ）0.03ng/mL，肌红蛋白（Myo）239.8ng/mL。心电图（electrocardiogram，ECG）：窦性心动过速，提示前壁心外膜下心肌损伤的可能。查体：神志清，对答切题，无头痛头晕，无胸闷心悸，无意识障碍，四肢肌力正常。体温 37.5℃，脉搏 105 次 / 分，心率 25 次 / 分，血压 143/98mmHg，血氧 96%。

5. 流行病学调查

同岗位无其他劳动者中暑。

6. 综合分析

该案例中张某某在夏季三伏天下午时分作业，劳动强度Ⅳ级，四肢抽搐、大量出汗，体温 37.5℃，发病特点符合热痉挛特征。2020 年 8 月 28 日诊断为职业性中暑（热痉挛）。

7. 经验启示

该劳动者中暑后被及时发现并就医，避免了继续危害身体健康的风险。职业病诊断医师应掌握不同中暑类型的发病特点，了解患者所在作业场所的气象条件，甄别医疗机构的临床病历资料及诊断结论的有效性，参考工作场所职业卫生学调查资料，运用诊断标准，不断积累诊断工作经验。

（二）案例二

1. 基本信息

宋某某，男，50岁，某单位操作工。

2. 职业病危害因素接触史

2020年8月14日，当天气温26~34℃。该劳动者夜班进行脱色投料操作，劳动强度Ⅲ级，结晶磺胺工作车间内有产热设备，室内温度36℃，无空调设施，自然通风，地面有通风设备。

3. 临床表现与诊疗经过

8月15日00:36，宋某某因"突发晕厥、躺倒在地、意识不清、呼之不应、大汗淋漓、四肢强直、面色潮红、体温明显升高，伴呕吐"入医院急诊。代诉患者被发现意识不清4小时。急诊立即给予吸氧、降温、补液扩容等治疗后，收住院ICU治疗，予以物理降温、补液、呼吸支持、脱水降颅压保护脑细胞等治疗。病程中患者持续昏迷。2021年7月1日，与患者子女联系，得知患者经治疗后仍站立困难，靠搀扶，言语不清，思维反应不佳。

4. 实验室及功能检查

白细胞（WBC）3.70×10^9/L，中性粒细胞（NEU）占比46.0%，血红蛋白（Hb）146g/L，血小板（PLT）112×10^9/L；凝血酶原时间（PT）11.7秒，部分凝血（活）酶时间（APTT）20.3秒，凝血酶原活动度（PTA）96.0%，凝血酶原国际比值（INR）0.99；肌钙蛋白Ⅰ（cTn Ⅰ）0.299ng/mL，肌红蛋白（Myo）1276.0ng/mL，肌酐（CRE）160μmol/L，尿素氮（BUN）3.98mmol/L，谷草转氨酶（AST）47U/L，肌酸激酶（CK）957U/L，肌酸激酶同工酶（CK-MB）12U/L，乳酸脱氢酶（LDH）267U/L，酸碱度（PH）7.47，二氧化碳分压（PCO_2）17.6mmHg，氧分压（PO_2）70.9mmHg，钾离子（K^+）4.1mmol/L，钠离子（Na^+）134mmol/L，葡萄糖（GLU）8.0，乳酸（LA）5.4mmol/L。急诊立即给予吸氧、降温、补液扩容等治疗。头胸腹CT：头颅CT平扫未见明显异常。两肺下叶少许炎症，两侧胸腔少量积液，腹腔内部分肠管明显扩张伴气液平。入院查体：体温39.6℃，脉搏135次/分，心率25次/分，血压74/33mmHg。查体不合作。全身皮温升高，双侧瞳孔等大等圆，直径2.0mm，对光反射消失。颈软，无抵抗力。腹部柔软，无肌紧张。

5. 流行病学调查

同岗位无其他劳动者中暑。

6. 综合分析

Ⅰ型呼吸衰竭，低血容量性休克，急性肾功能不全，心肌损害，多器官功能障碍综合征（Multiple Organ Dysfunction Syndrome，MODS），继发性癫痫。宋某某体温最高达到41.8℃，发病特点及实验室检测符合热射病特征，排除脑炎、脑膜炎和脑血管意外等其他疾病后，患者最终被诊断为职业性中暑（热射病）。

7. 经验启示

该劳动者中暑后躺倒在地4小时许未被及时发现，错过了最佳抢救时间。应加强对高温作业人员的培训，发现相关症状，及时送医就诊。

（三）案例三

1. 基本信息

朱某某，男，23 岁，某单位行车保养技术员。

2. 职业病危害因素接触史

2020 年 7 月 12 日，当天气温 27~34℃，患者在纸板生产车间 12 米高处更换起重机钢丝绳，劳动强度Ⅲ级，工作车间内有产热设备，室内温度约 50℃，无空调设施，自然通风，地面有通风设备。

3. 临床表现与诊疗经过

7 月 12 日 17:36 许，朱某某因“高温工作后抽搐 2 小时”入院。代诉患者在高温工作（约 10 分钟）后大汗淋漓、抽搐、呼吸急促、出现发热，最高体温 37.8℃，无咳嗽，无昏迷、呕吐，无腹泻，当地给予镇静等初步处理后转至医院急诊就诊，补液治疗后收入院。入院后给予地塞米松减轻细胞水肿，对症抑酸，补充水分，纠正电解质紊乱。经治疗好转，7 天后好转出院。

4. 实验室及功能检查

白细胞（WBC）12.18×10^9/L，肌红蛋白（Myo）842.00ng/mL，钠离子（Na^+）146.00mmol/L，钾离子（K^+）2.90mmol/L，氯离子（Cl^-）109.90mmol/L，钙离子（Ca^{2+}）1.02mmol/L，肌钙蛋白Ⅰ（cTn Ⅰ）$<$ 0.01ng/mL，D- 二聚体（D–D）0.29ng/mL，N- 末端脑钠肽前体（Pro–BNP）33.00pg/mL，乳酸（LA)6.30mmol/L，氧合血红蛋白（HbO_2）浓度 78%，还原血红蛋白（HHb）浓度 20%。头胸部 CT 平扫未见异常，补液治疗后收入院。查体：神志清，精神较差，烦躁，身体震颤，双侧瞳孔等大等圆，直径 3mm，对光反射灵敏，颈无抵抗力，腹部平软，无压痛。体温（T）37.7℃，脉搏（P）113 次 / 分，心率（R）32 次 / 分，血压（BP）124/50mm Hg。

5. 流行病学调查

同岗位无其他劳动者中暑。

6. 综合分析

该患者所在车间温度高，其体温常升高但不超过 40℃，有眩晕、晕厥，发病特征符合热衰竭特征。2020 年 8 月 25 日诊断为职业性中暑（热痉挛、热衰竭）。

7. 经验启示

本案例被诊断为两种类型的职业性中暑，因此职业病诊断医师应结合劳动者的职业史与职业病危害因素接触史、症状、体征、实验室检查和辅助检查来诊断。

综上，3 个案例所在用人单位均未对劳动者进行岗前职业健康检查，亦未在高温季节来临前对劳动者进行相应的职业健康检查，且事发所在车间温度高、通风效果欠佳，甚至无空调设施。因此，用人单位应在加强劳动者健康监测，做好工作场所防控、指导劳动者个人防护等措施的基础上，加强高温车间的通风降温、劳动者防高温中暑知识培训及应急演练，以预防类似案件发生。

（邓红平　刘　静）

第二节 减压病

一、概述

减压病（decompression sickness，DCS）是因高气压作业后返回正常气压时减压不当，体内已溶解的气体超过了饱和极限，在血管内外及组织中形成气泡所致的疾病。减压病包括急性减压病和减压性骨坏死（dysbaric osteonecrosis，DON）。一般在减压后36小时内或减压过程中发病，表现为皮肤改变、大关节疼痛及神经、循环、呼吸等系统受损的为急性减压病；主要发生于股骨、肱骨和胫骨，缓慢演变的缺血性骨或骨关节损害者为减压性骨坏死。

（一）急性减压病

1. 病因与接触机会

近年来，因潜水设备升级、潜水员按规定减压出水，以及对潜水人员的专业培训等，使得DCS患病率越来越低，DCS发病率为0.15‰~1‰。高气压环境作业包括在干、湿式加压舱中的模拟潜水的潜水作业，沉箱工、隧道工等高气压作业，失事潜艇外出的脱险人员，加压舱与高压氧舱内的患者和工作人员，飞行人员乘坐无密封式增压座舱的飞机，在低压舱内模拟飞行上升高空，增压座舱的密封性在高空突然破损等，常因一次暴露而减压不当致急性发病。

2. 发病机制

减压不当所导致惰性气体形成的游离气泡，可存在于任何组织，可发生于血管内（淋巴管内）和血管外。血管内气泡主要形成空气栓子（气栓）。因静脉系统压力低、血流速度慢，故气泡常发生于静脉及淋巴管内。虽然动脉系统压力相对较高、血流速度相对较快，但因减压不当导致血液经过肺循环时游离气泡不能及时“过滤”，导致动脉系统仍可出现气泡。血管内初始产生的气泡为表面张力小、体积小的微小气泡，随后微小气泡融合成大气泡而阻塞血管而影响血液循环，并可导致血管壁通透性增加、触发凝血机制，从而导致组织缺血缺氧、坏死、水肿、血管内凝血，表现为血管收缩、有效血容量下降，最终导致低血容量性休克。血管外气泡主要见于溶解惰性气体较多或血供条件较差、脱饱和较困难的一些组织，如肌肉、韧带、脂肪、关节囊的结缔组织和神经骨髓系统等，也可见于淋巴液、脑脊液、关节腔滑液、眼内玻璃体液和房水中。血管外气体可压迫组织、血管、淋巴管、神经等而出现相应的临床症状和特征。

（二）减压性骨坏死

1. 病因与接触机会

从事高气压作业，包括潜水员、沉箱工、隧道工以及加压舱与高压氧舱内的医务人员、科技人员和潜艇脱险人员等，与急性减压病发病的工种一致，但从事高气压作业的时间相对较长。

2. 发病机制

减压性骨坏死的发病机制尚不十分清楚，可能与血管内外气泡所致的循环障碍、脂肪栓塞、血小板凝集、气体引起渗透压和自体免疫等综合作用的结果。由于骨髓内含大量脂肪，氮溶解量约比血液多五倍，因此氮气泡大量进入骨髓中压迫骨髓腔内的血管，加上血管内本身的气栓、血栓，引起骨内缺血性梗死、无菌性坏死，甚至破坏关节。

二、职业健康检查

根据现行职业健康监护技术规范（GBZ 188），应进行上岗前、在岗期间、应急健康检查和离岗时职业健康检查。上岗前职业健康检查除了有基本的健康要求外，还应关注职业禁忌证，包括内科和外科及皮肤科五官科的疾病等，加压试验和氧敏感试验应合格；在岗期间职业健康检查周期为每年 1 次，在岗期间职业健康检查的目标疾病有职业禁忌证和减压性骨坏死，上岗前和在岗期间职业健康检查是否合格可参照 GB 20827—2007；应急健康检查的目标疾病是急性减压病；考虑到高气压作业体内气泡可长期潴留的可能性，离岗时职业健康检查期限延长至 3 年，如发现可疑病灶应及时明确诊断，减压性骨坏死患者每年应随访体检 1 次。

三、临床表现

（一）急性减压病

急性减压病是全身性疾病，轻者仅表现为皮肤瘙痒、肌肉关节疼痛等。重者多伴有其他系统严重症状，可瘫痪、休克，甚至猝死。按各系统表现分述如下。

（1）皮肤表现为瘙痒、蚁走感、灼热感及出汗，出现似猩红热样斑或荨麻疹样丘疹及大理石样斑纹。皮肤瘙痒出现较早，而且多见；或出现淋巴结、淋巴管损伤。

（2）关节、肌肉和骨骼关节酸胀和疼痛是常见症状，发生在四肢关节和肌肉附着点。疼痛常从一点开始向四周扩展，由轻转重，屈位时可稍缓解，因而患者常保持患肢于屈位，故称为“屈肢症”（bends）。疼痛部位无红、肿、热及明显压痛，一般治疗可稍缓解，但不能根本解除。

（3）神经系统常见脊髓受损，表现为各种类型的截瘫；感觉减退或缺失，病理反射阳性。若脑部受损，可发生头痛、颜面麻痹、运动失调、单瘫、偏瘫、失语、失写、精神失常。严重者发生昏迷甚至猝死。听觉系统受损时出现耳鸣、听力减退，也有突然出现耳聋者。前庭功能障碍时出现眩晕、恶心、呕吐，亦称“潜水眩晕症”。视觉系统障碍出现复视、视野缩小、视力减退、偏盲、一过性失明等。

（4）循环系统表现为脉搏细弱、心动过速、血压下降、心前区紧压感、皮肤及黏膜发绀、四肢发凉。严重者可致低容量性休克和弥漫性血管内凝血。

（5）呼吸系统主要表现为肺栓塞，称为“气哽”（chokes），出现剧烈阵咳、咯血、呼吸急促、呼吸困难、胸骨后不适，深吸气时灼热感加重。重者引起肺水肿和休克。

（6）消化系统中胃、大网膜、肠系膜的血管内有多量气泡时，可引起恶心、呕吐及上腹部急性绞痛及腹泻，甚至出现血便或血运性肠梗阻。

（二）减压性骨坏死

减压性骨坏死主要表现为四肢大关节及其附近的肌肉关节慢性疼痛，四肢麻木，软弱无力，关节活动受限，严重者出现跛行甚至致残。骨坏死病变的分布主要在肱骨上端（肱骨头、颈部）和股骨上端（股骨头、颈部），其次是股骨下端和胫骨上端。最早检出减压性骨坏死的病例是从事潜水作业 7 个月后，而有人在脱离高气压作业时未发生骨质病变，时隔数年（5 年以上）后则发生减压性骨坏死，此称为“迟发性减压性骨坏死”。减压性骨坏死主要表现肱骨头颈部、股骨头颈部及股骨下端和胫骨上端的骨坏死，主要通过双肩、双髋和（或）双膝关节及邻近长骨的 X 射线、CT 和 MRI 检查发现影像学改变。影像学可表现为囊变透亮区、致密斑片影、致密条纹影、新月状致密影、髓腔钙化、关节面破坏或关节损害等。

四、诊断与鉴别诊断

（一）急性减压病

1. 诊断原则

主要依据有高气压作业且减压不当史；有出水或出舱后36小时内出现由于体内气泡引起的减压病的临床症状及体征；经综合分析并排除其他原因所引起的类似疾病，方可诊断。应用气体探测仪测到血管内流动的气泡，一般即可诊断；可疑病例经加压治疗后症状能减轻或消失者，可通过诊断性加压以明确诊断。

2. 诊断及诊断分级

根据现行《职业性减压病的诊断》（GBZ 24—2017），急性减压病主要依据临床表现分为轻度、中度和重度。轻度主要为皮肤表现，如皮肤瘙痒、丘疹、大理石样斑纹、皮下出血、浮肿等；中度主要表现为发生于四肢大关节及其附近的肌肉骨关节痛。具有下列情况之一者均可诊断为急性重度减压病。①神经系统：运动、感觉功能障碍、大小便障碍、视觉障碍、听力障碍、前庭功能紊乱、昏迷等；②循环系统：心血管功能明显障碍，表现为脉搏细弱、血压下降、低血容量性休克、猝死等；③呼吸系统：剧烈阵咳、咯血、气喘、胸骨后吸气痛或呼吸困难等。

3. 鉴别诊断

注意与呼吸功能障碍、低血容量性休克、血管内凝血和血栓形成的相关疾病鉴别。可并发中枢神经系统末梢神经症状、呼吸功能障碍或有低血容量性休克，血管内凝血，血栓形成。同时应考虑与劳动后肌肉疲劳酸痛，关节、韧带、肌腱的扭伤，膝关节半月板损伤及组织劳损等鉴别。腹痛应与阑尾炎、脾破裂、胃及肠腔内胀气等鉴别。特别注意与肺气压伤的鉴别，还要与氮麻醉、缺氧、氧中毒、二氧化碳中毒等相鉴别。

（二）减压性骨坏死

1. 诊断原则

有高气压作业史、多数还有急性减压病史；影像学检查见到主要发生于肱骨、股骨和（或）胫骨的或骨关节坏死表现，经综合分析，并排除骨岛等正常变异和其他骨病或骨关节病，方可诊断。

2. 诊断与分级标准

根据现行职业性减压病的诊断标准，减压性骨坏死主要根据临床表现和双肩、双髋和（或）双膝关节及邻近长骨的影像学检查结果（X线、CT、MRI）（GBZ 24—2017）进行诊断，根据临床症状和影像学改变情况进行分期。

壹期即骨坏死早期，无明显临床症状或轻度关节疼痛，关节活动无明显障碍。股骨、肱骨和（或）胫骨影像学检查具有下列表现之一。

（1）X射线检查：见局部的骨致密区、致密斑片影、条纹影或小囊变透亮区；

（2）CT检查：见轮廓清晰的坏死灶或囊变透亮区；

（3）MRI检查：T1加权像（T1WI）呈带状低信号、T2加权像（T2WI）包围骨坏死灶的低信号带内侧出现高信号带，呈双线征或囊变表现；T2WI抑脂：坏死灶周缘高信号带，三种检查均无关节面塌陷的改变。

贰期即骨坏死中期，界定为关节面塌陷前期，可有中度关节疼痛及关节活动轻度受限，影像学检查具有下列表现之一。

（1）X 射线检查：股骨或肱骨头外轮廓中断，新月征阳性；或出现大片骨髓钙化；

（2）CT 检查：关节软骨下骨折，新月形坏死区；

（3）MRI 检查：新月形坏死区；T1WI 带状低信号、T2WI 抑脂示骨髓水肿征象。叁期即骨坏死晚期，又称关节面塌陷期，出现重度关节疼痛，关节活动明显受限，关节畸形。此时仅进行 X 线检查即可发现严重的病变，病变累及关节，肱骨或股骨头塌陷、变形，关节间隙正常或变窄，髋臼或肩关节盂囊性变或硬化，严重者出现骨关节炎表现。

3. 鉴别诊断

X 线检查发现骨坏死病灶应注意与以下各项鉴别。

（1）骨岛：在骨化过程中局部骨化变异而遗留下的钙化斑，大多呈圆形、椭圆形或不规则形，直径 3~10cm。骨岛边缘清楚而锐利，有时有刺状突出，其四周为松质骨结构，多见于股骨和胫骨两端松质骨内。

（2）软骨岛：长骨或扁骨骨化过程中局限性骨化障碍而残留的软骨组织。多见于股骨颈，边界清楚，通常单发，直径 4~10cm。大多为圆形透亮影，并可见有邻近重叠或跨越的骨纹。

（3）肱骨头假囊变：正常人肱骨头外侧邻近大结节处的囊样骨质疏松区，常双侧性发生。其内缘为肱骨头骨小梁丰富的干骺部分，常是凸出的弧形。上端连接骨骺生理愈合部分的遗迹，外缘为大结节阴影。上缘一般不甚清楚，并逐渐移行于肱骨头的松质骨中；下缘的外端常与大结节阴影呈直角。有时在肱骨头中部可见数个直径约 5mm 的圆形透亮区，边缘欠清晰。

（4）长骨骨髓钙化：可见于高磷酸酶血症等少见病，综合分析后不难鉴别。

（5）髋关节骨关节病：可见于成人股骨头缺血性坏死及各种原因所致的退行性骨关节病。

五、治疗与康复及预防

（一）急性减压病

加压治疗是急性减压病最佳治疗方法，应尽快进行。当时未能及时或正确加压治疗而留有症状者，仍应积极进行加压治疗。同时给予综合性的辅助治疗，可显著提高加压治疗的效果和促进加压治疗后某些残留症状的消除。加压治疗的对象应注意以下几点。

（1）一旦确诊，必须加压治疗。

（2）对一些一时难以确诊的病例，应尽可能做到鉴别性加压处理，目的是明确诊断。

（3）减压中明显违反操作规则者，虽不一定很快出现症状，应尽早进行预防性加压治疗。

（4）经加压治疗后复发的患者仍须进行加压治疗。

在加压治疗的同时，可采取各种辅助治疗措施，促进加压治疗的疗效。这些辅助治疗的方法包括以下几点。

（1）吸氧：呼吸纯氧对减压病急救有很好的作用。

（2）补液：较重的患者使用右旋糖酐静脉滴注，既可维持血容量提高血压，促进惰性气体脱饱和，又可支持肾功能。

（3）药物：服用阿司匹林、静脉推注地塞米松等，以及其他对症处理如给中枢兴奋药、升压药、抗凝剂，纠正水和电解质失衡和对截瘫的处理等。

（4）对症处理：出舱后如有轻度疼痛或水肿，可行热水浴、热敷、红外线等理疗。

（5）支持疗法：主要是加压治疗过程中的营养保证。

（二）减压性骨坏死

减压性骨坏死的根本病因是气泡所引起的组织缺血、缺氧，故采用加压治疗或加压和高压氧并用的方法来治疗减压性骨坏死。还可配合中药如红花、丹参等活血化瘀和局部用红外线与超短波理疗缓解关节疼痛的症状。用股骨头置换术治疗Ⅰ期减压性骨坏死。一般骨坏死病比较大或波及关节面，则手术治疗如置换人工股骨头，全髋关节重建术等。

减压病的预防，主要是针对导致气体栓塞的原因。首先，潜水员要熟练掌握潜水规则。减压需要严格按照减压方案进行安全减压，减压过程中控制好减压速度和幅度，在未获得潜水医生允许的情况下严禁调整减压方案。在潜艇脱险或其他需要紧急上升的情况下，上升过程中需要保持气道的通畅。其次，对于潜水员本身，要定期接受职业健康检查，并进行适潜性评估，若存在肺大疱、呼吸气流受限、右向左分流或卵圆孔未闭等禁忌证，严禁下水；发生过潜水相关疾病的潜水员，在未接受适潜性评估之前，严禁下水。对于违反减压规程，或出水后无症状或症状轻微的患者，尽快接受加压。患者接受加压治疗之前可给予持续吸氧和补液，一定程度上可预防气体栓塞的发生。

六、案例分析与经验启示

（一）急性减压病

1. 职业史和接触情况

患者，男，33岁，潜水员，在私营潜水队从事潜水作业4年。2005年7月21日在贵州修文某水电站下潜约60m检查阀门，水下工作约3小时，由于出水过快，跌倒在地，不能站立。

2. 发病及诊治过程

患者跌倒后开始呕吐大量胃内容物，无咯血及口鼻涌出血性泡沫样分泌物，约15分钟后即昏迷不醒，70分钟后被送至贵州省人民医院就诊。查体：浅昏迷状态，双瞳孔直径约4mm，对光反射迟钝，压眶反射存在，呼吸浅快38次/分钟，血压测不出，全身皮肤多处大面积瘀斑，心率136次/分钟，律齐，双下肢呈屈肢状，双侧巴彬斯基征未引出。初步诊断：急性减压病（重型）。立即给予双通道快速静滴多巴胺、间羟胺、可拉明、地塞米松等治疗，呼吸渐平稳，血压升至60/30mmHg时，在同事陪护下行空气加压舱治疗，采用第二军医大学海军医学系空气潜水减压病治疗，进舱治疗45分钟时患者苏醒，加压治疗同时给予抗炎、改善微循环、神经营养等药物治疗，总治疗时间157分钟，出舱时患者生命体征平稳，神志清楚，能自行行走，四肢肌力正常，诉头晕、双髋关节及双膝关节酸痛，急诊留观，次日晨转送至有加压舱的医院进行再加压治疗，加压治疗1次后患者治愈返回。

3. 综合分析

综合该劳动者职业病危害接触史、临床表现及诊治过程等综合分析，职业病诊断结论为职业性减压病（急性重度减压病）。本案例造成患者急性重度减压病的主要原因为高气压作业后减压不当。

4. 经验启示

尽早进行高压氧治疗在急性减压病治疗中非常关键。

（二）减压性骨坏死

1. 职业史和接触情况

患者，男，63岁，退休前系某基础工程集团有限公司钳工，曾因多次进入井下检修而接触高气压。1996年1月在某工程顶管修复过程中接触高气压较多，累计达20小时。井深20~30m，压力

0.22~0.23MPa。在加压过程中曾因耳痛而暂时中止加压，疼痛消除后又继续在高气压环境下工作。工地有减压设备，工作结束后正规减压。1997 年 9 月患者开始出现右肩关节及左髋关节疼痛，伴有右上肢及左下肢轻度抬举障碍，当时未诊治，其后自行缓解。

2. 发病及诊治过程

2007 年患者再次出现上述症状，并较前加重，给予膏药外贴后未见明显改善。2009 年 3 月，患者职业健康体检中 X 线检查发现左股骨颈钙化点及小囊变，考虑疑似职业性减压性骨坏死，收住上海市杨浦区中心医院职业病科进行职业病诊断。当时体格检查发现右上肢及左下肢活动受限，左下肢轻度跛行。影像学检查，X 线检查提示左股骨颈可疑小囊变；CT 检查示左股骨颈小囊变；MRI 检查见左股骨颈小囊性灶，左右髋臼小囊性灶。结合患者高气压作业史、职业健康检查报告、单位提供的相关证明材料及同单位 3 名已诊断为职业性减压性骨坏死的高气压作业劳动者流行病学调查情况，根据影像学检查结果，并排除骨岛等正常变异及其他骨病后，参照《职业性减压病的诊断》（GBZ 24—2017），经科内诊断医师集体讨论并综合分析，诊断为职业性减压性骨坏死Ⅰ期。此后该患者定期进行对症康复治疗，先后给予高压氧及活血化瘀等治疗后上述症状有所改善。

诊断晋级过程如下。2013 年该患者出现右髋关节疼痛伴抬举障碍。给予高压氧及活血化瘀等对症康复治疗，但上述症状未见明显改善。2014 年 10 月查 CT 发现右髋臼高密度灶；2014 年 11 月查 MRI 提示右侧髋臼及股骨颈小囊性灶。2016 年 3 月查 CT 发现右髋关节骨代谢异常；2016 年 5 月查 CT 进一步发现右侧髋臼及股骨颈小囊样低密度灶；2017 年 9 月该患者体格检查发现：双髋关节活动重度障碍，左髋关节僵直于功能位，右髋关节活动范围约占正常的 1/3。X 线：左股骨颈可疑小囊变；右股骨头关节面模糊、不完整。CT：左股骨颈小囊变；右侧髋臼及股骨颈小囊样低密度灶。结合其既往诊断相关资料，根据当时 X 线检查结果，排除骨岛等正常变异及其他骨病后，参照《职业性减压病的诊断》（GBZ 24—2017），该患者诊断晋级为职业性减压性骨坏死Ⅲ期。

3. 综合分析

高气压作业人员在急性减压病发生后未及时有效地加压治疗，残留在体内的气泡堵塞血管引起骨关节缺血性骨坏死，即使在脱离作业多年后，缺血仍可能继续存在，导致骨坏死的加重。

4. 经验启示

根据《职业健康监护技术规范》（GBZ 188）的要求，高气压作业人员脱离接触后仍要定期开展职业健康检查并随访三年。诊断职业性减压性骨坏死Ⅰ期的患者仍需要进行随访观察，考虑晋级的可能性。

（匡兴亚）

第三节 高原病

一、概述

（一）定义及分类

高原病（high altitude disease，HAD）是指人体进入高原或由高原进入更高海拔地区时，因低氧环境而发生的一系列病理生理反应和临床表现的总称。由于高原地区气压低、氧气稀薄，人体在短时间内难以适应这种环境改变，从而导致高原病的发生。高原病根据发病时间和病程可分为急性高原病和慢性高原病两大类。了解这些疾病的分类和临床表现对于预防和治疗高原病具有重要意义。在高原地区生活和工作的人们应充分了解高原病的相关知识，做好防护措施，避免高原病的发生。

1. 急性高原病

急性高原病是指在短时间内进入高原地区后，由于人体对低氧环境的适应性不足而引起的一系列疾病。这类疾病主要发生在海拔3000m以上的地区，尤其是在海拔4000m以上的高山区域更为常见。急性高原病可细分为急性高山病、高原肺水肿和高原脑水肿。

急性高山病是急性高原病中最常见的一种类型，也称为高山病或高原反应。其症状通常在登山后的6~12小时内出现，主要包括头痛、乏力、食欲减退、失眠、轻度呼吸困难等。大多数患者症状轻微，经过休息和适应后，症状可逐渐缓解。然而，部分患者可能发展为更严重的高原病类型。

高原肺水肿是急性高原病中比较严重的一种类型，具有较高的发病率和死亡率。其症状包括进行性加重的呼吸困难、咳嗽、咳粉红色泡沫痰等。患者通常在发病前有明显的劳累、寒冷、感染等诱因。高原肺水肿起病急，病情发展迅速，需要紧急处理，否则可能导致死亡。

高原脑水肿是急性高原病中最严重的一种类型，其发病率相对较低但死亡率极高。患者主要表现为剧烈头痛、呕吐、意识障碍等。病情发展迅速，可能导致昏迷、脑疝等严重后果。高原脑水肿的发病机理复杂，与低氧环境导致的脑水肿、脑缺血等因素有关。

2. 慢性高原病

慢性高原病是指长期居住在高原地区的人群，由于长期缺氧导致的慢性疾病，包括高原红细胞增多症、高原心脏病和高原高血压。这些疾病通常具有病程长、症状多样等特点。

高原红细胞增多症是慢性高原病中最常见的一种类型。患者由于长期缺氧，骨髓红细胞生成增多，导致血液中红细胞数量增加。患者主要表现为头痛、乏力、气促等症状。长期红细胞增多可能导致血栓形成、心脑血管事件等并发症。

高原心脏病是慢性高原病中较为严重的一种类型。患者由于长期缺氧，导致心脏负荷加重，心肌肥厚，最终发展为心力衰竭。患者主要表现为心悸、气促、下肢水肿等症状。高原心脏病的治疗难度较大，需要长期治疗和监测。

高原高血压是慢性高原病中较为常见的一种类型。患者由于长期缺氧，导致交感神经系统兴奋，血管收缩，血压升高。患者主要表现为头晕、头痛、心悸等症状。高原高血压的治疗需要综合考虑患者的具体情况，采取个体化的治疗方案。

（二）流行病学

暴露于高原环境的职业群体主要包括：高原地区的军人、工人、牧民、科考人员、旅游从业人员等。高原病的发病率与多种因素相关，如海拔高度、个体适应性、进入高原的速度和方式等。随着海拔的升高，空气中氧分压逐渐降低，导致人体缺氧，进而增加高原病的发病率。随着海拔的升高，空气中的氧气含量逐渐减少，人体适应低氧环境的能力逐渐降低，从而导致高原病的发病率逐渐增加，海拔每升高1000m，高原病的发病率大约增加2倍。高原病的流行地区主要集中在海拔3000m以上的地区，如青藏高原、帕米尔高原、安第斯山脉等。这些地区由于海拔高、空气稀薄、气压低等因素，使得人体在缺氧环境下易发生高原病。

高原病的易感人群主要包括以下几类。

1. 长期居住于低海拔地区的人群

这类人群由于长期适应低海拔环境，特别是初次进入高原地区时，身体难以适应缺氧环境，易发生高原病。

2. 快速进入高原地区者

短时间内快速进入高海拔地区的人群易发生高原病。

3. 老年人、儿童、孕妇等体质较弱的人群

这类人群由于身体机能较弱，抵抗力较差，更容易受到高原环境的影响而发生高原病。

4. 存在心肺疾病的人群

患有心肺疾病的人群在高原环境下，由于缺氧等因素的刺激，更易导致原有疾病的加重和发生高原病。

此外，高原病的诱因还包括寒冷刺激和过度劳累等。高原地区气温低，寒冷刺激可加重人体的缺氧状态。在高原地区进行剧烈运动或过度劳累可加重心肺负担，导致高原病的发生。

（三）发病机制

高原病的发病机制涉及多个系统和因素的复杂交互作用。

1. 神经系统影响

在高原环境中，大气压力降低导致空气中氧气含量减少，大脑无法得到充足的氧气供应，从而引发低氧血症。低氧血症可导致大脑神经元代谢障碍，出现头痛、失眠、记忆力减退等症状。低氧环境可影响神经递质的合成与释放，导致神经递质失衡，进而引起神经系统功能紊乱。

2. 呼吸系统反应

为了弥补低氧环境下的氧气不足，人体会通过加快呼吸频率来增加氧气摄入量。然而，这种代偿性呼吸频率加快可能导致呼吸肌疲劳和呼吸功能下降。在极端情况下，由于肺泡内压力增加和肺血管通透性增强，可能导致液体进入肺泡和肺间质，引起高原肺水肿。肺水肿会影响肺部气体交换功能，进一步加重低氧血症。

3. 心血管系统调节

为了增加心输出量，心脏会通过加快心率来适应低氧环境，通过收缩血管来减少组织器官的氧气消耗，长期心率加快可能导致心脏负荷增加和心肌肥厚，代偿性血管收缩可能导致血压升高和心脏负荷增加。长期低氧环境还可导致肺动脉压力升高，进而引起右心室肥厚和心力衰竭。

4. 造血系统适应

为了适应低氧环境，人体会通过增加红细胞数量来提高携氧能力，红细胞过度增多可能导致血液黏稠度增加和循环阻力增大。在低氧环境下，血红蛋白水平可能升高以提高携氧能力，但过高的血红蛋白水平可能导致血液黏稠度增加和血栓形成风险增加。

5. 其他影响因素

个体差异和遗传因素在高原病的发生中起着重要作用，某些人可能更容易受到高原环境的影响而出现高原病症状。营养状况不良可能影响人体对高原环境的适应能力，如维生素 E 和维生素 C 等抗氧化剂可能有助于减轻高原病的症状。某些药物和化学物质可能影响人体对高原环境的适应能力或加重高原病的症状。

（四）预防和控制

1. 提前做好准备和适应性工作

在前往高原地区前，应充分了解高原的气候、海拔、地形等信息，做好充分的准备。在前往高原地区之前，进行一次全面的身体检查是非常必要的。特别是对于那些有心血管疾病、肺部疾病等基础疾病的人群，更应该进行详细的检查，并咨询医生的意见。由于高原环境的特殊性，人们可能会出现一定程度的焦虑、恐惧等心理反应，在前往高原地区之前，应对可能出现的心理反应进行了解和准备，并采取相应的调适措施，如进行深呼吸、放松训练等。可以在出发前数周开始进行低强度、持续性的运动，如慢跑、游泳等，以增强心肺功能和对缺氧的适应能力。此外，还可以在出发前进行几次短时间的低海拔到高海拔的适应性训练，以逐渐适应高原环境。

2. 逐步适应和积极应对

尽量避免迅速进入高原地区，可通过逐渐升高的方式逐步适应高原环境。如果在高原地区出现了高原反应的症状，如头痛、失眠、恶心、呕吐等，可以采取降低活动强度、休息、吸氧等方法来缓解症状。如果症状持续加重或无法缓解，应及时就医寻求专业的治疗。同时，在高原地区还需要与外界保持联系，以便在需要时能够及时获得帮助和支持。

3. 保持良好的生活习惯和健康状况

在高原地区应保持良好的作息习惯，避免过度劳累和剧烈运动。由于气温低、紫外线辐射强，人们需要穿着保暖、防风的衣物，并涂抹防晒霜、佩戴墨镜等。此外，在高原地区还需要注意预防感冒等常见疾病，避免因为其他疾病而加重高原病的症状。应保持清淡、易消化的饮食，避免过度食用油腻、辛辣的食物。同时，要保证充足的休息和睡眠时间，以缓解身体的疲劳和缺氧状态。在高原地区还应避免饮酒和吸烟等不良习惯，以减少对身体的损害。

4. 药物预防

常用的药物包括红景天、乙酰唑胺等，这些药物可以提高人体对缺氧的耐受能力，减少高原反应的发生。但需要注意的是，药物并不能完全替代其他预防措施，且可能存在一定的副作用和不良反应。

二、职业健康检查

接触高原作业人员职业健康检查的意义在于及时发现和预防高原作业相关的健康问题，保障作业人员的身体健康和工作安全。通过定期进行职业健康检查，可以及时了解作业人员的身体状况和健康问题，为制定科学的防治措施提供依据。同时，也可以提高作业人员的健康意识和自我保健能力，促进高原作业环境的可持续发展。

高原作业环境因其特殊的地理和气候条件，对作业人员的身体健康有着特殊的要求。为确保高原作业人员的健康与安全，进行定期的职业健康检查显得尤为重要。

1. 一般体格检查

一般体格检查是职业健康检查的基础，包括身高、体重、血压、脉搏、呼吸、体温等基本生理指标的测量。此外，还需对作业人员的皮肤、五官、四肢等进行检查，以评估其整体健康状况。

2. 血液检查

血液检查主要用于评估作业人员的造血功能和免疫状况，包括但不限于血红蛋白、红细胞压积、白细胞计数、血小板计数等项目的检查。此外，对于长期在高海拔地区工作的人员，还需特别注意血氧饱和度的监测。

3. 尿液检查

尿液检查是评估作业人员泌尿系统健康的重要手段，主要包括尿常规检查，如尿色、透明度、酸碱度、尿比重、尿蛋白、尿糖等项目的检查。尿液检查可以及时发现泌尿系统的问题，对保障作业人员健康具有重要意义。

4. 心电图

心电图检查可以评估作业人员的心脏功能和心电活动情况，对预防高原心脏病等心血管疾病具有重要意义。通过心电图检查，可以及时发现心律失常、心肌缺血等异常情况。

5. 胸部 X 线检查

胸部 X 线检查可以评估作业人员的肺部健康状况，对预防高原肺水肿、肺结核等呼吸系统疾病具有重要作用。通过 X 线检查，可以及时发现肺部阴影、病变等问题。

6. 其他项目

根据具体工作条件和作业环境，还可能需要增加其他检查项目，如肺功能检查、听力检查、视力检查等。

三、临床表现

（一）症状

高原病的临床症状因其类型和严重程度而异，了解这些症状有助于我们更好地预防和治疗高原病。

1. 急性高原反应

急性高原反应是最常见的高原病类型，通常在登高后 6~12 小时内出现，主要表现为：头痛、乏力、呼吸困难、失眠、食欲减退。

2. 高原肺水肿

高原肺水肿是急性高原病中较为严重的一种，病情发展迅速，主要表现为呼吸困难、咳嗽、胸痛、发绀。

3. 高原脑水肿

高原脑水肿是高原病中最为严重的一种，病情凶险，主要表现为意识障碍、神经精神症状、颅内压增高。

4. 慢性高原病

慢性高原病主要表现为头痛、疲乏、睡眠障碍、记忆力减退等症状，严重者可导致心脏肥大、肺动脉高压。高原心脏病表现为心悸、呼吸困难、水肿等症状。

（二）体征

高原病的体征因疾病的类型而有所不同。急性高原反应可出现嘴唇和指（趾）甲床发绀。高原肺水肿可咳出白色或粉红色泡沫痰，嘴唇、甲床等身体部位出现紫绀，肺部湿啰音和痰鸣音。高原脑水肿从嗜睡到昏迷逐渐加重的意识障碍。慢性高原病中高原红细胞增多症可见面颊部、口唇和指（趾）甲床呈显著红紫色等。

（三）实验室和辅助检查

为了准确诊断高原病及其严重程度，除了临床症状和体征的观察外，还需要借助一系列实验室辅助检查，主要包括血液学检查、心电图检查、胸部X射线、肺功能检查、血液氧饱和度、尿液分析和头颅磁共振成像等，这些是诊断和治疗高原病的重要手段，可以全面了解患者的病情和病理状态，为高原病的诊断和治疗提供科学依据。因此，在高原地区工作和旅游时，一旦出现高原病的症状和体征，应及时就医并接受相关检查和治疗。

四、诊断与鉴别诊断

（一）诊断原则

高原病的诊断需要结合多个方面的信息，包括患者是否进入高海拔区域、症状与海拔的关系、排除其他疾病、氧疗或非现场治疗的效果、临床类型的鉴别、实验室检查和X线检查以及病史与临床表现等。职业性高原病的诊断主要依据患者长期在高原地区从事职业活动史、临床表现、实验室检查及辅助检查结果，具体诊断主要依据《职业性高原病诊断标准》（GBZ 92—2008）。

1. 进入高海拔区域

高原病的首要条件是患者必须进入高海拔区域（一般指海拔2500米以上）。这一条件是诊断高原病的基础，也是与其他疾病鉴别的重要依据。

2. 症状与海拔相关

患者所表现的症状应与海拔高度有关，即在进入高海拔区域后出现或加重，离开高海拔区域后缓解或消失。这一特点是高原病特有的，有助于与其他疾病相鉴别。

3. 除外其他疾病

在诊断高原病时，应排除其他可能导致类似症状的疾病，如心血管疾病、呼吸系统疾病等。这需要通过详细的病史询问、体格检查和必要的实验室检查来完成。

4. 氧疗或非现场治疗有效

高原病患者通常在给予吸氧治疗后，症状可得到缓解或消失。对于症状较重的患者，将其转运至海拔较低地区进行治疗也是有效的。因此，氧疗或非现场治疗的效果是判断高原病诊断正确性的重要依据。

5. 临床类型鉴别

高原病可分为多种临床类型，应根据患者的具体症状和体征，结合病史和实验室检查，进行准确的临床类型鉴别。

6. 实验室检查和X线检查

实验室检查有助于评估患者的整体健康状况和器官功能，X线检查可以直观地显示肺部和脑部的水肿情况。

7. 病史与临床表现

在诊断高原病时，应充分了解患者的病史和临床表现。

（二）诊断分级或分期

高原病根据其临床表现和病情严重程度，可以清晰地分为不同的分级和分期。

1. 急性高原病分级

（1）轻型（Ⅰ度）。临床表现：虽有症状但能正常活动，可以继续登山。症状：可能包括轻微的头痛、头晕、胸闷、气短、心悸等，这些症状一般较轻，不会严重影响患者的日常生活和活动能力。

（2）中型（Ⅱ度）。临床表现：有严重症状，活动能力下降，不能继续登山，需要卧床休息。症状：头痛、恶心、呕吐、疲乏、失眠等症状加重，且可能出现呼吸困难、咳嗽、紫绀等症状。这些症状已经对患者的生活和活动能力产生了较大影响，需要休息和治疗。

（3）重型（Ⅲ度）。临床表现：病情进行性发展，并出现意识模糊等严重症状，需要急救并护送至平原或低海拔处。症状：除了中型症状外，还可能出现严重头痛、呕吐、意识障碍、呼吸困难、肺水肿、脑水肿等危及生命的症状。此时需要立即进行急救和转移至低海拔地区进行治疗。

2. 慢性高原病分期

慢性高原病主要根据病程和临床表现进行分期，一般分为以下几期。

（1）早期。症状较轻，可能包括头痛、乏力、食欲减退、睡眠障碍等。这一时期患者的症状相对较轻，但已经开始影响日常生活和工作。

（2）中期。症状加重，可能出现心悸、气喘、紫绀等心肺功能受损的表现。这一时期患者的症状已经比较严重，需要进行药物治疗和休息。

（3）晚期。症状进一步加重，可能出现严重的心肺功能衰竭和神经系统症状。这一时期患者的病情已经非常严重，需要进行紧急治疗和护理，并考虑转移到低海拔地区进行治疗。

但是，高原病的分级分期并不是绝对的，患者的临床表现和病情可能会因个体差异和病情发展而有所不同。因此，医生需要综合考虑患者的病史、临床表现、实验室检查和影像学检查结果等因素，制定个性化的治疗方案。

（三）鉴别诊断

高原病诊断需要综合考虑患者的病史、临床表现和实验室检查结果，并与其他相关疾病进行鉴别。

1. 与晕车鉴别

高原病与晕车在症状上有一定的相似性，如头晕、恶心、呕吐等。但高原病通常发生在进入高原地区后，且伴随着明显的缺氧症状，如心慌、气促等。而晕车则主要发生在乘坐交通工具时，与海拔无关，且症状较轻，离开交通工具后多可自行缓解。

2. 与肺水肿鉴别

高原肺水肿多发生在进入高原后1~3天内，以呼吸困难、咳嗽、咳粉红色泡沫痰为主要表现，听诊可闻及肺部湿啰音。而其他原因引起的肺水肿，如心源性肺水肿、感染性肺水肿等，通常有相应的病史和临床表现，可通过病史调查、体格检查、影像学检查等手段进行鉴别。

3. 与气管炎鉴别

气管炎通常伴有发热、呼吸急促等感染症状，肺部听诊可闻及干啰音或湿啰音。而高原病则主要表现为缺氧相关症状，无感染表现。

4. 与器质性心脏病鉴别

高原病患者可能出现心慌、胸闷等症状，与器质性心脏病有相似之处。但器质性心脏病通常有明确的病史和体征，如心律失常、心脏杂音等。而高原病则主要是由于缺氧引起的心血管系统反应，无器质性病变。

5. 与真性红细胞增多症鉴别

真性红细胞增多症是一种血液系统疾病，表现为红细胞数量异常增多。但真性红细胞增多症患者通常无高海拔暴露史，且红细胞数量异常增高，可伴有头痛、乏力、出血等症状。而高原病患者则主要表现为缺氧相关症状，红细胞数量虽增加但通常在正常范围内。

6. 与脑水肿相关疾病鉴别

高原脑水肿是高原病的严重并发症之一，需要与其他原因引起的脑水肿相鉴别。高原脑水肿主要表现为头痛、呕吐、烦躁不安、昏迷等症状，与脑血管疾病、颅内感染等引起的脑水肿相似。但高原脑水肿通常发生在进入高原后短时间内，且伴有明显的缺氧症状。而其他原因引起的脑水肿则有相应的病史和临床表现可供鉴别。

7. 与急性胃肠炎鉴别

高原病患者可能出现恶心、呕吐、腹泻等症状，容易与急性胃肠炎混淆。但急性胃肠炎通常伴有发热、腹痛等感染症状，且多与不洁饮食史相关。而高原病则主要表现为缺氧相关症状，无感染表现。

五、治疗与康复

（一）治疗

高原病的治疗是一个综合过程，需要医生根据患者病情和环境条件制定合理的治疗方案，旨在缓解患者症状，防止病情恶化，并促进患者尽快适应高原环境，主要包括吸氧治疗、异地治疗、降低颅内压、控制感染等方法。同时，患者也应注意休息和饮食调理，保持良好的心态和情绪，以促进康复。

1. 吸氧治疗

吸氧治疗是高原病的基本治疗方法之一，尤其对于急性高原病患者，吸氧能迅速缓解缺氧症状，降低病死率。治疗方式包括鼻导管吸氧、面罩吸氧等，具体吸氧浓度和时间需根据患者症状和血氧饱和度调整。对于严重低氧血症的患者，可考虑使用高压氧舱治疗。

2. 异地治疗

对于病情严重或无法适应高原环境的患者，应考虑异地治疗。即将患者转运至海拔较低的地区进行治疗和休养。在转运过程中，应注意保持患者呼吸道通畅，避免剧烈活动，以免加重病情。同时，应给予患者必要的支持和护理，确保转运安全。

3. 降低颅内压

对于高原脑水肿等颅内压增高的患者，应采取降低颅内压的治疗措施。治疗方法包括使用脱水剂（如甘露醇、甘油果糖等）、利尿剂（如呋塞米、氢氯噻嗪等）等，以减轻脑水肿，降低颅内压。同时，应保持患者呼吸道通畅，避免缺氧和二氧化碳潴留，以免加重病情。

4. 控制感染

高原地区环境恶劣，患者容易发生感染。对于高原病患者，应积极治疗和预防感染。治疗方法包括使用抗生素、抗病毒药物等，以控制感染源，减轻炎症反应。同时，应加强患者营养支持，提高身体免疫力，促进康复。

5. 注意事项

高原病患者应注意休息，避免过度劳累和剧烈运动，以免加重病情。保持室内空气流通，避免密闭环境，以减少缺氧和二氧化碳潴留的风险。患者应遵医嘱按时服药，不可随意停药或更改剂量。密切观察患者病情变化，如出现呼吸困难、咳嗽、咳痰、头痛、恶心等症状，应及时就医治疗。患者应积极配合医生的治疗和护理，保持良好的心态和情绪，以促进康复。

（二）预后

高原病的预后情况取决于多种因素，包括病情类型、治疗及时性和个体差异等。

1. 急性高原病预后一般良好

若急性高原病能够及时得到诊断和积极治疗，大多数患者的预后是良好的。这包括高原反应、高原肺水肿和高原脑水肿等。然而，对于高原肺水肿和高原脑水肿，若诊断和治疗被延误，可能会导致严重的后果，包括死亡。特别是高原肺水肿恢复后，再次进入相同高原环境时容易复发。

2. 慢性高原病患者恢复情况

慢性高原病患者转移到平原后，通常在 1~2 个月内恢复。但高原心脏病伴有肺动脉高压和右心室肥大者，一般不易恢复。慢性高原病患者如果重新进入高原环境，可能会出现疾病的复发或加重。

3. 高原红细胞增多症的治愈情况

高原红细胞增多症的治愈率较高，达到 95%。这主要得益于药物和血液稀释治疗等有效治疗手段。治疗周期通常为 3~6 个月，具体取决于患者的病情和治疗反应。

（三）康复

高原病的康复周期因病情类型、治疗及时性和个体差异而有所不同。一般来说，急性高原病在得到及时治疗后，大多数患者可以在数天至数周内恢复。慢性高原病在转移到平原地区后，可能需要数月至数年的时间才能完全恢复。对于高原红细胞增多症等特定情况，治疗周期通常为 3~6 个月。

高原病康复的关键在于早期诊断、及时治疗和适当的生活调整。以下是一些主要的康复建议。

1. 生活方式调整

保证充足的休息和睡眠时间，有助于身体机能的恢复。增加营养素的摄入，特别是维生素 C、B 族维生素等，以支持机体修复。在病情稳定后，进行轻度的有氧运动如散步，有助于提高心肺功能和促进血液循环。

2. 营养补充

维生素 C 和 B 族维生素的补充，可以辅助改善食欲和增加能量，支持机体恢复。确保充足的水分摄入，以维持身体水平衡，预防脱水。

3. 药物治疗

根据具体病情，医生可能会开具相应的药物进行治疗，如非处方止痛药、抗生素等。对于高原肺水肿和高原脑水肿等严重情况，可能需要使用特定的药物或高压氧舱治疗。

4. 精神压力减轻

通过冥想、深呼吸等技巧放松心情，减少心理负担，有助于身体的恢复。保持积极的心态和良好的情绪状态，有助于促进康复。

5. 康复期注意事项

避免剧烈活动，在高原病康复期间，应避免剧烈活动至少一周，以免影响身体恢复；密切观察是否有持续头痛、恶心呕吐等症状，如有加重趋势，应及时就医评估是否需要进一步的高原适应性训练或医疗干预；对于需要再次进入高原环境的人员，应采取逐步升高的方式，以降低高原病的发生风险；遵循医生的康复建议和治疗方案，不随意更改药物剂量或停药。

六、案例分析与经验启示

1. 基本信息

张某某，男，38 岁，电力工程师。

2. 职业病危害因素接触史

患者自入职以来，一直长期在海拔4500m以上高原地区从事电力设施的维护和检修工作。

3. 临床表现与诊疗经过

医生首先对患者进行了详细的病史询问，了解到患者长期在高原地区工作，存在职业性高原病的高危因素。近半年来，患者逐渐出现呼吸困难、头痛、乏力等症状，严重影响其工作效率和身体健康。

患者主要症状表现为呼吸困难，在活动或休息时均感到呼吸困难，伴有明显的气促和喘息声；头痛呈持续性胀痛，多发生在前额和枕部，严重影响患者的睡眠和日常工作；全身乏力，四肢酸软无力，活动能力明显下降；心跳加快，心悸不安，尤其在活动或情绪激动时更为明显；食欲明显减退，甚至出现恶心、呕吐等消化道症状。

医生对患者进行全面的体格检查，发现患者口唇紫绀，肺部有湿啰音，提示可能存在肺水肿。胸部X线片显示肺部纹理增多，有斑片状模糊阴影，进一步证实了肺水肿的诊断。

4. 实验室和辅助检查

患者血红蛋白升高，红细胞压积增高，血氧饱和度降低，符合高原病的表现。

5. 治疗措施

吸氧治疗、药物治疗、休息与调整、心理支持等。

6. 综合分析

患者长期从事电力设施的维护和检修工作，工作环境为高原地区，海拔较高，氧气稀薄。由于长期暴露于低氧环境中，患者的身体逐渐无法适应，从而引发高原病。肺水肿作为高原病的一种常见并发症，严重影响了患者的呼吸功能和日常生活。

在诊断过程中，医生通过详细的病史询问、体格检查和实验室检查等手段，准确地诊断出患者的疾病类型和病情严重程度。治疗方案的制定基于患者病情的实际情况和临床表现，采用吸氧、药物治疗、休息与调整等措施，有效缓解了患者的症状并促进其康复。

7. 经验启示

本案例表明，职业性高原病对患者的工作和生活造成严重影响。为了预防和控制职业性高原病的发生，需要采取加强宣传教育、做好防护措施、合理安排工作、定期体检等措施。

（王焕强）

第四节　航空病

一、概述

职业性航空病（occupational aeropathy）是指暴露在航空环境中的飞行人员（包括飞行员、机组人员、空中战勤人员、空警、空中保安等），由于环境气压变化、缺氧、加速度等因素，直接作用于人体所引起的航空性中耳炎、航空性鼻窦炎、变压性眩晕、高空减压病、肺气压伤等5种疾病。

（一）航空性中耳炎

航空性中耳炎（aerotitis）指由于气压迅速改变，鼓室内外气压不能平衡而引起的中耳、内耳前庭及耳蜗损伤，主要表现是耳内不适、双耳胀闷或胀痛，耳鸣、眩晕及听力下降，如错过早期的诊治，可使病程迁延而致粘连性中耳炎，导致听力很难恢复。

航空性中耳炎是飞行活动中的常见病、多发病，严重影响飞行。原发性航空性中耳炎由咽鼓管本身的病变（咽鼓管狭窄、咽鼓管开放肌无力、咽鼓管表面活性物质下降等）引起；继发性航空性中耳炎是由鼻腔、鼻窦、鼻咽部等咽鼓管咽口周围病变引起。

（二）航空性鼻窦炎

航空性鼻窦炎（sinusitis）系指外界大气压发生骤变时，鼻窦腔内、外气压差增大所引起的鼻窦黏膜充血肿胀，甚至黏膜或黏膜下出血、水肿等一系列窦腔黏膜病变。好发于额窦和上颌窦，筛窦很少见，蝶窦几乎无发病者。

原发性航空性鼻窦炎由窦口本身病变引起；继发性航空性鼻窦炎由鼻腔或鼻窦的畸形、炎症、变态反应和肿瘤等引起，在地面未造成飞行人员的不适症状，但在飞行中造成气压伤表现。

（三）变压性眩晕

变压性眩晕（alternobaric vertigo，AV）也称 Lundgren 综合征，是一种急性发作性眩晕，在外界压力突然变化且中耳腔内形成相对高压的情况下发生。

AV 发生率会随着飞机上升速度的提高、操作性能的增强以及上升高度的增加而增长。AV 对飞行员所造成的危害在于突然发作且易发生在飞机迅速上升或下降的关键时刻，因此容易造成灾难性后果。

（四）高空减压病

高空减压病（altitude decompression sickness，ADS）是指人体暴露到一定程度的低气压环境后所发生的特殊病症，其临床表现复杂多样，基本病因是由体内溶解的氮气在减压时呈过饱和态、生成气泡所致。

现代飞行机舱内通常处于增压状态，如机内增压装置发生故障、事故或急剧减压会引发高空减压病；在高空生理训练中，短时间内由高压环境转变为低压环境、反复低压暴露以及激烈运动之后参加飞行训练易引发高空减压病。

（五）肺气压伤

肺气压伤（pulmonary barotrauma，PBT）是指当肺内压相对于外界环境压力过高或过低时，肺组织和肺血管被气体撕裂，肺泡内气体沿撕裂空隙进入肺血管和破损后的组织间隙，产生气泡栓塞及气肿等变化而造成的疾病。

职业性航空病的预防，首先要注重飞行人员的健康评估，确保具备执行飞行任务所需的健康条件；飞行前，可采取吸氧排氮等预防性措施；飞行中，一旦发现异常，要立即下降高度，返场后接受系统医学检查；要改善机舱环境，优化飞行任务安排，避免长时间连续飞行造成的过度疲劳；还要加强飞行人员的健康教育和培训，如：当外界气压发生变化时，多做吞咽运动或进行捏鼻鼓气等动作；咽鼓管肌开放训练和注意力分配训练等。

二、职业健康检查

（一）上岗前职业健康检查

1. 一般条件

应具有正常的生理功能，良好的心理品质和社会适应能力。心理学测验成绩良（平均分以上）。

2. 职业禁忌证

①活动的、潜在的、急性或慢性疾病；②创伤性后遗症；③影响功能的变形、缺损或损伤及影响功能的肌肉系统疾病；④恶性肿瘤或影响生理功能的良性肿瘤；⑤急性感染性、中毒性精神障碍治愈后留有后遗症；⑥神经症、经常性头痛、睡眠障碍；⑦药物成瘾、酒精成瘾者；⑧中枢神经系统疾病、损伤；⑨严重周围神经系统疾病及自主神经系统疾病；⑩呼吸系统慢性疾病及功能障碍、肺结核、自发性气胸、胸腔脏器手术史；⑪心血管器质性疾病，房室传导阻滞以及难以治愈的周围血管疾病；⑫严重消化系统疾病、功能障碍或手术后遗症，病毒性肝炎；⑬泌尿系统疾病、损伤以及严重生殖系统疾病；⑭造血系统疾病；⑮新陈代谢、免疫、内分泌系统疾病；⑯运动系统疾病、损伤及其后遗症；⑰难以治愈的皮肤及其附属器疾病（不含非暴露部位范围小的白癜风）；⑱任一眼裸眼远视力低于0.7，任一眼裸眼近视力低于1.0；视野异常；色盲、色弱；夜盲治疗无效者；眼及其附属器疾病治愈后遗有眼功能障碍；⑲任一耳纯音听力图气导听力曲线在500Hz、1000Hz、2000Hz任一频率听力损失不得超过35dB或3000Hz频率听力损失不得超过50dB；⑳耳气压功能不良治疗无效者，中耳慢性进行性疾病，内耳疾病或眩晕症不合格；㉑影响功能的鼻、鼻窦慢性进行性疾病，嗅觉丧失，影响功能且不易矫治的咽喉部慢性进行性疾病者；㉒影响功能的口腔及颞下颚关节慢性进行性疾病。

3. 检查内容

（1）症状询问。重点询问有无耳痛、听力减退、鼻窦区疼痛、眼胀痛、眩晕、头痛、胸痛、咳嗽、呼吸困难等症状。

（2）体格检查。①内科常规检查；②外科常规检查；③精神科常规检查；④神经系统常规检查：重点检查深浅感觉，膝腱反射，自主神经系统以及运动功能检查；⑤眼科常规检查及眼底，色觉；⑥耳科常规检查；⑦口腔科常规检查；⑧鼻及咽部常规检查。

（3）实验室和其他检查。必检项目：血常规（包括红细胞压积）、尿常规、心电图、血清ALT、耳气压功能（包括耳听诊管检查和捏鼻鼓气检查）、嗅觉检查、胸部X射线摄片、肺功能、纯音听阈测试。

4. 体检鉴定结论

分为以下几种：①飞行合格；②暂时不合格；③不合格。

（二）在岗期间职业健康检查

1. 目标疾病

（1）职业性航空病（见GBZ 93—2010）；

（2）职业性噪声聋（见GBZ 49—2014）。

2. 检查内容

（1）症状询问。重点询问各系统疾病史。

（2）体格检查。①内科常规检查；②耳科常规检查及前庭功能检查（有病史或临床表现者）；③鼻及咽部常规检查。

（3）实验室和其他检查。①必检项目：血常规、心电图、血清ALT、鼻窦X线摄片、肺功能、纯声听阈测试；②选检项目：尿常规、低压舱耳气压和鼻窦气压机能检查、鼻窦CT或MRI、脑电图、声导抗（鼓室导抗图，同侧和对侧镫骨肌反射阈）、耳声发射（畸变产物耳声发射，或瞬态诱发耳声发射）。

3. 健康检查周期

健康检查周期为 1 年。

（三）离岗时职业健康检查

1. 目标疾病

（1）职业性航空病；

（2）职业性听力损伤。

2. 检查内容

同在岗期间职业健康检查。

三、临床表现

（一）航空性中耳炎

1. 症状

飞行过程中，由于咽鼓管不能平衡中耳内外气压，使中耳腔呈负压状态，飞行人员感到耳痛、耳闷、耳鸣、听力下降，伴有眩晕、恶心呕吐等症状。

2. 体征

体征可表现为鼓膜充血内陷、鼓室积液（稀薄的金黄色浆液性分泌物）或鼓室积血（黏膜血管破裂，鼓室内积留新鲜血液），严重时还可能出现鼓膜破裂、穿孔、出血。

3. 实验室和辅助检查

耳内镜检查、咽鼓管功能检查、声导抗测试、纯音电测听、鼻内镜检查等。

咽鼓管功能检查是飞行学员医学选拔和飞行人员体检的重点项目，检查手段包括：捏鼻鼓气法、听诊管法、低压舱试验等，其中低压舱试验是检查耳气压功能较为准确的方法。

（二）航空性鼻窦炎

1. 症状

症状常常与窦口阻塞的严重程度成正比，轻者可感到鼻窦内部或其周围闷胀感，重者可感到面部刀割样剧痛，可使飞行人员突然失去操作能力。发生于额窦或筛窦者常有眼部刺激症状，出现眼胀痛、流泪、球结膜充血和视觉模糊等症状；发生于上颌窦者常伴有上齿列牙痛、眶下神经区皮肤感觉障碍，有时伴有鼻出血、同侧流泪、眨眼、视物不清。

2. 体征

鼻腔分泌物增多，部分可见血性涕。

3. 实验室和辅助检查

功能性内窥镜检查、鼻腔鼻窦 CT 或 MRI 等影像学检查、低压舱鼻窦气压机能检查等。

低压舱检查前后分别进行鼻窦影像学检查是确诊航空性鼻窦炎的可靠方法。通过对比治疗前后影像学、内窥镜和低压舱检查结果还可以评估疗效和提供医学鉴定。

（三）变压性眩晕

1. 症状

头晕、目眩、头重脚轻、站立不稳，可伴恶心、呕吐等。

2. 体征

大汗、面色苍白，眼球震颤，平衡失调等。

3. 实验室和辅助检查

电耳镜检查、头颅 CT/MRI 检查、声导抗测试、纯音电测听、前庭功能检查、低压舱检查等。

低压舱检查前后，眼震图及纯音测试的结果对比是 AV 诊断的主要手段。

（四）高空减压病

1. 症状

以皮肤瘙痒和肢体疼痛较多、较早，神经系统表现次之。

（1）皮肤瘙痒、刺痛、蚁走感、斑疹、丘疹，皮下出血等；

（2）关节和肌肉疼痛，甚至出现屈肢症等；

（3）截瘫、感觉障碍、大小便失禁；头痛、感觉异常、颜面麻木、偏瘫、语言障碍；眩晕、耳鸣、耳聋；复视、斜视、视觉模糊、暂时失明等；

（4）疲倦、恶心、呕吐、上腹绞痛及腹泻，发绀、四肢发凉、心前区压榨感，胸骨后灼痛、阵发性咳嗽、呼吸困难等。

2. 体征

疼痛剧烈时肢体呈屈曲状，局部加压包扎可缓解；感觉及运动障碍、共济失调，视野缺失或缩小，肺血管气栓、肺间质水肿、小支气管痉挛等。

3. 实验室和辅助检查

CT、MRI、超声等影像学检查，必要时低压舱检查。

（五）肺气压伤

1. 症状

胸部不适、胸痛、咳嗽、咯血，皮下气肿，严重时呼吸困难、意识丧失。口鼻有泡沫状血液流出，是本病典型症状表现。

2. 体征

胸部叩诊浊音，听诊呼吸音减弱，可听到散在性湿啰音；血压下降，心律不齐。

3. 实验室和辅助检查

胸部 X 线、CT 等影像学检查，心电图、肺功能、血气分析等。

四、诊断与鉴别诊断

（一）诊断原则

依据《职业性航空病诊断标准》（GBZ 93—2010），有明确的航空飞行等气压变化暴露史，具有相应的临床表现及辅助检查结果，结合职业卫生学调查资料，进行综合分析，排除其他原因所致的类似疾病后，方可诊断。

（二）诊断分级

1. 航空性中耳炎

在飞行下降等气压变化过程中，出现耳压痛等症状，依据鼓膜及纯音测听、声导抗检查结果，必要时依据低压舱检查前后对比，做出分级诊断。

（1）轻度。鼓膜Ⅱ度充血，纯音测试可出现传导性聋，声导抗检查 A 型或 C 型曲线。

（2）中度。鼓膜Ⅲ度充血，纯音测试传导性聋，声导抗检查 C 型或 B 型曲线。

（3）重度。出现下列表现之一者：①鼓膜破裂；②混合性聋；③窗膜破裂；④粘连性中耳炎；

⑤后天原发性胆脂瘤型中耳炎；⑥面瘫。

耳镜检查鼓膜充血的分度。①Ⅰ度：可见鼓膜内陷，锤骨柄及松弛部充血；②Ⅱ度：除上述表现外，鼓膜周边也有充血；③Ⅲ度：鼓膜呈弥漫性充血，靠近鼓膜周边的外耳道皮肤也可发红，鼓膜表面可有血痂，有时可见鼓室内有积液或积血；④Ⅳ度，鼓膜破裂。

2. 航空性鼻窦炎

在飞行下降等气压变化过程中出现鼻窦区疼痛等症状，依据低压舱检查前后的鼻窦影像学对比发现，做出分级诊断。

（1）轻度。鼻窦区疼痛轻，影像学对比发现，鼻窦出现模糊影。

（2）重度。鼻窦区疼痛重，且伴有流泪和视物模糊，影像学对比发现，鼻窦出现血肿。

3. 变压性眩晕

在飞行上升等气压变化过程中出现眩晕等症状，依据低压舱检查前后，前庭功能眼震电图和纯音测试的对比检查，做出分级诊断。

（1）轻度。眩晕伴水平型或水平旋转型眼震，前庭功能和听力正常。

（2）重度。除眼震外，伴有前庭功能异常或神经性聋。

4. 高空减压病

在高空暴露后出现特征性症状和体征，依据临床和实验室检查，必要时进行低压舱检查，做出分级诊断。

（1）轻度。皮肤瘙痒、刺痛、蚁走感、斑疹、丘疹和肌肉关节轻度疼痛等，下降高度、返回地面后症状明显减轻或消失。

（2）中度。肌肉关节疼痛明显，甚至出现屈肢症，返回地面后症状未完全消失。

（3）重度。出现下列表现之一即为重度。①神经系统：站立或步行困难、偏瘫、截瘫、大小便障碍、视觉障碍、听觉障碍、前庭功能紊乱、昏迷等；②循环系统：虚脱、休克、猝死等；③呼吸系统：胸骨后吸气痛及呼吸困难；④减压无菌性骨坏死。

5. 肺气压伤

在飞行等情况下发生意外迅速减压后，出现呼吸道症状，依据临床检查和影像学资料做出分级诊断。

（1）轻度。胸部不适、胸痛、咳嗽等呼吸道症状，经数小时或数天可以自愈。

（2）重度。出现下列表现之一者即为重度。①咯血；②呼吸困难；③意识丧失；④肺出血、肺间质气肿或气胸。

（三）鉴别诊断

1. 航空性中耳炎

应排除细菌、病毒等感染性中耳炎，噪声、外伤及其他疾病造成的鼓膜异常、听力减退等病变。

2. 航空性鼻窦炎

应排除各类急、慢性感染引发的鼻窦炎，发作性偏头痛、紧张性头痛等。

3. 变压性眩晕

应排除梅尼埃病、急慢性中耳炎、内耳供血不足、耳硬化症、突发性聋、耳毒性药物中毒、外淋巴瘘、迟发性膜迷路积水、胆脂瘤骨迷路破坏、迷路震荡、大前庭水管综合征等迷路内病变，脑桥小脑角肿瘤、颞骨骨折等迷路外病变，前庭神经炎、前庭神经供血不足、良性阵发性位置性眩晕，椎–基底动脉血管狭窄或其他原因导致的短暂性脑缺血发作、脑梗死或脑出血等脑血管疾病，脑干和小脑肿瘤、脑干和小脑炎症、脑干和小脑脱髓鞘疾病、癫痫等，眼肌病、青光眼、屈光不正等眼部疾病，脊髓结核、亚急性联合变性、慢性酒精中毒等本体感觉系统疾病，心血管、脑血管、血液、内分泌及消化系统等疾病引发的眩晕，椎动脉受颈椎压迫，颈部交感神经受刺激引起椎动脉痉挛等颈性眩晕，以及药物、神经精神等其他因素导致的眩晕。

4. 高空减压病

应排除一般创伤和炎症、肺压伤、急性缺氧、氧中毒、脑血栓、血管瘤等疾病。

5. 肺气压伤

应排除减压病、肺间质气肿、肺纵隔气肿、气胸、皮下气肿、动静脉气栓、胸膜支气管瘘等疾病。

五、治疗与康复

（一）航空性中耳炎

1. 治疗

去除造成咽鼓管阻塞的各种病因，保持咽鼓管的正常功能，如治疗慢性鼻炎、扁桃体炎等原发疾病；抗感染，使用呋麻液滴鼻行咽鼓管吹张，酚甘油或石炭酸甘油滴耳止痛；鼓室积液行鼓膜穿刺术或鼓膜切开术，窗膜破裂者行探查修补术，粘连性或胆脂瘤型中耳炎者行手术治疗；必要时，予以大剂量糖皮质激素联合抗生素，辅以超短波、红外线理疗。

2. 预后

经规范治疗，症状可消失，中耳损伤和听力恢复，低压舱检查耳气压功能恢复正常。

当出现急性气压损伤时，应临时停飞，经治疗咽鼓管机能恢复正常再参加飞行；患继发性航空性中耳炎行耳鼻喉科Ⅱ类疾病手术治疗者，术后应经低压舱检查，耳气压机能和窦气压机能均恢复正常方可恢复飞行；患航空性中耳炎反复治疗无效，在患者自愿的情况下可行鼓膜造口术，否则应终止飞行；对造成内耳损害和其他并发症者，应根据飞行机种、飞行职务决定飞行结论。

3. 康复

可热敷缓解局部疼痛的症状；红外线、超短波理疗，促进局部血液循环；合理膳食营养，适当体育锻炼。

（二）航空性鼻窦炎

1. 治疗

治疗影响鼻窦口通畅的原发病，抗感染，局部理疗；口服稀化黏液类药物，用黏膜血管收缩剂滴鼻加强鼻腔通气引流；必要时可行窦口开放、鼻窦穿刺引流、血肿清除等手术治疗。

2. 预后

鼻窦渗出或出血吸收，低压舱检查鼻窦气压功能可恢复正常。当出现急性气压损伤时，应临时停飞，经治疗鼻腔鼻窦机能恢复正常再参加飞行；患航空性鼻窦炎经手术治疗者，术后应经低压舱检查，耳气压机能和鼻窦气压机能均恢复正常方可恢复飞行；患航空性鼻窦炎反复治疗无效者，应终止飞行。

3. 康复

可使用温热毛巾敷于鼻部或者用生理盐水冲洗鼻腔。

（三）变压性眩晕

1. 治疗

积极治疗鼻（咽）科原发疾病，用减充血剂滴鼻，行咽鼓管吹张；耳部和鼻部理疗，抗感染和口服稀化粘素类药物；眩晕者抗眩晕治疗，耳鸣耳聋者按神经性耳鸣耳聋给予相应治疗，其他器质性病变针对病因治疗。

2. 预后

地面活动症状消失，全身情况良好，带飞观察不再发病。当出现变压性眩晕时，应临时停飞，经检查治疗后，低压舱模拟飞行不再诱发眩晕者再参加飞行；经检查治疗后，低压舱模拟飞行不能消除症状者，应终止飞行；对器质性患者应根据病变损害程度、飞行机种和职务决定飞行结论。

3. 康复

改善微循环，营养神经，增强体质。

（四）高空减压病

1. 治疗

有症状者，立即送加压氧舱治疗。在运送过程中吸纯氧，出现休克者给予抗休克治疗；根据具体病情给予补液扩容、改善微循环、呼吸兴奋剂、强心剂、镇静剂、肾上腺皮质激素等药物治疗。

2. 预后

经治疗症状消失，才可恢复飞行；重度患者有后遗症，或低气压暴露反复出现高空减压病者，应终止飞行。

3. 康复

吸纯氧，合理营养，体育锻炼。

（五）肺气压伤

1. 治疗

给予对症治疗；对伴发减压病者，立即送加压氧舱治疗。

2. 预后

肺功能正常者，可恢复飞行；肺气压伤治愈后遗留肺功能障碍者，应终止飞行。

3. 康复

卧床休息，吸氧。

六、案例分析与经验启示

（一）案例一

1. 基本信息

患者，男性，27 岁，军事飞行员，飞行时间 800 小时。体健，自诉无明确耳气压机能不良诊断及耳鼻喉科疾病史。

2. 临床表现及诊疗经过

1993 年 2 月做特技飞行练习飞行前无鼻塞等不适，由高度 4000m 以约 250m/s 速度做半滚俯冲至 1500m 高度，准备上升时，突感双耳剧痛，持续 10 余秒，随即减速返场。用力捏鼻鼓气后感觉身体发飘，伴头晕，数秒后好转。医学检查：双侧鼓膜充血Ⅲ度，2 天后听力恢复，2 周后耳鸣完全消失。同年 10 月飞行时，自 3000m 以 15m/s 速度降至 400m 时，左耳受压，伴高调耳鸣。用力捏鼻鼓气，突发眩晕。着陆后航医检查：左鼓膜充血Ⅲ度。自觉耳鸣、耳闷、听力减退，捏鼻鼓气即出现眩晕，约 2 天后，大部分症状消失。因耳鸣持续半月余入院。入院查体：未见明确耳鼻喉科阳性体征；纯音听力检查：双耳呈感音神经性聋；前庭重振试验可疑阳性。首次低压舱出舱后检查：双侧鼓膜充血Ⅱ度；局部理疗 10 天并休息 1 个月后第二次低压舱出舱后检查：双侧鼓膜充血Ⅲ度，眼震电图检查后出现左向连续性自发性眼震，出舱后 3 天进行纯音听力检查气导听阈下降。

3. 综合分析

该患者系由飞行环境压力迅速变化导致的典型变压性眩晕病例，先后 2 次发病均有明显的压耳过程。功能检查显示，可能因潜在咽鼓管功能不良，导致前庭功能受到压力影响所致。

4. 经验启示

该案例提示：立即脱离飞行环境，回到地面后，变压性眩晕症状可能迅速缓解。但是，如未经系统检查及正规治疗，短期内可能复发，且症状加重，应严格掌握复飞条件。

（二）案例二

1. 基本信息

某院收治高空减压病 2 起 7 例，年龄 27~41 岁，平均（35 ± 8）岁，飞行时间 50~5000 小时，以上人员均身体健康，飞行合格。

2. 临床表现及诊疗经过

病例先后发生在 2002 年及 2005 年，均在 8000m 以上高空发生意外，第一起 1 例为轰炸机驾驶员，飞机突然发生座舱盖爆破飞离，第二起 6 例某先进机型飞行机组，出现飞机座舱失密导致意外发生，第二起 6 例分别出现短暂意识不清再转醒，双耳压迫感、全身乏力、头晕，四肢关节酸痛、耳内压力急剧变化，外界噪声消失，头昏、胸闷、气短等症状。出现意外后驾驶人员均能坚持驾驶，并降低高度到 4000m，上述症状即有所减轻，安全降落，随即被送院。经查生命体征稳定，血、尿、便常规及肝功能、肾功能、电解质等项目均正常，五官科检查 3 例病例出现双侧鼓膜充血。根据高空低压暴露史及症状，诊断为高空减压病。

入院后立即进行高压氧治疗，辅助营养神经药物治疗 15 天，症状完全消失后出院。

3. 综合分析

该起案例 7 名患者，均为高空飞行过程中意外突然失压所致，以意识障碍、关节酸痛、听力损失为主要表现。

4. 经验启示

该案例提示：飞行环境意外失压，可导致高空减压病急性发作。一旦出现症状，应立即下降飞行高度，经加压氧舱治疗后，一般预后良好。

（陈晓敏　周　鹏　林云涛）

第五节　手臂振动病

一、概述

手臂振动病（hand–arm vibration disease）是长期从事手传振动作业而引起的以手部末梢循环和（或）手臂神经功能障碍为主的疾病，并可引起手、臂骨关节—肌肉的损伤。其典型表现为振动性白指（vibration–induced white finger，VWF）。

（一）职业接触

手传振动是一种常见的职业病危害因素，普遍分布各行各业的生产过程中，如矿山开采、木业生产、航空航天、水下作业等，涉及的工种有伐木工（油锯工、链锯工）、凿岩工、铆工、铸造工（清铲工、捣固机工）、砂轮工、磨光机工、混凝土工、锻工等。国内尚未有职业性手臂振动病的普查数据，但陈青松等人对其中6种振动工具的振动强度进行研究发现，凿岩机、砂轮机等强度高，暴露风险大。同时王林等人对100多篇手传振动危害调查的原始数据分析发现，凿岩工和油锯工的手臂振动病发病率最高。

（二）发病机制

手臂振动病的发病机制目前尚不明确，主要有血管学说、免疫学说、神经学说和综合学说等，其中综合学说是许多学者较为认可的。

某日本学者认为手部长期接触振动，局部组织压力会增加，内皮细胞受损，血管内膜增厚，管腔变窄，致使内皮细胞产生的收缩因子（endothelium-derived constricting factor，EDCF）增加，引起血管收缩。同时舒张血管因子（endothelium-derived relaxing factor，EDRF）释放减少，致使血管舒张反应性降低，抗血小板凝集机制下降，血液黏滞度增加，加剧了局部血管栓塞。振动刺激可通过躯体感觉－交感神经反射使手指血管运动神经元兴奋性增强，使血管平滑肌细胞对去甲肾上腺素（NA）反应增强。振动损伤平滑肌的 α 受体，导致血管舒张功能减退。动静脉吻合中的 β 肾上腺素能血管舒张机制受损后，使血管对寒冷的舒张反应降低。寒冷作为诱因，也可直接刺激外周血管平滑肌收缩，导致局部血管痉挛出现白指。

（三）预防与控制

1. 控制振动源改革工艺流程

采取减振、隔振等技术革新措施，减轻或消除振动源的振动，是预防振动职业危害的根本措施。例如：采用液压、焊接、粘接等新工艺代替风动工具铆接工艺，采用水力清砂、水爆清砂、化学清砂等工艺代替风铲清砂；设计自动或半自动的操纵装置，减少手部和肢体直接接触振动的机会；工具的金属部件改用塑料或橡胶，以减少因撞击而产生的振动；采用减振材料降低磨光机等设备的振动。

2. 限制作业时间和振动强度

严格实施手传振动作业的卫生标准，限制接触振动的强度和时间，有效保护作业劳动者的健康，是预防手臂振动病的重要措施。国家职业卫生标准《工作场所有害因素职业接触限值　第2部分：物理因素》（GBZ 2.2—2007）规定的4小时等能量频率计权加速有效值［ahw（4）］不得超过5m/s^2。这一标准限值可保护约90%的劳动者反复接触（工作20年，年接振250天，日接振2.5小时）不会发生振动性白指。当振动工具的振动强度暂时达不到标准限值时，应更换振动小的工具或按照振动强度大小相应缩短日接振时间（见表4-2）。

表4-2　振动容许值和日接振时间限制

ahw（4）（m/s^2）	日接触时间（h）
5.00	4.0
6.00	2.8
7.00	2.0

续表

ahw（4）（m/s^2）	日接触时间（h）
8.00	1.6
9.00	1.2
10.00	1.0
＞10.00	＜0.5

3. 改善作业环境和加强个体防护

加强作业环境或作业过程中的防寒保暖，特别是在北方寒冷季节的室外作业，要有必要的防寒和保暖设施。如有可能，可对振动设备的手柄进行加热。研究表明，手柄温度如能保持40℃，对预防振动性白指的发生和发作有较好的效果。控制作业环境中的噪声、毒物和气湿等，对预防手臂振动病有一定的作用。可根据岗位振动特征，合理配备和使用防振手套，减轻振动危害。

4. 加强健康监护和日常卫生保健

依法对振动作业劳动者进行职业健康体检（上岗前、在岗时等），早期发现，及时处理患病个体。加强健康管理和宣传教育，提高劳动者保健意识。加强日常卫生保健，规律生活，坚持适度的体育锻炼；坚持温水浴（40℃），既舒缓精神又促进全身血液循环；烟气中含尼古丁，可使血管收缩诱发VWF，因此，应力求戒烟。

二、职业健康检查

主要依据《职业健康监护技术规范》（GBZ 188）进行体检，上岗前目标疾病为职业禁忌证，如周围神经系统器质性疾病，雷诺病。体检主要是内科常规检查，还应重点查手指有无肿胀、变白、变紫，指关节有无变形，指端感觉有无减退等。实验室和其他检查中的必检项目有血常规、尿常规、血清ALT、心电图；选检项目要根据体检情况有选择地进行下列试验，如冷水复温试验、指端感觉、神经－肌电图、指端振动觉、指端温度觉等。

三、临床表现

（一）症状体征

手臂振动病早期表现多为手部症状，其中以手麻、手痛、手胀、手僵最为多见。手麻和手痛往往影响到上肢，在休息时特别在夜晚症状更明显。寒冷可促使手麻、手痛发生，加重。适当活动或局部加温后，疼痛可暂时缓解。手部感觉障碍可伴有运动功能障碍，如影响书写，做针线，系纽扣等精细动作。手无力，握重物易疲劳，持物易掉，肘关节屈伸障碍等。

振动性白指或称职业性雷诺现象，是手臂振动病最典型的表现，也是目前临床上诊断手臂振动病的主要依据之一，其发作具有一过性和时相性特点，一般是在受冷后出现患指麻、胀、痛，并由灰白变苍白，由远端向近端发展，界限分明，可持续数分钟至数十分钟，再逐渐由苍白、灰白变为潮红，恢复至常色。白指发生的常见部位是示指、中指和无名指的远端指节，严重者可累及近端指节，甚至整个手指发白。白指可在受振动作用较大的一侧手发生，也可双手对称出现。白指发作通常出现在全身受冷时，每次发作时间不等，一般持续5~10分钟，严重者20~30分钟。病情开始时，白指多局限于末端指节，随着病情加重由末端指节向近端指节发展，发作次数也逐渐增加，但一般很少累及拇指和尾指。严重者可以出现指关节变形、手部肌肉萎缩，甚至坏疽。

（二）实验室和辅助检查

1. 手部皮肤温度测量和冷水复温实验方法

《职业性手臂振动病的诊断》（GBZ 7—2014）附录 B 规定，该项检查要求在室温 20℃ ±2℃的室内进行，建议在冬季（9：00—18：00）进行。受试者普通衣着，受试前避免实验前至少 12 小时的振动暴露，至少 2 小时内不吸烟，24 小时内不服用血管活性药物，非饥饿状态，入室休息 30 分钟后进行检查。应用半导体温度计（或热电偶温度计），测定受试者无名指中间指节背面中点的皮肤温度（基础皮温），随即将双手腕以下浸入（10±0.5）℃的冷水中，手指自然分开勿接触盛水容器，浸泡 10 分钟，出水后迅速用干毛巾轻轻将水吸干，立即测定上述部位的温度（即刻皮温）。测量时两手自然放松，平心脏高度放在桌上，每 5 分钟测量和记录一次，观察指温恢复至基础皮温的时间（分钟）。冷试后 30 分钟仍未恢复者，视为异常；或者 5 分钟复温率小于 30% 和 10 分钟复温率小于 60% 为异常参考值。复温率计算公式如下：

冷试后 5 分钟和 10 分钟复温率 = 冷试后 5 分钟（或 10 分钟时皮温 - 冷试后即刻皮温）/（冷试前基础皮温 - 冷试后即刻皮温）×100%。

2. 神经肌电图检查

神经肌电图检查是测试手臂振动病神经损伤的客观检查指标之一，包括常规同心圆针电极肌电图和神经传导检测。神经传导检测包括感觉神经传导测定和运动神经传导测定，测定参数包括运动神经传导速度（MCV）、末端运动潜伏期（DML）、复合肌肉动作电位（CMAP）波幅、面积和时限；感觉神经传导速度（SCV）、波幅、面积和时限。神经—肌电图的检查方法及其神经源性损害的判断基准见 GBZ/T 247—2013。结果表明，感觉神经传导速度的减慢比运动神经更明显，病情越重，传导速度越慢。尤其尺神经的感觉传导速度和病情的严重程度关系密切，越接近末梢部位减慢越明显。

3. 骨关节 X 线检查

手传振动引起的骨关节损伤主要以手关节、腕关节、肘关节等改变较为多见。对手关节、腕关节和肘关节等进行 X 线摄片发现其增生和退行性病变等损害，但这些不是手臂振动病的特异损伤。

四、诊断与鉴别诊断

（一）诊断原则

依据《职业性手臂振动病的诊断》（GBZ 7—2014），根据一年以上连续从事手传振动作业的职业史，以手部末梢循环障碍、手臂神经功能障碍和（或）骨关节肌肉损伤为主的临床表现，结合末梢循环功能、神经—肌电图检查结果，参考作业环境的职业卫生学资料，综合分析，排除其他病因所致类似疾病，方可诊断。

（二）诊断分级或分期

1. 轻度手臂振动病

出现手麻、手胀、手痛、手掌多汗、手臂无力、手指关节疼痛，可有手指关节肿胀、变形，痛觉、振动觉减退等症状体征，可有手部指端冷水复温试验复温时间延长或复温率降低，并具有下列表现之一者：

（1）白指发作未超出远端指节的范围；

（2）手部神经 - 肌电图检查提示神经传导速度减慢或远端潜伏期延长。

2. 中度手臂振动病

在轻度的基础上，具有下列表现之一者：

（1）白指发作累及手指的远端指节和中间指节；

（2）手部肌肉轻度萎缩，神经—肌电图检查提示周围神经源性损害。

3. 重度手臂振动病

在中度的基础上，具有下列表现之一者：

（1）白指发作累及多数手指的所有指节，甚至累及全手，严重者可出现指端坏疽；

（2）出现手部肌肉明显萎缩或手部出现“鹰爪样”畸形，并严重影响手部功能。

国家标准规定，振动性白指发作累及范围，应以单侧手分别判断。“多数”手指系指三个及三个以上手指。以白指诊断分级时，如左手、右手不一致，应以较重侧的诊断分级为准，但应分别描述。

（三）鉴别诊断

1. 雷诺综合征（raynaud’s disease）

雷诺综合征又称肢端动脉痉挛病（acroarteriospasm），是指血管神经功能紊乱所引起指端小动脉痉挛性疾病，其原因尚未完全明确。它常在情绪激动或寒冷时诱发，阵发性四肢末端（主要是手指）对称性、间歇性发白或发绀是其临床特点，女性多于男性，比例为 10∶1，发病年龄多在 20~40 岁。双手同时发病，且呈对称性。发自指末节、逐渐向全指和掌指扩展，但不超过掌面。小指与无名指常最先发生，以后波及其他手指。不发作时，除手冷外，无其他症状。不伴有感觉障碍，多有家族遗传史和局部营养障碍，可发生指尖溃疡，可向指甲下扩展，引起甲床和指甲分离，伴有剧烈疼痛，甚至发生坏疽，无肌肉萎缩。

2. 硬皮病

硬皮病等结缔组织病的早期常出现雷诺现象，硬皮病短期内可出现特有的皮肤改变，如水肿、硬化和萎缩等，也可无肿胀进而萎缩，呈蜡样皮肤，光滑没有弹性，有的还伴有内脏损害。多数病人体温升高，轻度贫血，并有嗜酸性粒细胞增多等症状。

3. 血栓性闭塞性脉管炎

动脉及静脉慢性发炎并闭塞引起剧痛，局部组织往往因缺血而发生坏疽，可使肢端残毁 75% 患者有“间歇跛行”，较严重时，由于局部组织及神经末梢缺血，休息时下肢及足趾有严重的阵发性疼痛。溃疡及坏疽处有跳动性灼痛，晚间最重，足背动脉搏动可消失。好发于 25~50 岁男子。

4. 手足发绀症

手足发绀症多见于年轻女性，但无典型的皮肤颜色改变过程，肢端青紫，无苍白。暴露于冷空气中症状加重。但在温热环境下，病情不能减轻。受累部位不局限于手指和足趾，无局部营养性变化或坏疽。

5. 腕管综合征

腕管综合征（carpal tunnel syndrome，CTS）是最常见的周围神经卡压性疾患，也是手外科医生最常进行手术治疗的疾患。腕管综合征的病理基础是正中神经在腕部的腕管内受卡压。其发病率在美国约为 0.4%，我国尚无明确统计。手传振动的职业危害可发生 CTS。在临床上应注意手传振动引起的 CTS 与其他原因引起的 CTS 的区别。CTS 的病因有颈椎病、风湿病、糖尿病等，发病年龄多为 45~65 岁，单侧手多见，皮肤温度和振动觉等一般为正常。

五、治疗、康复及预后

（一）治疗

目前尚无特效疗法，基本原则就是根据病情进行综合性治疗。应用扩张血管及营养神经的中西医药物治疗，并可结合采用物理疗法、运动疗法等。

1. 药物疗法

应用末梢血管扩张剂和交感神经阻滞剂减轻和控制振动性白指的发作，如盐酸妥拉苏林、氢麦角碱、盐酸等。使用维生素（B 族维生素、维生素 C）和三磷酸腺苷（ATP）改善神经功能。较大剂量静脉滴注 ATP 对外周血管有明显的扩张作用。肝素具有营养、抗凝、抗血栓形成、解痉作用，且能促使毛细血管通透性正常化，可作为治疗的手段之一，但应慎用。有报道提出，用二巯基丙磺酸钠和青霉胺等巯基络合物治疗振动病，获得较好的疗效。

2. 中西医疗法

可采用中西医结合的治疗方法。口服肌酐、弥可保。复合维生素、静脉滴注丹参注射液，维生素 C，取穴曲池、外关、合谷、足三里等穴位，针灸治疗，进行中药煎汤熏洗，并服用中成药（气虚者加用归脾丸、偏血瘀者加用大黄蛰虫丸）。

3. 物理疗法和运动疗法

物理疗法主要是通过温热作用，改善血液循环，促进组织代谢，如超短波治疗、运动浴等。运动疗法主要是可以促进血液循环、改善神经系统功能，适当运动尤其对恢复自主神经系统正常功能状态有良好的作用。如开展太极拳、徒手体操、球类运动等。化学性眼灼伤的临床表现主要为化学性结膜角膜炎、眼睑灼伤及眼球灼伤。

（二）预后

手臂振动病患者确诊后，按《劳动能力鉴定　职工工伤与职业病致残等级》（GB/T 16180—2014）进行工伤及职业病致残程度鉴定。手臂振动病的预后取决于病情，早期、轻度患者在脱离振动作业后，经过适当治疗，多数能够恢复，预后是良好的。但重症患者，则不容易完全康复，有的患者还有可能继续发展。

六、案例分析与经验启示

1. 基本信息

患者，男，32 岁，某某运动器材有限公司打磨工。

2. 职业史与职业病危害因素接触

2014 年 11 月至 2023 年 5 月在某运动器材有限公司从事磨光工作，工作中接触噪声、手传振动、粉尘，每天工作 8~10 小时，每月休 4 天，工作中有戴棉纱手套、防尘口罩、耳塞、耳罩。

3. 临床表现及诊疗经过

（1）患者诉于 2022 年开始出现无明显诱因的双手手指疼痛、麻木，天气变冷时加重，但未见手指变白，一直未进行诊治。2016 年 11 月行神经肌电图检查，结果示：右侧正中神经运动传导末端潜伏期延长，感觉神经传导速度减慢。患者起病以来，无关节红肿，无头晕、头痛、心悸，胃纳、精神可，睡眠一般，大、小便正常，体重无明显变化。

（2）体格检查。一般情况良好。体温 37.0 ℃，脉搏 76 次 / 分钟，呼吸 18 次 / 分钟，血压

118/72mmHg；心、肺未见异常，肝、脾未触及；生理反射存在，病理反射未引出；双手示指、中指、无名指近端指骨间关节轻度粗大；双手大小鱼际肌、指间肌未见萎缩。双腕关节以下触觉、痛觉稍减弱；振动觉、图形觉、运动觉正常。

（3）辅助检查。冷水复温试验结果示：冷试后5分钟及10分钟，左、右手复温率均正常。神经肌电图示：左右正中神经运动传导末端潜伏期延长，感觉传导速度减慢。系统性红斑狼疮（SLE）六项、血生化、血液流变学、三大常规、心电图、胸片、腹部B超、双手、双手腕关节、双肘关节X线检查均未见异常。

（4）住院期间，经用烟酸、地巴唑、海特琴、血管舒缓素等血管扩张药物，以及谷维素、维生素、活血中药等治疗，症状明显好转，白指发作次数显著减少，发作范围明显缩小，出院继续观察治疗。

4. 职业卫生学调查

该化工厂生产线工艺流程为：金属制模→蜡模→壳模→脱蜡→预热→铸造→震壳→大小切→加工→焊接→钻孔→磨光→包胶→喷砂→喷漆→组装出厂，工作场所空气中氯化氢浓度检测结果为5.50m/s^2，高于《工作场所有害因素职业接触限值　第2部分：物理因素》（GBZ 2.2—2007）：手传振动5.00m/s^2。

5. 综合分析

结合该劳动者职业病危害接触史、临床表现及医学检查等综合分析，职业病诊断结论为职业性手臂振动病（轻度）。本案例中造成职业性化学性眼灼伤主要是劳动者长期接触手传振动所致。

6. 经验启示

通过本案例的分析，我们可以更深入地了解手臂振动病的临床表现、处理方法和后续治疗方案，为类似事故的预防和处理提供有益的参考。

手传振动是一种常见的职业病危害因素，普遍分布各行各业的生产过程中，如矿山开采、木业生产、航空航天、水下作业等，涉及的工种有伐木工（油锯工、链锯工）、凿岩工、铆工、铸造工（清铲工、捣固机工）、砂轮工、磨光机工、混泥土工、锻工等。手臂振动病是长期从事手传振动作业而引起的以手部末梢循环和（或）手臂神经功能障碍为主的疾病。其典型表现为振动性白指。根据职业危害接触史，结合临床症状（2年前反复出现双侧手指遇冷发白及麻木不适，天寒多发）、实验室及辅助检查，可诊断手臂振动病。

（严茂胜　肖　斌　杨爱初）

第六节　激光所致眼（角膜、晶状体、视网膜）损伤

一、概述

激光（laser），是由物质的粒子受激发射放大的光，由激光器在受控的受激发射过程中产生或放大而得到，波长为200nm~1mm，常见激光器见表4-3。激光具有能量高、单色性强、发散性小等优点，其技术广泛用于切割、焊接、印刷、通信、测量、显像、科研、医疗、商业、娱乐、军事及执法部门等领域。激光的职业接触人数在近些年也呈明显的上升趋势，激光辐射主要对人的眼睛和皮肤造成损伤，其中以眼睛损伤最为严重。为有效避免激光辐射的危害，2010年国际劳工组织

（International Labor Organization，ILO）职业病诊断目录修订会议增加了光辐射（包含激光）所致疾病的内容，2013 年 12 月 30 日我国公布的《职业病分类和目录》，首次将“激光所致眼（角膜、晶状体、视网膜）损伤”列入职业病目录。

表 4-3　常见激光器

名称	波长（nm）	色谱	用途	参考功率（W）或能量（J）
准分子激光（氩氟）	193	短波紫外线	眼科	能量密度：200~500mJ/cm^2
氮分子激光	337	近紫外	科研	脉冲能量：5mJ
氪离子激光	350	近紫外	科研	1000mW
氩离子激光	488	蓝色	眼底光凝或科研	< 2000mW
	514. 5	绿色	工业或科研	工业 30~50W；实验室 200W
染料激光	514. 5	绿色	眼科、商用	功率 15mW
	570	黄色	科研	
	488	蓝色		
	590	橙色		
铜蒸汽激光	510	橙色	皮肤科	脉冲能量：5mJ
倍频 YAG 激光	532	绿色	眼底光凝	< 2500mW
			青光眼	纳秒级 Q 开关能量：0.1~2mJ
氪离子激光	531，521	绿色	眼底光凝	900mW
	568，531，521	黄绿色	眼底光凝	1500mW
	647	红色	眼底光凝	1000mW
	568	黄色	眼底光凝	600mW
红宝石激光	694. 3	深红色	眼科	脉冲能量：0.05~3.0J
氦 – 氖激光	612	橙色	科研	
	632. 8	红色	医用	口腔 5~20mW，皮肤 20~1000mW
	543	绿色	科研	仪器瞄准光< 1.0W
	594	黄色	科研	
掺钛蓝宝石激光	780	近红外	光电产品	1W
紫翠宝石激光	800	近红外	工业	20W
半导体激光	810	近红外	眼底光凝	2000~3000mW
二极管激光	698	近红外	眼科	光动力治疗：5~300mW
Nd：YLF 激光	1053	近红外	眼科	功率强度：$2.0 \times 10^{12} W/cm^2$
钕玻璃激光	1060	近红外	工业	最大单脉冲能量高达数万焦耳
Nd：YAG 激光	1064	近红外	眼科	脉冲能量：0.1~30mJ
铒激光	2940	中红外	眼科	单脉冲能量：0.2~5.0mJ
钬激光	2100	中红外	眼科、皮肤科	
二氧化碳激光	5500	远红外	外科	切割 20~80W，气化 250W
	16000	远红外	工业	500~20000W

（一）职业接触

激光产业持续蓬勃发展。2013年全球激光销售总额超过1000亿元，我国2014年激光产业链产值也达到800亿元，并以每年20%以上的增长率高速发展中，其中有一定规模的企业约300家，高校或研究院实验室约40家，保守估计激光产学研人员已达几十万。然而，激光作业安全形势并不乐观，尤其是激光对眼部的危害。某激光生产企业现场调查结果显示，全部激光作业岗位均存在直视接触，其中25.8%岗位的辐照度和照射量超过接触限值，劳动者防护眼镜佩戴率仅为39.0%。美国食品药品监督管理局（FDA）下属的器械和辐射卫生中心（CDRH）激光事故登记系统也显示，每月平均收到报告20起，大多为作业过程中的急性眼损伤。

（二）发病机制

激光对于人体组织的损伤机制主要包括热效应、光化学反应、机械效应，实际发生的危害均来源于以上几种效应的结合。

激光的热效应是指激光照射到组织后，生物分子吸收光子而被激活，加剧振动，并与周围分子碰撞而生热，使组织温度升高，性质发生变化。组织吸收热量后使局部温度升高，当温度超过55℃时组织中的蛋白质会发生变性凝固，酶失去部分或全部活性，并使组织产生一系列生物效应，称为热凝固。随着能量的增加，甚至可以使细胞内外的水分变成水蒸气，称为热汽化；更高的温度会使局部组织完全气化，称为热气化。激光的热效应主要由可见激光和红外激光引起。CO_2激光（波长10600nm的红外线激光）照射组织时可直接产热，当照射角膜发生阈损伤时，温度升高约35℃，随着照射激光功率密度的增加，可引起角膜组织凝固混浊，甚至气化穿孔。入射眼内的可见和近红外激光，主要为黑色素颗粒所吸收，黑色素颗粒吸收入射激光能量而形成致热源波及色素上皮的细胞器及视感受器的盘膜系统，而发生热灼伤。

激光的光化学效应指生物大分子吸收光子能量被激活，产生受激原子、分子和自由基，引起组织的一系列化学改变。目前已知激光的光化学反应主要有光氧化反应、光聚合反应、光分解反应和光敏反应。引起眼损伤的光化学效应主要为光分解反应和光敏反应。一般情况下，当激光强度尚未达到破坏组织的程度时，光化学效应就凸显出来。强激光照射时，视网膜大量的视色素被漂白，使视色素产生不可逆转的损坏，常常同时引起光感受器损伤、色素上皮细胞凋亡等一系列光化学反应。

激光的机械效应包括光致压强和电磁波效应。光具有动能而产生光压。激光辐射所产生的压力与其能量（功率）成正比。组织在激光照射后快速膨胀，产生高温的同时产生高压，这种效应对组织产生严重的破坏作用。激光本质也是电磁波，激光照射于组织时引起组织原子和分子振动，引起电磁波效应和离子化使组织受到损伤。

激光对机体组织的损伤，通常是几种效应同时引起的综合效应。氩离子激光（可见激光）及二氧化碳激光（远红外激光）的主要作用机制为热效应，脉冲时程短、功率高的巨脉冲激光则以机械效应为主。不同激光对不同组织的效应有所侧重，一般来说，激光对眼损伤主要是热损伤，激光达到眼组织后，一部分光子引起一系列光化学反应，一部分转化为热能，热能累积到一定程度，就会造成组织热损伤。

激光光束可造成直接危害，其影响作用主要取决于激光的物理参数、眼组织的生物特性以及接触环境等多个复杂因素，具体包括：①激光的能量（J）或功率（W）、振荡模式、输出方式、持续时间等；②人眼聚焦性、不同部位的眼组织特性、个体敏感性（种族、年龄）等；③光斑大小、均匀度、观察角度、光线距离和传播介质等。

（三）预防与控制

对激光作业人员的防护主要包括以下几点：

（1）对激光器进行有效屏蔽，防止作业人员直接接触激光辐射；

（2）加强激光作业人员的管理，严格要求其按照设备的操作规程进行操作，避免不规范作业导致的意外暴露如利用手部试探激光束、眼睛直视激光源等；

（3）加强激光作业人员个人防护，如佩戴防护眼镜等；

（4）在接触激光作业的岗位，设置明显激光辐射安全标志、警告标志和说明标志；

（5）定期对工作场所进行危害监测，将劳动者接触水平控制到《工作场所有害因素职业接触限值　第2部分：物理因素》（GBZ 2.2—2007）规定以下。

二、职业健康检查

职业健康检查主要指眼部接触激光后的健康体检，检查项目主要包括：视力、视野、色觉、立体视觉、外眼（眼睑、结膜、巩膜、角膜、瞳孔）和内眼（晶状体、玻璃体），必要时荧光染色后裂隙灯下检查结膜和角膜、眼底镜检查等。检查应在充分彻底洗眼后进行。

三、临床表现

（一）症状体征

1. 职业性激光接触对眼部的影响

眼组织是人体对激光最敏感的器官，最容易受到激光的伤害。激光所致眼损伤多因事故或意外接触较大剂量的激光而造成。最早的激光致眼损伤的事故报告可追溯至20世纪60年代末，距最早的红宝石激光器发明仅隔不到10年。

角膜损伤。①眼部出现明显的异物感、灼热感，并出现剧痛、畏光流泪、眼睑痉挛等眼部刺激症状。裂隙灯显微镜下观察见角膜上皮脱落，呈细点状染色或有相互融合的片状染色。②眼部角膜实质层出现不同程度的点状或片状凝固性混浊，可伴有角膜变性坏死、溃疡凹陷，甚至穿孔。裂隙灯显微镜下观察可见边界清楚的点状或圆盘状白色凝固斑，可伴有点状或片状荧光染色；严重者可见界限清楚的白色圆柱形贯穿凹陷，从上皮到内皮甚至全层发生混浊。

晶状体损伤（白内障）。晶状体周边部或前、后囊下皮质和（或）核出现灰白色或黄白色点状或线状、片状、条状、楔状、网状、环状、花瓣状、盘状等混浊，可伴有空泡。视力可能减退。

视网膜损伤。眼部出现不同程度视力下降，或眼前黑影，或视物变形，或出现暗点等症状。检查见视网膜黄斑区中心凹反射较暗或消失，视网膜后极部可见不同程度的出血、水肿及渗出，可出现裂孔及脱离等。

2. 职业性激光接触对皮肤的影响

由于皮肤不像眼有那么高的光学敏感性，所以激光辐照的急性危害较小且不容易发生。激光器的临床使用中更需要注意安全防护，若使用不当，高能医用激光会造成皮肤灼伤、瘢痕或坏死。

激光的职业皮肤接触中慢性危害则更为常见，紫外激光的光化学效应占了其中的大多数，能够引起皮肤发红和色素沉着；由于皮肤角质层的吸收可视波长范围和红外波长范围的光可引起红疹以致生成水疱，产生大范围损伤。

3. 职业性激光接触对其他系统的影响

心血管系统。激光作业对心功能、血压、血脂、血细胞等心血管指标有影响，但结论不一。主要的发现有激光暴露可以导致收缩压（SBP）、总胆固醇（TC）升高，高密度脂蛋白胆固醇（HDLC）下降；左室射血前期指数值（PEPI）、等容舒张期（IRT）显著延长，左室射血前期/左室射血时间（PEP/LVET）比值明显增加，而二尖瓣曲线 EF 斜率（EFV）显著降低。

神经系统。激光对于神经系统的影响也存在争议。长期从事激光作业的人员，大多都出现不同程度的头昏、耳鸣、恶心、心悸、失眠多梦、食欲下降、腰酸腿胀、易疲劳、烦躁或抑郁、精力不集中、记忆力减退等症状。症状的轻重及发生概率与接触激光时间的长短、激光器功率的大小及周围环境等因素有关。体检可见，血管反应不稳定，多汗，腱和骨膜反射增强，血压波动不稳定等。

生殖系统。关于激光对于生殖和发育的影响研究较少，但有研究表明，激光作业对于女工月经和妊娠异常（出生缺陷率升高）的影响明显，主要表现在月经周期、经期、经量异常（以月经过多）、白带异常和痛经。

（二）实验室和辅助检查

1. 常规检查

包括视力、视野、立体视觉等主观功能检查，以及裂隙灯眼前段检查、检眼镜眼底检查等，初步判断眼的功能性和器质性损伤。

2. 特殊检查

针对不同部位和不同性质的眼损伤进行各项特殊检查，例如，光相干断层扫描成像技术、眼超声检查、荧光素眼底血管造影、眼电生理检查、摘除物病理学分析等。

3. 其他检查

（1）头颅影像学检查，如 CT 和 MRI 等，排除异物、肿瘤、视神经病变等；

（2）全身检查，如血生化检查、内科检查等，排除如糖尿病、高血压、动脉粥样硬化和传染病等对视网膜产生影响的疾病。

四、诊断与鉴别诊断

（一）诊断原则

根据《职业性激光所致眼（角膜、晶状体、视网膜）损伤的诊断》（GBZ 288—2017），其诊断原则为：有明确接触较大剂量激光的职业接触史，以眼（角膜、晶状体、视网膜）损伤为主要临床表现，参考工作场所辐射强度的测量和调查资料，排除其他原因所引起的类似眼部疾病，并进行综合分析，方可诊断。

1. 角膜损伤

眼部出现下列情况之一者，可诊断为角膜损伤。

（1）眼部出现明显的异物感、灼热感，并出现剧痛、畏光流泪、眼睑痉挛等眼部刺激症状。裂隙灯显微镜下观察见角膜上皮脱落，呈细点状染色或有相互融合的片状染色。

（2）眼部角膜实质层出现不同程度的点状或片状凝固性混浊，可伴有角膜变性坏死、溃疡凹陷，甚至穿孔。裂隙灯显微镜下观察可见边界清楚的点状或圆盘状白色凝固斑，可伴有点状或片状荧光染色；严重者可见界限清楚的白色圆柱形贯穿凹陷，从上皮到内皮甚至全层发生混浊。

2. 晶状体损伤（白内障）

晶状体周边部或前、后囊下皮质和（或）核出现灰白色或黄白色点状或线状、片状、条状、楔状、网状、环状、花瓣状、盘状等混浊，可伴有空泡。视力可能减退。

3. 视网膜损伤

眼部出现不同程度视力下降，或眼前黑影，或视物变形，或出现暗点等症状。检查见视网膜黄斑区中心凹反射较暗或消失，视网膜后极部可见不同程度的出血、水肿及渗出，可出现裂孔及脱离等。

（二）鉴别诊断

职业性激光所致眼（角膜、晶状体、视网膜）损伤的诊断应与化学性眼灼伤、结膜炎、角膜炎、眼外伤等其他眼部疾病进行鉴别。这些疾病在临床表现上可能与职业性激光所致眼（角膜、晶状体、视网膜）损伤相似，但病因、临床表现和治疗方法不同。因此，在诊断过程中需要仔细鉴别，确保准确诊断并采取合适的治疗措施。

五、治疗与康复

（一）治疗与康复

目前尚无特效治疗方法，以对症治疗为主。根据临床类型及病情，按常规处理。如晶状体混浊所致视功能障碍影响正常生活或工作，可施行白内障摘除及人工晶体植入术。依据损伤情况较轻者应脱离激光作业或休息 1~2 天，重者可适当延长，多能完全恢复，一般不受影响，痊愈后可以恢复原工作。

（二）预后

激光所致眼损伤患者确诊后，按《劳动能力鉴定　职工工伤与职业病致残等级》（GB/T 16180—2014）进行工伤及职业病致残程度鉴定。激光所致眼损伤主要累及角膜、晶状体和眼底。角膜结膜炎，一般给予局部止痛，抗炎抗氧化、防感染，促进修复等处理，轻者预后较好，重者引起瘢痕浑浊或溃疡穿孔，较难恢复。晶状体受损，药物的疗效不确切，若进展成白内障，治疗则以手术为主。眼底损伤，轻者仅留色素沉着，视力可恢复，重者穿孔或遗留瘢痕，造成永久视力障碍。

六、案例分析与经验启示

1. 基本信息

患者，男，31 岁，电器股份有限公司检测工。

2. 职业史与职业病危害因素接触史

2020 年 5 月 10 日 8：20 左右在电流特性检测岗位调试产品标记打印激光机时，左眼直视了激光束，劳动者未佩戴眼部防护用品。

3. 临床表现及诊疗经过

劳动者事后出现左眼视野中心模糊，未作任何处理。2023 年 2 月 12 日当地职业健康检查示左眼视野中心视物模糊及左眼眼底改变。2023 年 3 月 4 日因“左眼视物不清 3 年”于某医院门诊就诊。眼科检查示左眼结膜无明显充血，角膜清，左眼黄斑区色素紊乱。辅助检查：左眼光学相干断层扫描提示左眼黄斑区可见局部隆起，神经上皮层下方渗出。诊疗经过：予以促进视网膜修复、维生素等治疗。局部予以玻璃酸钠滴眼液治疗，维生素口服治疗。临床诊断：职业性激光所致眼

（视网膜）损伤（左）。

4. 职业卫生学调查

该化工厂生产线工艺流程为：劳动者将产品搬运至生产线上，并对激光喷码机进行调试，调试时间约每天 1 次，每次 3 分钟，完成激光调试工作后，由激光喷码机对产品自动进行打标。调试过程中若操作不当眼睛可能会被激光喷码机直接照射。根据国家标准 GBZ/T 189.4—2007，调查组人员对病例 2020 年直视激光时的辐射强度进行模拟测量，测量时拆除防激光金属挡板。测得病例调试作业时意外受到激光辐射的辐照度为 1.601W/cm^2，根据病例意外接触激光辐射的时间，算得对应照射量为 0.3202J/cm^2，超过国家标准 GBZ 2.2—2007 规定的激光辐射接触限值的要求。

5. 综合分析

综合分析该劳动者职业病危害接触史、临床表现及医学检查等综合分析，临床表现和辅助检查结果等，职业病诊断结论为职业性激光所致眼（视网膜）损伤（左）。本案例中造成职业性激光所致眼（视网膜）损伤（左）主要是因为劳动者在激光打标测试过程中，未佩戴任何个体眼面部防护用品。

6. 经验启示

通过本案例的分析，我们可以更深入地了解光所致眼（角膜、晶状体、视网膜）损伤的临床表现、处理方法和后续治疗方案，为类似事故的预防和处理提供有益的参考。

职业性激光所致眼（角膜、晶状体、视网膜）损伤是一种较为严重的职业病危害，在作业区安装金属防激光挡板及配备激光辐射防护眼镜等劳动防护，可以有效杜绝该意外的发生。另外，建议加强对劳动者和用人单位的职业健康知识和法律法规宣传教育，以提高其对职业健康权的保障意识。

（严茂胜　肖　斌　杨爱初）

第七节　冻　伤

一、概述

机体遭受低温侵袭时可引起全身或局部性损害，统称冷损伤。全身性冷损伤称为体温过低（hypothermia），又称“冻僵”（frozen stiff）；局部性冷损伤又可分为冻结性冷损伤（freezing cold injury）和非冻结性冷损伤（nonfreezing cold injury）。本节所述冻伤（frostbiteinjury）属于冻结性冷损伤，系严寒暴露导致身体局部组织温度低于组织冻结温度（–3.6~–2.5℃，亦称生物冰点），局部组织在冻结与融化过程中导致的损伤。

职业性冻伤是在寒冷、潮湿或有风的环境中工作劳动时，或接触低于 0℃的介质（如制冷剂、液态气体等）时引起的局部组织温度下降，经冻结与融化而发生的损伤。

（一）流行病学

冻伤伤度受环境温度、冷暴露时间、身体状况、防护条件等因素的影响。多发生于肢端，多见于足部，其次为手、耳、鼻，面颊也占一定比例。有学者对 892 例冻伤患者统计发现，足冻伤占 43.50%、手冻伤占 19.17%、手足均冻伤占 28.59%、面部（含鼻）冻伤占 5.49%、耳部冻伤占 3.03%、其他部位冻伤占 0.22%，如将手足均冻伤分别加入手、足冻伤的百分比中，则足为 72.09%、手为47.76%。有人对397例冻伤者分析发现，手、足冻伤分别占病例总数的64.4%和30.7%。可见冻伤的防治重点在于预防手、足冻伤。研究发现，大部分颜面冻伤为Ⅰ度冻伤，鼻部多为Ⅱ度冻伤，手、足冻伤也以轻度即Ⅰ、Ⅱ度冻伤占多数，但Ⅲ、Ⅴ度冻伤则可导致截肢伤残，预后较差，故其防治不容忽视。

（二）病因与接触机会

1. 职业暴露

暴露于低于0℃环境或介质（如制冷剂、液态气体等）中时，均有发生冻伤的可能。包括寒冷季节从事户外作业，或在无采暖或有冷源设备的室内低温条件下作业，如林业、渔业、农业、矿业、护路、通信、运输、环卫、警务、投递、建筑业等。易发生职业性冻伤的工种有石油和天然气生产劳动者、林业劳动者、汽车司机、建筑劳动者、户外维修人员、邮递员、清洁劳动者、食品冷藏劳动者、接触制冷剂和低温介质的人员等。职业性冻伤接触的介质有固体CO_2（干冰）、液氮、液氨、液氯、液氦、氟利昂等，由于其沸点过低，在常压下蒸发的瞬间可形成–268.9~–29.8℃的低温，防护不当可引发冻伤。

2. 冻伤的影响因素

（1）寒冷强度。主要取决于环境温度，但也与风力、湿度等因素有关，相对于气流静止时及空气干燥情况下，风力和湿度越大，散热越快。

（2）着装。衣服、鞋袜过紧时，影响局部血液循环，也易发生冻伤。

（3）个人状况。在同等条件下，成年人、体格健康者耐冻能力较强，老年人、年幼者以及体弱多病、营养不良者耐冻较弱；经常进行体育锻炼者耐寒能力较强，缺乏体育锻炼者较弱。

（4）其他。如疲劳、虚弱、紧张、饥饿、失血及创伤等均可减弱人体对外界温度变化的调节和适应能力，使局部热量减少导致冻伤。

（三）发病机制

冻伤损伤过程分为组织冻结和融化2个阶段，冻—融直接损伤血管内皮细胞是致病的重要机制。组织冻结过程中形成的冰晶体可直接造成细胞的机械性损伤，冰晶体形成可使细胞内溶质浓度升高、pH值改变，影响蛋白质结构的稳定性，造成细胞结构和功能改变。组织冻—融还造成血管内皮细胞损伤和缺血—再灌注损伤，受损的血管内皮细胞可释放多种血管活性物质和细胞毒性介质，引起血管舒缩异常、血小板黏附和聚集、血凝增强和血栓形成，造成血液循环障碍，组织细胞因缺血缺氧而坏死。

（四）病理特点

“冻伤”病理过程分三个阶段。

1. 冻伤前生理调节阶段

人体启动产热与散热调节，使产热增加、散热减少，在持续寒冷情况下，机体为保持中心体温，皮肤和肢端血管将持续收缩；寒冷若持续过久，机体代谢开始降低，心率减慢，中心体温降低，皮肤、肢端血管亦出现持续性收缩，局部皮肤和肢体末端组织就可能发生冻结。

2. 组织冻结阶段

冻结分为速冻与缓冻，职业性冻伤过程大多属于缓冻，其对组织的损伤主要与细胞外液渗透压改变有关。当作业环境温度低于组织冰点时，细胞外液水分逐渐形成冰晶，导致渗透压升高、细胞脱水、蛋白质变性、酶活性降低、细胞线粒体呼吸率下降，造成大量中间产物堆积，导致细胞死亡。

此外，由于细胞外液冰晶体的不断增大，可对组织细胞产生机械损伤作用，使细胞间桥断裂或细胞膜破裂，也是造成细胞死亡的重要原因。

3. 复温融化阶段

表浅的皮肤冻结复温后，局部只呈现一般炎性反应，1~2 周后多可获得痊愈。深部组织发生冻结后，可诱发电解质失衡、代谢紊乱及局部微循环障碍，复温时冻区血流开始恢复，血管扩张，但冻结阶段该处血管壁已经损伤，管壁通透性明显增强，致使血浆外渗，局部出现水肿，当组织间压力升高到一定程度时，即可能压迫微小动脉，使其关闭，导致局部组织缺血缺氧，如不及时改善缺血区组织的微循环，则可引起组织坏死，上述复温后改变称为“冻溶性损伤”或继发性损伤。有研究认为，在一定条件下，冻伤组织 40% 是原发性冻伤性损伤，其余 60% 则是源于循环恢复后产生的继发性损伤，并随冻伤程度加重和冻伤时间延长，破坏亦愈严重。因此，复温的方法对减少组织损伤有重要影响。

（五）预防与控制

冻伤重在预防。应根据低温环境及职业作业特点，采取卫生学及相应工程技术措施预防各类冻伤，要点如下。

（1）加强组织管理是预防冻伤的关键，尤其是在低温环境中集体作业时。在低温环境中作业或接触制冷介质作业时，应有周密的作业计划，有应急处置预案与冻伤救治组织，配备救治药械和急救后送工具等，并具体贯彻落实。加强冻伤易感人员的医学监督，加强低温环境分散作业人员的管理。

（2）普及冻伤防治知识，搞好低温作业基本技能训练。

（3）做好防寒保暖，应按卫生标准或规范要求，在作业场所设置相应的防寒、采暖设备，或在作业位置附近创造局部温区。合理使用防寒装备，尤其应做好手足保暖。在严寒条件下从事某些特殊作业时，如有条件可采用辅助加热手段。

（4）保证热饮、热食供应，提高身体御寒能力。禁烟限酒。

（5）搞好作业安排监测室内外作业现场气象条件的变化，合理安排劳动作息与定时轮换。作业人员之间应互相照顾，注意观察有无冻伤发生。冬天户外施工时，人体动作不灵活、不协调，工伤事故往往增多，更应严格执行各项安全操作规程。

二、职业健康检查

（一）上岗前职业健康检查

低温作业上岗前职业健康检查的目标疾病（职业禁忌证）有：雷诺病；寒冷性荨麻疹或寒冷性多形红斑。

检查内容包括以下几点。

1. 症状

应重点了解雷诺病的症状和病史以及皮肤在暴露于冷风、冷水后局部是否出现瘙痒性水肿、风团或紫红丘疹。

2. 体格检查

包括内科常规检查和外科常规检查。

3. 实验室和其他检查

必检项目包括：血常规、尿常规、肝功能、心电图、胸部 X 射线摄片；复检项目包括：有雷诺病表现者可选择白指诱发试验、冷水复温试验、指端收缩压、甲襞微循环。

（二）在岗期间职业健康检查

低温作业在岗期间职业健康检查为推荐性，其目标疾病和检查内容同上岗前职业健康检查，健康检查周期为 3 年。

（三）应急健康检查

低温作业应急健康检查目标疾病为职业性冻伤。检查对象包括：因自然灾害、气候突然变化，如寒潮、气温突降等恶劣气候可能导致冻伤的职业人群；制冷剂、液态气体，如二氧化碳（干冰）、液氮、液氨、液氯、液氦、氟利昂泄漏可能导致快速冻伤的职业人群。检查内容如下。

（1）症状，重点了解皮肤暴露部位有无刺痛、灼热、麻木感、知觉丧失等症状。

（2）体格检查，包括内科常规检查和皮肤科常规检查。皮肤科检查时应注意暴露部位皮肤有无红斑、水疱等。

（3）必要时进行工作场所现场调查。

三、临床表现

（一）症状与体征

冻伤多发生在暴露部位，以手、足、颜面、耳、鼻处最多见。临床表现最初为接触低温介质部位冷感和知觉丧失，自觉麻木，继之皮肤冻结变硬、苍白无血色。冻结部位融化后，随着冻伤损伤程度的不同，患部皮肤呈红色、暗红色、紫红色、青紫色甚至青灰色；局部充血、水肿；出现轻度至重度刺痛、烧灼样痛，或感觉减退甚至消失；可出现浆液性或血性水疱，水疱大小和数量不等，可有多少不等的浆液性或血性渗出；患处可结痂形成痂皮，痂皮脱落形成溃疡，可形成干性坏疽，坏死肢端自行脱落，亦可继发感染形成气性坏疽或湿性坏疽。损伤程度直接与温度和受冻时间有关。

冻伤根据临床损伤严重程度分为 4 度：Ⅰ ~ Ⅱ度为轻度冻伤，主要损伤皮肤和肌肉；Ⅲ ~ Ⅳ度为重度冻伤，主要损伤肌肉和骨骼。

Ⅰ度冻伤：损伤表皮层。有轻度刺痛、痒感或灼热感。受冻皮肤早期苍白，复温后局部呈红色或微紫红色，充血、水肿，无水疱。水肿消退后皮肤无明显变化，1 周左右痊愈，不留瘢痕。

Ⅱ度冻伤：损伤达真皮层。有剧烈跳痛或刺痛。复温融化后，皮肤呈红色或暗红色，水肿明显，触之灼热。有较大水疱，水疱内充满橙黄或粉红色透明冻浆液性液体，疱底鲜红。若无感染，水疱干燥后形成较薄痂皮，3 周左右脱痂后痊愈，无组织丢失，可遗留对冷刺激敏感，多汗。

Ⅲ度冻伤：损伤深达皮下组织。感觉迟钝。复温融化后，创面由苍白变为紫红或青紫色，皮温较低，水肿明显。有散在的厚壁血性水疱，疱底暗红，有血性渗出。水疱逐渐干燥形成较厚的黑硬痂，脱落后形成溃疡，愈后留有瘢痕及功能障碍。

Ⅳ度冻伤：损伤深达皮肤全层、皮下、肌肉及骨骼等组织。感觉丧失，肢体痛。复温融化后，皮肤呈紫蓝色或青灰色，皮温低，中度水肿。可有厚壁血性小水疱，疱液咖啡色，疱底污秽，严重时无水疱。3 周左右冻区逐渐干燥变黑，组织干性坏死，坏死组织自行脱落形成残端或需截肢；如并发感染，坏死组织形成湿性坏疽甚至气性坏疽。

（二）实验室检查与辅助检查

X线平片可以显示软组织肿胀、骨质疏松和骨膜炎等，还可发现骨与关节软骨损伤所致关节异常、感染性骨关节炎及末端指（趾）骨的情况。但不能确定坏死分界线的最终部位。

磁共振成像与磁共振血管造影术，可直接观察阻塞血管及周围组织的图像，能在临床上出现坏死征象前精确地确定组织缺血的范围，从而能够早期进行手术清创覆盖，防止发展成菌血症、败血症，但对缺少肌肉组织的指、趾，诊断效果不佳。

红外热像图法便于了解冻区组织代谢和血液循环情况，以判断冻伤程度与范围、评估疗效及判断预后。

骨扫描术：冻伤后早期可采用静脉注射放射性核素（99mTc-羟甲二磷酸钠盐）做骨扫描，以评估软组织和骨骼微循环，判断坏死程度，以便制订治疗计划、评估预后。

四、诊断与鉴别诊断

（一）诊断原则

根据《职业性冻伤的诊断》(GBZ 278—2016)，其诊断原则为：有明确的在低于0℃的寒冷环境作业史，或短时间接触介质（制冷剂、液态气体等）的职业史，具有受冻部位冻结时和（或）融化后的临床表现，参考工作场所职业卫生学调查及实验室检查结果，综合分析，并排除其他原因所致类似疾病，方可诊断。

（二）诊断分级

冻伤分级诊断应注意冻伤面积与深度及部位，冻伤深度以按四度分类法为依据（见本节症状与体征部分），冻伤面积按中国九分法（见表4-4）和手掌计算法计算。

手掌计算法：用患者自己的手掌，五指并拢，一侧手掌面积约为体表总面积的1%。

表4-4　成人各部位体表面积的估算（中国九分法）

<table>
<tr><th colspan="2">部位</th><th>占成人体表面积（%）</th><th>中国九分法</th></tr>
<tr><td rowspan="3">头颈</td><td>头部</td><td>3</td><td rowspan="3">1×9%=9%</td></tr>
<tr><td>面部</td><td>3</td></tr>
<tr><td>颈部</td><td>3</td></tr>
<tr><td rowspan="3">双上肢</td><td>双上臂</td><td>7</td><td rowspan="3">2×9%=18%</td></tr>
<tr><td>双前臂</td><td>6</td></tr>
<tr><td>双手</td><td>5</td></tr>
<tr><td rowspan="3">躯干</td><td>躯干前</td><td>13</td><td rowspan="3">3×9%=27%</td></tr>
<tr><td>躯干后</td><td>13</td></tr>
<tr><td>会阴</td><td>1</td></tr>
<tr><td rowspan="4">双上肢</td><td>双臀</td><td>5</td><td rowspan="4">5×9%+1%=46%</td></tr>
<tr><td>双大腿</td><td>21</td></tr>
<tr><td>双小腿</td><td>13</td></tr>
<tr><td>双足</td><td>7</td></tr>
<tr><td colspan="2">全身合计</td><td>100</td><td>11×9%+1%=100%</td></tr>
</table>

冻伤诊断分级：壹级冻伤、贰级冻伤、叁级冻伤、肆级冻伤。

（三）鉴别诊断

冻伤初期，特别是患部处于冻结状态时难以分度。一般根据冻结部位融化后24~72小时的损伤特点和症状、体征发展状况进行回顾性诊断。本症应与职业因素引起的非冻结性冷损伤如冻疮、浸渍足（手）等进行鉴别。

五、治疗与康复

（一）治疗

1. 现场急救与处理

（1）确诊并评估伤情。一旦做出冻伤诊断，应了解患者受冻时气象条件或作业环境、冷暴露时间、作业种类或性质、衣着及身体情况等，结合临床表现评估冻伤伤度与范围。如有冻结—融化—再冻结的病史，或曾采用延迟复温（如拍打按摩、冷水浸泡、冰雪搓擦等方法复温）或过热复温（如明火烘烤、发动机废气烘烤，或用温度高于48~50℃的热水浸泡）等错误方法处置，或伴有严重创伤、失血等，病情可明显加重。检查是否合并低体温及其他疾病，重度低体温及严重创伤等更易危及生命，应先行处理。

（2）采取保温措施。立即使获救者脱离冷环境或接触低温介质，移至防风保暖场所，用毛毯等包裹保暖。若手套或鞋袜与身体冻结在一起，切勿强行脱下，可在复温后手套、鞋袜变软时小心剪开弃去。如受冻部位已融化，护送途中要做好保暖避免再次冻结，同时避免组织创伤。严禁用已融化肢体行走。

（3）正确复温。如患部仍冻结，一般主张快速送医院作温水快速复温救治。如无条件护送且患部仍冻结，并确认冻伤融化后无再次冻结危险，方可在现场实施温水快速复温。如既无温水快速复温条件，又无法快速护送就医时，可利用患者或救护者的体热实施复温，如将冻伤的手指放在腋下、腹部或大腿根部复暖，将冻伤的脚踝放在伙伴腹部衣服下复暖，或用温暖的双手捂住面颊、耳郭，直至冻伤部位疼痛恢复。该法预后不如温水快速复温，但可收到一定的治疗效果。严禁采用延迟复温或过热复温等错误方法复温。

（4）复合伤救治。接触制冷介质造成的冻伤伴有眼、呼吸道损伤或化学中毒时，可按相应化学物质中毒诊断标准及处理原则进行诊治。

2. 医院治疗

（1）温水快速复温。是目前救治仍处于冻结状态冻伤的最好方法。将受冻肢体浸泡在40~42℃水中，液面高于冻伤部位2~3cm，直至冻肢融化、远端皮肤尤其是指（趾）端红润为止，一般需20~30分钟。耳、鼻等冻伤部位无法浸浴，可用42℃湿毛巾局部热敷。复温过程中需严格控制水温于40~42℃，如添加热水须先移出冻伤肢体，避免明火加热浸泡容器，以防烫伤。最好采用有自动加热、控温功能的设备，多部位、大面积冻伤时可使用烧伤浸浴设备对患者进行全身浸浴复温。首次复温时不推荐活动患肢，以防血栓或血管内皮脱落阻塞肢体远端血管，加重组织缺血。复温过程中冻区恢复感觉时会出现剧烈疼痛，可口服布洛芬、吲哚美辛等止痛药，若疼痛仍不能缓解可使用镇痛药。首次温水快速复温后，每日仍需作浸浴治疗。

需注意的是，合并低体温的患者应先纠正低体温。如在体核温度恢复至35℃前先复温冻伤肢体，可使外周血管迅速扩张引起低血容量性休克，同时大量冷的血液回流心脏可加重体核温度下降、诱发室颤，可给患者带来生命危险。

（2）加强护理与创面处理冻伤，特别是重度冻伤的病程较长，需做好临床护理与创面处理。早期注意观察冻区血液循环状况，询问患者主观感觉。治疗中注意观察皮肤色泽、水肿、组织坏死等变化。水疱无感染时无须处理，待其自行吸收。水疱液压力过大或水疱限制关节运动时，需引流疱液并保留完整疱皮。只有水疱感染时才作清创处理，剪去疱壁，消毒后涂药。

（3）药物治疗。①止痛药物，冻伤组织复温后通常会出现剧烈疼痛，有些患者疼痛可持续数日至数周。疼痛管理作为现代治疗手段的重要环节之一，亦应纳入冻伤的规范化治疗。用药种类及给药方式可根据具体情况进行选择。②防治感染，遵从抗生素应用原则，根据创面局部及全身感染情况选用相应等级的抗生素。注射破伤风抗毒素。③改善血液循环，冻伤时损伤部位血管内皮损伤、血管舒缩异常、血管内血栓形成，故选用扩张血管、保护血管内皮、促进细胞修复、抗凝与溶栓药物治疗，以改善局部与全身血液循环。

（4）手术治疗。手术疗法可缓解组织压力、增加关节活动度、抑制感染，从而改善预后，可根据病情发展的需要，实施切痂术、死骨和坏死组织切除术、皮肤成形术、修补整形术、截肢术等。

（5）全身支持疗法。重度冻伤患者需住院治疗，应加强营养，增强患者抵抗力，促进损伤修复。

（6）复合损伤治疗。肢体冻伤患者可能合并低体温，骨折、关节脱位、颅脑损伤等创伤，骨筋膜室综合征等，应做好复合损伤的治疗。

（二）预后

冻伤的预后主要取决于冻伤伤度和救治情况。Ⅰ、Ⅱ度冻伤预后良好；重度冻伤大多预后不良，经积极、正确救治，80%~85% 的Ⅲ度冻伤预后良好，Ⅳ度冻伤可形成干性坏死、湿性坏疽甚至气性坏疽，常需截肢，遗留不同程度的伤残。冻伤可造成表皮、真皮、汗腺、皮脂腺、皮下组织、神经、肌肉和骨骼不同程度的损伤，可能会导致某些后遗症。真皮损伤可引起局部皮肤表面变形及瘢痕，神经损伤可引起局部感觉异常（冷敏感）或缺失，汗腺和皮脂腺损伤可引起多汗、少汗及保护性皮脂分泌减少，皮下脂肪破坏可导致隔热层消失，肌肉损伤可导致挛缩、粘连，骨结构损伤可引起骨关节炎。

六、案例分析

（一）案例一

1. 基本信息

患者，男，36 岁，从事某海洋石油勘探、开发、生产业务的集团电工。

2. 职业史与职业病危害因素接触史

1997 年 6 月 16 日上午 8 时，患者未做任何防护，给某海上平台中央空调压缩机添加氟利昂。当他旋开一压缩机滤嘴螺丝时，空调压缩机内的氟利昂泄漏，喷至其右手（接触时间约为 1 分钟）。因无明显不适，戴上橡胶手套后继续工作。

3. 临床表现及诊疗经过

患者被氟利昂喷溅时觉右手冰凉，部分皮肤变为苍白，并迅速变为紫色。因无明显不适，一小时后来医务室就诊。患者神志清醒，无胸闷、气促等中毒症状。体温、呼吸、脉搏、血压正常，心肺正常。右手可见：掌背、腕背、前臂桡侧部分皮肤呈紫褐色、呈片状，面积约为 2.5cm × 12cm，未见水疱，无明显红肿。予以温水冲洗患肢后，采取暴露疗法，保持创面清洁干燥；肌注 TAT 预防破伤风，口服阿莫西林，预防继发感染。第四天，部分紫褐色皮肤开始脱落，露出光滑、红嫩的新生皮肤。第十天，受损皮肤完全脱落，露出红嫩的再生皮肤；在愈合过程中，创面始终干燥、无渗出、无红肿，无继发感染。在冻伤后第十五天，新生的皮肤与正常皮肤比较，除新生的皮肤有少许色素沉着外，无明显差别，痊愈。

4. 职业卫生学调查

氟利昂是冰箱、空调常用制冷剂，海上平台中央空调压缩机添加主要为氟利昂。1997 年 6 月 16 日上午 8 时，患者未做任何防护，给某海上平台中央空调压缩机添加氟利昂，因无明显不适，佩戴橡胶手套后继续工作。

5. 综合分析

结合该劳动者职业病危害接触史、临床表现及医学检查等综合分析，职业病诊断结论为氟利昂致右手皮肤Ⅰ度冻伤。本案例中造成职业性冻伤主要是因为劳动者在添加氟利昂作业时未佩戴任何个体防护用品，并且在发生喷溅后未及时处理。

6. 经验启示

凡在低于 0℃的环境，或在直接接触制冷剂、液态气体情况下作业，均有发生冻伤的可能，需要及时有效的紧急处理和后续治疗。一旦发生职业性冻伤，首先要帮助伤者脱离危害因素，防止继续冻伤，在确定伤部无再次冻结危险时，再采取积极复温措施，直至皮肤潮红，肢体变软。

本例患者了解氟利昂这些危险性，但是抱侥幸心理，不按公司规定戴供氧式面具及橡胶手套，违规操作，是导致冻伤事故的主要原因。

职业性冻伤不仅仅存在于寒冷环境作业，一些化学品操作不当的情况下也会导致作业人员冻伤。这提醒劳动者在从事化工生产等可能接触造成冻伤的化学物质的工作时，必须严格遵守操作规程，用人单位按照《个体防护装备配备规范》（GB 39800—2020）为劳动者配备符合要求的个体防护用品，并对劳动者佩戴防护用具进行宣教、督促和管理。通过正确的预防措施和应对方法，有效降低发生冻伤的风险和伤害。

（二）案例二

1. 基本信息

患者，男，31 岁，氯仿精馏工。

2. 职业史与职业病危害因素接触史

患者系生产氯仿车间操作工。在氯仿合成时，送料过多使氯仿从合成塔内溢出流到地板上。患者大量吸入而中毒昏倒在地板上，皮肤沾有氯仿溶液而冻伤。约 50 分钟后被查岗人员发现。

3. 临床表现及诊疗经过

患者因氯仿泄漏大量吸入致中毒性昏迷休克伴全身大面积皮肤冻伤，约 1 小时后急诊入院。体格检查：昏迷状，呼吸微弱，间断抽搐，面色发绀，四肢皮肤冰冷，头面部、胸腹壁、臀部、四肢皮肤片状紫红色，眼结膜充血，两侧瞳孔对称性散大，直径约 6mm，对光反射迟钝，牙关紧闭，颈部稍有抵抗感，两肺底有大水泡音，心音低钝，心率 104 次 / 分，律齐，无杂音，肝脾未触及，浅反射消失，未引出病理反射。

实验室检查：血常规 WBC 62×10^9，尿呈血性，蛋白（++），镜检红细胞（++）/ 高倍镜视野。尿比重 1.013，当日尿量 750mL（留置导尿），肝功能谷丙转氨酶 104U，BUN 8.6mmol/L，心电图：窦性心动过速，T 波高尖，ST–T 波改变。临床诊断：①急性氯仿中毒；②大面积皮肤冻伤；③多系统功能衰竭。

4. 职业卫生学调查

患者所在岗位是氯仿车间的操作工，主要负责送料等精馏工作，由于操作不当送料过多使氯仿从合成塔内溢出流到地板，氯仿常温下易挥发，患者大量吸入而中毒昏倒在地板上，皮肤沾有氯仿溶液而冻伤。

5. 综合分析

结合该劳动者职业病危害接触史、临床表现及医学检查等综合分析，职业病诊断结论为职业性急性氯仿中毒、职业性冻伤。本案例中造成职业性冻伤主要是劳动者昏迷后倒在有氯仿的地面导致的。

6. 经验启示

职业性冻伤不仅仅存在于寒冷环境作业，一些化学品操作不当的情况下也会导致作业人员冻伤。事故发生时，及时帮助伤者脱离危害因素，第一时间送医救治非常重要。预防上，用人单位应加强化学物管理与防护，制定严格的化学物管理制度，对具有冻伤风险的化学物，应设置明显的警示标识并提供专业的防护装备。优化作业流程，尽量减少员工与化学物的直接接触机会。例如，采用自动化设备进行化学物的搬运和操作，降低人工操作的风险。强化安全培训与演练，让员工深刻认识到化学物冻伤的危害并能正确使用防护装备应对冻伤事故。

（赵 圆 夏玉静 张宏群）

05 第五章　职业性传染病

第一节　职业性传染病概述

职业性传染病是指作业人员在职业活动中接触传染病的病原生物（病原体）所引起的疾病。依据 2024 年国家卫生健康委、人力资源社会保障部、国家疾控局、全国总工会 4 部门联合印发的《职业病分类和目录》，职业性传染病包括炭疽、森林脑炎、布鲁氏菌病、艾滋病（限于医疗卫生人员及人民警察）和莱姆病 5 种疾病。这些疾病中，炭疽、布鲁氏菌病和艾滋病被列为乙类传染病，其中肺炭疽需采取甲类传染病预防、控制措施。职业性炭疽和职业性布鲁氏菌病多见于从事畜牧、皮毛加工、肉食品加工、兽医、屠宰、牧民、疫苗及诊断制品生产、研究、应用和疾病防治的劳动者。职业性森林脑炎和职业性莱姆病多见于在野外或林区作业的劳动者，均是蜱为媒介传播的传染病。职业性艾滋病主要见于医疗卫生人员和人民警察在从事对人类免疫缺陷病毒（human immunodeficiency virus，HIV）感染者或艾滋病病患的防治和管理等工作中感染 HIV 所致病。

职业性炭疽病原体为炭疽杆菌，职业性布鲁氏菌病病原体为布鲁氏菌，职业性艾滋病病原体为人类免疫缺陷病毒，职业性森林脑炎病原体为森林脑炎病毒，职业性莱姆病病原体为伯氏疏螺旋体。不同职业性传染病发病潜伏期和损伤的靶器官、系统各不相同，如炭疽主要损害颈部皮肤、面部皮肤、呼吸系统、消化系统和中枢神经系统，表现为皮肤炭疽、肺炭疽、肠炭疽、脑膜炎型炭疽和败血症型炭疽；布鲁氏菌病主要引起多器官病变或局部病变，常见症状有发热、骨关节疼痛和泌尿生殖系统受累；森林脑炎主要表现为全身毒血症状和中枢神经系统损伤；莱姆病主要引起皮肤红斑、神经系统损伤和骨关节症状；艾滋病主要影响人体免疫系统，轻者引起急性感染、无症状感染或艾滋病相关综合征，重者引起机会性感染和恶性肿瘤。

诊断职业性传染病主要依据确切的病原生物（病原体）职业接触史，具有相应的临床表现和特异性实验室检查阳性结果（如病原体或核酸检查阳性、各种特异性化验指标异常），结合职业卫生学、流行病学调查资料进行综合分析，并排除其他原因所致的类似疾病后，方可做出职业性传染病的诊断。劳动者因职业性传染病导致的机体功能障碍，可根据《劳动能力鉴定 职工工伤与职业病致残等级》（GB/T 16180—2014）进行劳动能力鉴定处理。

职业性传染病的治疗一般需要针对感染病原体的特点给予抗病毒、抗菌和对症支持治疗。森林脑炎、布鲁氏菌病、莱姆病不会通过人传播，艾滋病和炭疽可在人群中传播。皮肤炭疽需隔离至创口痊愈、痂皮脱落后，其他类型炭疽症状消失后分泌物或排泄物连续 2 次培养阴性方能取消隔离。职业性传染病治疗应使用疗效确切的抗生素或抗病毒药物，以消除或减轻病原体所致的机体病理损害，同时加强支持治疗，维持机体内环境稳定，减轻病人痛苦，提高机体免疫力。此外，可给予心理治疗和康复治疗等辅助手段。

职业性传染病的管理应实行三级预防措施。一级预防主要包括消除或减少职业环境中病原体的暴露风险如加强个体防护、免疫防护和风险管理。二级预防针对炭疽、布鲁氏菌病应着重进行畜牧的监督检疫和职业人群的健康检查；职业性森林脑炎和莱姆病的控制主要做好职业人群蜱叮咬后的早期发现、识别和正确处理。三级预防主要为针对性的抗病原治疗及并发症管理，功能康复和社会支持。

（宋　莉）

第二节　炭　疽

一、概述

炭疽是由炭疽芽孢杆菌引起的人畜共患的急性传染病。人主要因直接或间接接触患病动物感染。炭疽因典型性皮肤炭疽的黑痂而得名，中医称之为"疔"或"疔疽"，早期因从事皮毛加工业的人员易罹患本病故又称为"羊毛疔"。职业性炭疽可见于从事动物屠宰、兽医、放牧、饲养、畜产品加工（乳、肉、皮毛）、疫苗和诊断制品生产研究应用及炭疽病防治等的工作人员。

（一）流行病学

在全球范围内，炭疽疫情分布广泛，欧洲、亚洲、非洲、美洲和大洋洲均有发生。

近年来，我国炭疽总体年发病率在0.05/10万以下，病死率0.2%~2.7%。据统计，2018—2023年累计报告人炭疽病例2004例，死亡病例8例，2018—2020年病例数处于低位且逐渐下降，但2021—2023年人数上升（表5–1）。

表5–1　我国2018—2023年炭疽病例发病情况（例）

	2018年	2019年	2020年	2021年	2022年	2023年
炭疽	336	297	224	387	352	408
死亡	3	1	0	1	3	0

炭疽在我国的发生有明显的地域分布特点。以西部地区炭疽的发病较多，其中青海、宁夏、贵州、云南、新疆、广西、湖南、西藏、四川、甘肃、内蒙古等省区为高发地区，西部高发地区的人炭疽病例占全国总病例数的90%以上。南方以猪和水牛为主要传染源，北方则以牛羊为主要传染源。

我国有记载的炭疽病例始于1950年左右，多见于毛纺厂和皮革厂。20世纪60年代后，国家建立了严格的皮毛检疫制度，加强了消毒措施，改善了劳动环境，加强了劳动者的劳动保护和疫苗接种。自1979年以来，国内一些较大城市（如北京、天津、上海等）已无炭疽病例报告。

1. 传染源

炭疽杆菌在体外12~42℃可以产生芽孢，因而抵抗力非常强，在干燥环境下可存活数十年。反刍动物对芽孢杆菌最易感，其中牛和绵羊更易感。人类炭疽的传染源主要是患病的牛羊等反刍动物，患病动物的血液、分泌物、排泄物可使人直接或间接感染，患病动物常死于败血症，死前血液中存在大量炭疽芽孢杆菌，是感染人类或污染环境的重要来源。其次是含有炭疽芽孢杆菌的粪便、内脏、骨骼、皮毛等。

2. 传播途径

（1）接触传播：最为多见。可因直接接触病畜、污染的皮毛、病畜的产品、土壤等而感染。

（2）经呼吸道感染：一般情况下直接吸入感染较少见，最常在皮毛加工厂的劳动者中发生，吸入受污染的尘土也可感染。炭疽被认为是最有可能使用的生物恐怖主义制剂之一，因为它相对容易从自然环境中获得，大规模生产，并通过雾化作为孢子传播。

（3）消化道感染：可因食用病畜的肉类、奶类及被其污染的食物而受染，与饮食习惯和食品加工有关。

（4）吸血昆虫刺咬感染：如牛虻、硬壳虫（寄生于皮毛上）的叮咬等，较少见。

（5）注射炭疽：这是一种相对新形式，由注射受污染的药品或制剂引起。

3. 易感人群

人对炭疽的易感性无种族、年龄与性别的差异，无论男女老幼均可感染发病。例如，吉尔吉斯斯坦曾报告1例8个月婴儿感染炭疽。一般成年男人为农牧业的主要劳动力，故发病主要以青壮年为多。感染后有较持久的免疫力。

（二）病因与接触机会

从职业上看，常见于从事有关工业、农业（如照管动物、宰杀牲口、整理皮毛）和制革工作等人员。炭疽分农业型和工业型，前者以动物饲养为主，后者是职业性炭疽病例的主要来源，多累及皮革制品厂、皮毛加工厂、屠宰厂等，因此是畜产、制革等劳动者的常见职业病。

在暴发皮肤炭疽病例调查中发现：95人中22人为病例患者（2例确诊病例和20例疑似病例）。多次点源暴露的情况表明，家庭成员在处理牛肉（包括参与屠宰、剥皮、清理废物和搬运肉类等环节）时，感染风险增加。另一起案例中发现处理死亡动物时的职业暴露与皮肤炭疽有关，而食用未煮熟的死羊肉与胃肠道炭疽有关。

职业性炭疽的发病一般与操作过程和个人防护情况有密切关系，如皮毛整理和制革硝皮工作，均为徒手操作；像搬运挑选等体力劳动者也有可能因接触感染动物的毛皮或皮革而感染炭疽。

1. 皮革制品行业

皮革制品行业是我国职业性炭疽传统高发行业。制革企业主要从事对天然动物皮张进行物化处理与机械加工。在原料皮、准备工段的水场作业中，劳动者容易被炭疽杆菌感染。一些乡镇企业不重视劳动保护和传染病的预防工作，最易导致职业性炭疽的发生。

2. 皮毛加工行业

皮毛加工业存在的职业危害不逊于皮革工业。1879年，《柳叶刀》杂志报道一例病例，患者在上肢出血后12小时即死亡，将其血液注入家兔、豚鼠和小鼠的腰部皮下，结果动物6小时内均死亡，血检发现芽孢杆菌，因此该疾病命名为“疽”。直到1900年，人们才知道因患炭疽而死亡的动物皮毛、皮革、肉及其他产品能够传播炭疽给人。

目前，我国已成为毛皮和毛纺制品的最大生产和消费国，每年生产的毛皮制品占全球总量的70%，每年生产的毛纺制品占全球总量的40%。同时，我国也是生皮和羊毛最大的进口国，每年从国外进口的生皮将近130万吨，羊毛30多万吨。

研究发现，从与进口皮毛直接接触的加工劳动者中采集121份血清中，检出炭疽杆菌抗体阳性样本29份，占总样本量的24.0%。皮毛加工的生产过程分为4部分：鞣制、染整、裁制及吊制。鞣制是从生皮到熟皮，染整包括染色、毛皮造型和皮板整饰，裁制和吊制是将熟皮和染整的皮制成毛皮最终产品。劳动者从皮毛收购到加工生产，均需与原皮、生皮相接触，一旦消毒管理不善，劳动条件保护不良，易出现职业性炭疽。据调查，天津、上海、郑州、西安、兰州 5 个城市，10 年间住院炭疽病人 602 例，其中皮毛业劳动者占病例总人数的 68.45%。

3. 屠宰行业

由工作性质决定，屠宰劳动者经常接触大量牛羊，其中就包括染疫动物，从而导致职业性炭疽的发生。国内文献报道的屠宰工大多为私营业主。2016 年，新疆一起因屠宰病牛引起的皮肤炭疽暴发，调查结果发现，病牛牛肉直接切割史的罹患率是 53%（10/19）。2018 年宁夏报告炭疽 35 例，病例中通过屠宰剥皮直接接触病死畜感染 21 例（21/35，60.00%），通过加工病死畜肉感染 7 例（7/35，20.00%）。也有报告的 38 例皮肤炭疽患者中就有 35 例因私宰病羊而患病。因此从患病风险角度分析，屠宰行业是职业性炭疽的高危行业。

4. 生物恐怖

生物恐怖引起的炭疽是近几年才出现的。2001 年，美国因生物恐怖事件发生的炭疽病例，共涉及病人 22 例，12 例皮肤性炭疽，10 例吸入性炭疽。通过这次事件，人们认识到炭疽作为生物武器主要威胁邮局、实验相关工作人员和媒体三类人群。

5. 兽医行业

兽医的日常工作为动物的防疫及疾病诊治，接触到大量染疫动物，包含接生中存在的感染风险，因此炭疽是兽医面对的一种主要职业危害。

（三）发病机制

炭疽芽孢杆菌有 4 种抗原。

1. 荚膜抗原

荚膜是炭疽芽孢杆菌的毒力因子之一，影响细菌的致病性。荚膜有抗原性，但非保护性抗原，可利用荚膜抗原检查病人体内的抗荚膜抗体，作为病例的辅助诊断。

2. 菌体抗原

菌体抗原缺乏种特异性，为非保护性抗原，免疫动物可产生沉淀素抗体，可用于环状沉淀试验。

3. 保护性抗原

保护性抗原为一种蛋白质，是炭疽毒素的一种成分，有很强的免疫原性，注射动物可产生免疫力，是主要的保护性抗原。

4. 芽孢抗原

芽孢抗原可能具有免疫保护作用，能与保护性抗原协同激活动物的保护性免疫反应，具有免疫原性和血清学诊断价值。

炭疽芽孢杆菌繁殖体能分泌炭疽毒素。炭疽毒素由保护性抗原（PA）、水肿因子（EF）、致死因子（LF）3 种蛋白质组成。炭疽杆菌从破损皮肤、黏膜侵入，在皮下繁殖产生外毒素。外毒素是由保护性抗原、水肿因子、致死因子 3 种毒性蛋白组成的复合体，引起局部组织水肿、缺血和坏死，形成皮肤炭疽。炭疽杆菌被吞噬细胞吞噬后，扩散至局部淋巴结引起淋巴结水肿、出血和坏死。炭疽杆菌进入血液循环，引起毒血症状。

经呼吸道吸入炭疽芽孢，引起出血性肺炎和肺门淋巴结炎，也可累及胸膜和心包。

食入炭疽杆菌，可引起急性肠炎，表现为出血性炎症、周围组织水肿、坏死，可累及肠系膜淋巴结和腹腔，出现血性腹水。

炭疽杆菌外毒素可损伤血管内皮细胞导致弥漫性血管内凝血（DIC）、感染中毒性休克甚至多器官功能衰竭。

（四）预防与控制

1. 控制传染源

预防和消灭牲畜炭疽是控制炭疽的关键所在。对动物要定期检疫，经常发生炭疽地区的畜群可接种畜用炭疽疫苗；对病畜要严加管理，来自疫区或从疫区运出的牲畜均要隔离5天。病畜死亡后不能解剖，以防细菌形成芽孢污染环境；畜尸要彻底烧毁或深埋（坑深2m，并加漂白粉）。加强对牲畜皮毛、肉类、乳类的管理，严禁出售病兽皮毛及肉、乳，对可疑污染的皮毛原料应消毒后再加工；牲畜收购、调运、屠宰加工要有兽医检疫。对被病兽污染的动物舍、水源、饲料、道路及环境要及时进行消毒，可参照农业农村部发布的《炭疽防治技术规范》进行处置。

对于患者或可疑患者，尤其是肺炭疽患者，要及时、就地隔离诊疗并报告。皮肤炭疽患者隔离至焦痂脱落、创口愈合和症状消失为止；其他型炭疽隔离至症状消失、分泌物及排泄物连续培养2次（2次之间相隔5天）阴性为止。患者分泌物、排泄物及患者用过的敷料、剩余的食物、病室内垃圾均应烧毁。

2. 切断传播途径

建立科学有效的畜牧场管理制度，对牲畜排泄物、饲料、污水以及畜牧场环境进行定期、严格的消毒处理。对被污染的皮毛原料应消毒后再加工，对牲畜、皮毛污染的场所也应消毒，牲畜屠宰、皮毛加工场所要符合卫生条件，预防污染水源。

3. 保护易感人群

进行职业健康素养教育，从事畜牧业和畜产加工厂的劳动者及诊治病畜的卫生人员，都要熟知炭疽的预防方法，工作时要有保护工作服、帽、口罩等，皮肤受伤后立即用2%碘酊涂擦。根据传染病流行趋势，在流行地区对重点人群进行炭疽疫苗接种。

在发生疫情时，对常规暴露者及职业接触人员应急接种炭疽无毒或减毒活疫苗（A16R）；病患高度密切接触者和暴露于炭疽杆菌气溶胶者，应进行暴露后预防用药，选择口服氟喹诺酮类等抗生素。

二、职业健康检查

包括上岗前、在岗期间职业健康检查和应急健康检查。泛发慢性湿疹、泛发慢性皮炎为岗前、在岗职业禁忌证。在职业活动中接触病畜、病人或可疑病人及相关污染物或环境的应进行应急健康检查。

（一）应急健康检查的条件

应急健康检查出现下列情况之一者，应临床观察并复查：

（1）皮肤暴露部位有丘疹、斑疹、水疱、黑痂者，尤其是皮肤坏死、溃疡、焦痂和周围组织广泛水肿者；

（2）有腹胀、腹痛、呕吐、水样腹泻等急性胃肠炎的症状者；

（3）有发热、胸闷、气急、咳嗽、咳痰、胸痛、呼吸困难等呼吸系统症状者；

（4）体格检查肺部有细小湿啰音者；

（5）胸部X射线片检查提示肺部炎症者；

（6）荚膜抗体检测或血清抗毒性抗体检测结果阳性或可疑阳性者。

（二）应急健康检查复查内容

1. 炭疽细菌学检查

取病灶渗出物或分泌物、痰液、血液、呕吐物、脑脊液等涂片显微镜检查或接种培养分离检查。

2. 鉴别试验

可选择下列试验1~2项。

（1）串珠试验（琼脂薄片法）：镜检发现大而圆相连呈串珠状菌群为阳性，用于炭疽芽孢杆菌与其他芽孢杆菌鉴别；

（2）噬菌体裂解试验：出现嗜菌斑或溶菌带为阳性，用于炭疽芽孢杆菌与其他芽孢杆菌鉴别；

（3）青霉素抑制试验：在含5U青霉素培养基上生长，在10U和100U青霉素培养基上抑制，为阳性。

三、临床表现

潜伏期为数小时至14天。皮肤炭疽为2~7天，肺炭疽和肠炭疽可短至数小时。

（一）症状及体征

根据炭疽杆菌感染部位，分为皮肤炭疽、肠炭疽、肺炭疽、脑膜炎型炭疽及败血症型炭疽。

1. 皮肤炭疽

占炭疽的95%以上。病变多发生在面部、颈部、前臂、手和足等裸露部位，通常表现为单一皮肤病变，也可为多发病灶。初起为皮肤破损部位（皮肤破损轻微可无明显伤口）瘙痒性斑丘疹，渐变为无痛性水疱、出血性水疱、疱疹破溃成浅溃疡，溃疡直径1~5cm，其周围皮肤浸润或水肿范围较大，直径5~20cm，由于局部末梢神经受损而无明显疼感和压痛，有轻微痒感，无脓肿形成，这是皮肤炭疽的特点，继续进展，血性渗出物结成炭黑色焦痂，痂内有肉芽组织即炭疽痈，周围组织水肿明显。焦痂在丘疹出现后1~2周开始逐渐脱落。少数病例皮肤局部无水疱和黑痂形成而表现为大块状水肿。其他症状包括发热、全身不适、头痛及局部淋巴结肿大等。在未使用抗生素的情况下，皮肤炭疽病死率为20%~30%。

2. 肺炭疽

肺炭疽是由于吸入炭疽杆菌芽孢所致，或由皮肤炭疽、肠炭疽继发而来。急性起病，多在暴露后2~5天出现低热、疲劳和心前区压迫等，2~3天后，症状突然加重。轻者发热、胸闷、胸痛、咳嗽等，重者高热、寒战、呼吸窘迫、气急喘鸣、发绀等，可伴有血性胸腔积液。肺部体征可与病情不相符，听诊肺部仅可闻及散在的细小湿啰音或有摩擦音、呼吸音降低等。若不能及时诊断和治疗，可1~2天内发生中毒性休克、呼吸衰竭或循环衰竭而死亡，死亡率80%~100%。

3. 肠炭疽

临床表现为高热、食欲不振、恶心、呕吐、剧烈腹痛、腹泻，严重者出现呕血、血便、肠穿孔、大量腹水，病情进展迅速，可继发肺炭疽、脑膜炎型炭疽、脓毒性休克而死亡。肠炭疽早期症状无特异性，诊断困难。因经食道摄入，可表现为口咽部炭疽。

4. 脑膜炎型炭疽

任何类型炭疽都可并发脑膜炎型炭疽。起病急，突然发热、疲劳、头晕、恶心、呕吐，躁动、癫痫发作、谵妄和脑膜刺激征，病死率90%以上。脑脊液呈血性，含大量炭疽杆菌。

5. 败血症型炭疽

多继发于肺炭疽、肠炭疽和严重皮肤炭疽，表现为高热、寒战、脓毒性休克、DIC，迅速出现循环衰竭。

6. 注射致炭疽

注射致炭疽患者一般在注射部位出现严重的皮肤软组织感染，最常见的表现是感染部位出现显著肿胀或水肿；部分患者出现起疱或皮肤坏死，未见典型的焦痂、红斑和疼痛；部分患者出现坏死性筋膜炎和（或）筋膜腔隙综合征，并有浆液性分泌物；偶见发热、白细胞增多和（或）C反应蛋白升高；常伴有胃肠道症状；偶有脑膜炎。

此外，炭疽可合并浆膜腔积液。胸腔积液是肺炭疽的常见并发症，也发生在肠炭疽、皮肤炭疽（全身性）、注射致炭疽和脑膜炎型炭疽患者。腹水多见于肠炭疽，心包积液可见于肺炭疽。

（二）实验室和辅助检查

1. 血常规检查

白细胞计数升高，一般为（10~20）$\times 10^9$/L，有时可高达（60~80）$\times 10^9$/L，以中性粒细胞为主。部分患者血小板减少。

2. 病原学和血清学检查

可采集患者的疱液、血液、脑脊液、胸腔积液、分泌物等标本进行检测。

（1）细菌涂片：显微镜下可见两端平齐呈串联状排列的革兰染色阳性粗大杆菌。

（2）细菌培养：将采集标本接种于营养琼脂培养基，可培养到炭疽杆菌。

（3）核酸检测：用聚合酶链式反应（PCR）或实时荧光PCR（Real-Time PCR）方法检测炭疽杆菌特异性核酸阳性。

（4）抗原检测：免疫层析法进行炭疽杆菌抗原检测。结果阴性不能排除炭疽。

（5）抗体检测：酶联免疫吸附试验（ELISA）和免疫层析法检测血液炭疽毒素抗原的抗体和荚膜抗体。

3. 影像学检查

肺炭疽病例肺部可见斑片状或片状模糊影或实变影，纵隔增宽（占位病变），可伴胸腔积液。

四、诊断与鉴别诊断

（一）诊断原则

从事接触炭疽杆菌的相关职业，如屠宰、兽医、畜牧、畜产品加工（乳、肉、皮毛）、疫苗和诊断制品生产、研究、应用及从事炭疽防治等的劳动者，在职业活动中出现一种类型炭疽的临床表现且符合炭疽确诊的实验室结果，排除其他诊断。

（二）诊断

1. 流行病学史

炭疽的职业接触史。

2. 临床表现

至少具备一种类型炭疽的临床表现（如皮肤炭疽、肺炭疽、肠炭疽、脑膜炎型炭疽、败血症型炭疽）。

3. 实验室检查

（1）患者临床标本，细菌分离培养获得炭疽芽孢杆菌；

（2）患者血清标本，抗炭疽特异性抗体检测阳性；

（3）患者临床标本，显微镜检查发现大量两端平齐呈串联状排列的革兰阳性大杆菌；

（4）患者临床标本，炭疽芽孢杆菌特异性核酸片段检测阳性；

（5）患者临床标本，炭疽芽孢杆菌抗原检测阳性；

（6）暴露动物标本或暴露环境标本，细菌分离培养获得炭疽芽孢杆菌。

4. 疑似病例

具有明确的流行病学史，并至少具备一种类型炭疽的临床表现。

5. 临床诊断病例

符合下列一项可诊断为临床诊断病例：

（1）疑似病例，并具有上述实验室检查第（2）~（6）中任何一项者；

（2）具有明确的流行病学史，并具有典型的皮肤损害者。

6. 职业性炭疽诊断

职业性炭疽为确诊病例，有职业接触史，疑似病例或临床诊断病例，同时符合下列一项可诊断为职业性炭疽：

（1）患者临床标本细菌分离培养获得炭疽芽孢杆菌者；

（2）患者双份血清抗炭疽特异性抗体出现阳转或滴度出现 4 倍或 4 倍以上升高者；

（3）上述实验室检查第（2）~（6）中任何两项者。

（三）鉴别诊断

1. 皮肤炭疽

（1）皮肤感染及蜂窝织炎：痈、疖和蜂窝织炎等均为局部皮肤感染，局部疼痛明显，皮损处无焦痂及周围水肿。局部取材做涂片或培养，可检出相应细菌。

（2）恙虫病：恙虫病局部焦痂和水疱，多位于皮肤隐蔽处，周围无明显水肿，全身出现皮疹、肝脾肿大。外周血白细胞正常或减少，血清学检查外斐反应变形杆菌 OXk 阳性。

2. 肺炭疽

（1）肺鼠疫：近期曾到过疫区，接触过染疫动物或鼠疫患者，临床表现为以咳血痰为主的出血性肺炎，影像表现纵隔渗出不明显。痰细菌学可检出鼠疫耶尔森菌。

（2）肺出血型钩端螺旋体肺炎：近期到过疫区及有疫水接触史，而无病畜接触史；临床表现为发热、寒战、腓肠肌疼痛、淋巴结肿大及结膜充血。钩端螺旋体显微凝集试验阳性。

（3）其他细菌性肺炎：如肺炎链球菌肺炎、金黄色葡萄球菌肺炎、军团菌肺炎等。此类患者多无牲畜接触史，咳铁锈色痰或黄脓痰，多无明显纵隔增宽表现，病原学可检出相应致病菌。

3. 肠炭疽

（1）出血性肠炎：主要表现为剧烈腹痛、血便，类似肠炭疽，但全身症状轻，病情进展较缓。鉴别主要依靠流行病学和病原学检查。

（2）急性细菌性痢疾：有不洁饮食史，全身症状轻，腹部下坠感、里急后重，大便多为黏液脓血便。大便镜检多为大量红细胞、白细胞和吞噬细胞，便培养痢疾杆菌阳性。

4. 脑膜炎型炭疽

脑膜炎型炭疽与其他化脓性脑膜炎表现类似，脑脊液检查及病原学检查有助于鉴别。

5. 败血症型炭疽

败血症型炭疽需与其他原因所致的脓毒症等相鉴别。根据流行病学史、症状体征和相应病原学检测结果（培养、核酸、抗原、抗体等）有助于诊断。

五、治疗与康复

（一）治疗

1. 一般治疗

严格隔离，卧床休息。呕吐、腹泻、进食困难者适当补液，维持水电解质平衡。出血、休克、神经系统症状，给予相应处理。严重水肿或脑膜炎型患者，可给予糖皮质激素治疗，3~5 天。

2. 局部皮肤处理

皮损处切忌触摸、挤压，原则上不做切开引流，以防感染扩散。局部可用 1 : 20000 高锰酸钾液湿敷或 2% 过氧化氢清洗，创面用四环素软膏纱布覆盖后包扎，患肢可固定、抬高。

3. 病原治疗

炭疽杆菌对 β- 内酰胺类（青霉素类、碳青霉烯类）、氨基糖苷类、大环内酯类、氟喹诺酮类、四环素类、糖肽类、林可酰胺类、利福霉素类和噁唑烷酮类敏感，对头孢菌素类和磺胺类不敏感。

（1）局灶性皮肤炭疽：予单一抗菌药物治疗。一线方案为氟喹诺酮类药物或多西环素。疗程 7~10 天。

（2）系统性炭疽。①肺炭疽、肠炭疽、败血症型炭疽、严重皮肤炭疽（具备以下任一种情况：伴有严重水肿、创口位于头颈部、生物恐怖播散引起）应给予 2 种或 2 种以上对炭疽杆菌有活性的抗菌药物。其中至少 1 种有杀菌剂（一线方案为环丙沙星，替代选择为左氧氟沙星、莫西沙星、美罗培南等）；另外至少 1 种为蛋白合成抑制剂（一线方案为克林霉素或利奈唑胺；替代选择为多西环素或利福平）。②脑膜炎型炭疽给予至少 3 种对炭疽杆菌有活性的抗菌药物治疗。其中至少 1 种杀菌剂（氟喹诺酮类或 β- 内酰胺类），且至少 1 种为蛋白合成抑制剂；所有抗菌药物均应具有很好的中枢渗透性。由于中枢渗透性差，合并脑膜炎者不应使用多西环素作为蛋白质合成抑制剂。③系统性炭疽抗菌治疗总疗程为 60 天。含静脉制剂的初始治疗≥2 周或直到患者临床症状稳定（以疗程长的为准），之后转为单一口服药物。

炭疽杆菌对多种抗生素敏感，但早期治疗对于在毒素释放到循环中之前根除细菌至关重要。青霉素 G 在世界许多地方仍然被广泛用于治疗天然炭疽。WHO 建议对胃肠道和吸入性炭疽以及有全身症状的皮肤炭疽进行抗生素治疗和支持性治疗。在严重病例中，WHO 建议将青霉素与氟喹诺酮类药物或大环内酯类药物联合使用。胃肠道炭疽的治疗建议是将青霉素与氨基糖苷类药物联合使用。在儿童中，青霉素是治疗的首选抗生素。在一项病例系列研究中，2005—2012 年 230 名患者因皮肤炭疽住院，所有 167 例轻症患者，44 名较重患者中 43 名接受了单药治疗并存活，剩下的 1 例较重患者和所有 19 名重症患者都接受了双重治疗并存活，没有患者接受三联治疗。

4. 免疫治疗

抗菌药不能杀灭炭疽毒素，抗毒素治疗（雷昔库单抗、奥比托单抗或炭疽免疫球蛋白）可以提高炭疽感染的存活率，尤其毒血症严重者可同时应用抗炭疽血清治疗。

5. 中医治疗

炭疽的核心病机为毒热异邪经口、鼻、疮口侵于肺、肠、肌腠，热盛肉腐，发为喘促、吐泻、疮痈，临床分为疫毒初起、疫毒炽盛、余毒未尽三型论治。

（二）预后

据统计在1940—2018年，脑膜炎型炭疽成年人的死亡率为92%（22/24），肺炭疽为75%（36/48），肠炭疽为72%（23/32），经注射炭疽33%（19/58），皮肤炭疽为22%（45/206）。在儿童中，脑膜炎型炭疽死亡率为100%（2/2），肺炭疽为100%（2/2），肠炭疽为48%（11/23），皮肤炭疽为8%（9/110）。

有评价分析因皮肤炭疽住院总死亡率与以下临床特征（单因素分析）显著相关：包括全身症状（例如发热、寒战和焦虑）、特异性皮肤症状（例如皮肤外伤、恶性脓疱水肿）、舒张期低血压、恶心呕吐、头痛和其他神经系统体征（如脑神经和其他局灶性体征和癫痫发作）和凝血障碍。此外淋巴结肿大、腹痛与致命结局有关。而菌血症在整个住院期间的任何时候都与总死亡率相关。

可见局限性皮肤型经积极治疗，预后良好，全身性皮肤炭疽并发症及死亡率升高；肠炭疽、肺炭疽、脑膜炎型、败血症型并发症多且死亡率高。

（三）康复

脑膜炎型生存患者遗留神经系统后遗症时可以通过康复锻炼治疗。

六、案例分析与经验启示

1. 基本信息

张某，男，48岁，屠宰工。

2. 职业史与职业病危害因素接触史

从事屠宰作业10余年。

3. 临床表现与诊疗经过

患者于2021年7月15日发现右手无名指附近出现皮疹，后形成疱疹伴周围轻度肿胀，逐渐出现中间塌陷，呈“井台”样。患者自述伴有发热（最高体温38.8℃），无疼痛，轻微痒感。5天后，右无名指疱疹液内有血性渗出，皮损周围皮肤红肿，结成硬黑焦痂。7月20日就诊于当地医院，诊断为右手无名指感染，给予头孢类抗生素静滴治疗。7月30日患者出院，怀疑“炭疽”，继续到某地市疾控中心诊治。为其采集创面涂抹物和血清，送某省疾控中心进行炭疽检测，结果为创面涂抹物核酸检测阳性，血液胶体金抗体阳性。8月1日转入当地传染病院继续治疗，于8月15日痊愈出院，后经某省职业病防治院会诊，诊断为职业性炭疽（皮肤炭疽）。

4. 流行病学调查

个体屠宰作坊，雇佣3人从事屠宰作业，3人轮岗作业。张某从业10余年，未进行过职业健康体检。2021年7月9日曾屠宰死羊一只，此羊不明原因死亡，屠宰中进行了剥皮处理，将羊皮、内脏等丢弃，其他部分煮熟、烧烤后食用，未售卖。

按照《炭疽预防控制技术指南》等相关规定和要求，追溯病羊来源，开展涉疫场所全面消杀：对养殖场疫点环境，病例屠宰场，丢弃的内脏、羊皮等全部进行采样及检测；对涉疫产品接触者进行追踪调查，并实施预防性服药，未发病；对羊内脏、羊皮等进行无害化处理（焚烧、掩埋）。

5. 综合分析

此次炭疽事件的发生，判定为人与病羊密切接触，羊炭疽传染给人所致。该患者有明确罹患炭疽羊职业接触史、典型皮肤炭疽临床表现、炭疽实验室结果阳性，排除其他诊断。依据《职业性传染病诊断标准》（GBZ 227—2017）、《炭疽诊断》（WS 283—2020），诊断为职业性炭疽（皮肤炭疽）。

6. 经验启示

染病动物是主要传染源。通过解剖、食用、接触污染内脏等暴露增加感染风险。勿自行随意处理患病动物，加强防护等是有效措施。

7. 预防措施

（1）做好监测报告。加强高发季节高风险地区监测预警，及早发现和报告疫情。

（2）加强动物卫生监管。规范牛羊等定点屠宰，严格检疫和调运监管；严厉打击收购、加工、贩运、销售病死动物及其产品等违法违规行为，对死亡动物严格执行“四不准一处理”即不准宰杀、不准食用、不准出售、不准转运，对死亡动物进行无害化处理措施。

（3）提高健康素养，强化从业人员健康宣传，加强牛羊养殖及屠宰人员的人兽共患病防控知识宣传，指导其做好牛羊多发病的日常免疫工作，做好个人防护，科学处理患病牲畜；加强职业健康监护。

（4）及时诊治，从事养殖或屠宰等相关职业人群，一旦发生不明原因的皮肤疾患等，须有“炭疽”患病意识，及时诊治。

（毕玉磊）

第三节　森林脑炎

一、概述

森林脑炎（forest encephalitis）是蜱（硬蜱，又称春夏季壁虱）传播的病毒性传染病，由黄病毒属（Flavivirus）中蜱传脑炎病毒（tick borne encephalitis virus，TBEV）感染所致，故又称蜱传脑炎。蜱是最早被认定为能将病原体传播给人类的节肢动物媒介，是世界上仅次于蚊子的传染病传播媒介。蜱生长分为卵、幼虫、若虫、成虫 4 个时期，其中幼虫、若虫、成虫均具有吸血习性，国内以全沟硬蜱为主要传播种类。

我国是森林脑炎的流行地区。我国于 1942 年发现该病，1952 年从患者及蜱中分离到病毒。中华人民共和国成立后，森林砍伐行动从冬季延长到全年。从 1951 年到 1953 年，林区的蜱传脑炎病例数量急剧增加。随后，由于普及疫苗接种和健康教育而显著减少。近年来，随着气候改变、土地开发、经济全球化等人类社会活动因素的影响，森林脑炎流行范围不断扩大，发病率逐年上升。在过去的几十年里，蜱传脑炎已经成为一个日益严重的公共卫生问题。

森林脑炎在全球范围内分布广泛，主要在欧洲、西伯利亚、俄罗斯远东地区、中国北部和日本流行。我国主要在黑龙江省、吉林省、内蒙古大兴安岭林区、新疆维吾尔自治区分布和流行，该病的流行有严格的季节性，每年 4 月末开始，6 月为高峰，7~8 月下降，呈散发状态，约 80% 病例发生在5~6月。职业性森林脑炎是指劳动者在森林地区的职业活动中，因被蜱叮咬而感染的中枢神经系统的急性病毒性传染病，具有明显地区性和季节性。

（一）流行病学

1. 传染源及宿主

森林脑炎病毒在自然界中主要通过蜱和野生动物进行循环，鼠类是本病的主要传染源和宿主，如缟纹鼠、林姬鼠、田鼠、鼹鼠等，刺猬、黑熊、狍、鹿、獾、狐、狼等野生动物及林区鸟类均为森林脑炎病毒传染源和储存宿主。当蜱吸吮受染啮齿动物的血液后，病毒在蜱体内繁殖，并可越冬和经卵传代，故蜱不仅是传播媒介，也是重要的储存宿主。

2. 传播途径

蜱为传播媒介，经蜱叮咬是本病的主要传播途径。当蜱叮咬感染森林脑炎病毒动物时，被叮咬动物血液中病毒进入蜱体内繁殖，再次吸血时，蜱唾液中的病毒，可使易感动物或人感染。受感染的牛、羊均可从乳汁中排出病毒，饮用未经消毒的乳汁可感染本病。实验室工作人员经口吸入或经黏膜受染而感染本病者可参照此诊断标准进行诊断。

3. 易感人群

人群普遍易感，具有明显的职业特点，以男性、青壮年多见，感染后大多数为隐性感染，仅少数人出现症状。

4. 潜伏期

一般为7~14天，也有长达1个月者。重度森林脑炎潜伏期较短。

（二）病因与接触机会

主要是在本病流行的林区或野外职业活动中的工作人员，如伐木劳动者、森林警察或护林员、动物养殖场（养蜂、养鹿等）劳动者、动植物考察人员、地质勘探人员、军事人员等。发病季节与硬蜱的活动季节密切相关，我国流行于春夏季，一般在4月末开始发现病例，5~6月为发病高峰，以后逐渐下降。森林脑炎流行有严格的地区性，主要见于我国东北及西北原始森林地区。

（三）发病机制

森林脑炎病毒是嗜神经病毒，其侵入人体后首先在局部淋巴结、肝、脾等单核—吞噬细胞系统进行复制，经3~7天后，复制的病毒侵入血液形成病毒血症。发病与否及病情轻重与侵入病毒的数量和机体免疫状态有关。若侵入病毒量少，则在进入中枢神经系统进程中被血流中的中和抗体、补体结合抗体及细胞介导的细胞因子所灭活，表现为隐性感染或轻型病例。若侵入的病毒量大或机体免疫功能低下，病毒随血流进入脑毛细血管，然后从毛细血管内皮细胞间隙穿透而侵入中枢神经细胞，引起脑实质广泛性炎症改变，从而表现为脑炎症状与体征。

本病的中枢神经系统病理改变广泛，常累及大脑、脑桥、中脑、基底节，也可累及脊髓，以颈上段显著。重症患者的病变可波及延髓。脑及脑膜主要有充血、水肿、神经细胞变性、坏死，神经胶质细胞增生，血管周围淋巴细胞浸润。严重者脑细胞广泛坏死，甚至呈现脑实质软化灶。脊髓前角灰质细胞广泛坏死。肝、脾、肾、心、肺均可出现渗出或退行性病变。

（四）预防与控制

1. 管理传染源

森林地区居住地及工作场所应做好环境卫生，加强防鼠、灭鼠、灭蜱工作。

2. 切断传播途径

进入疫区的林业工作人员，应做好工作场所周围环境防护，清除路边杂草，减少受蜱侵袭的机会；做好个人防护，将袖口、领口、裤脚等处扎紧，防止蜱叮咬；在蜱栖息地的高危地带喷洒低毒杀虫剂，管理或处理宿主动物。

3. 保护易感人群

主要是做好进入森林、草地等疫区人员的个人防护，需穿着覆盖手臂和腿部的浅色衣服，以便更容易发现黏附在衣服上的蜱；将长裤的裤脚塞进袜子中，在皮肤上涂抹驱蜱剂，或在袖口、裤管上喷洒驱蜱剂及接触式杀蜱剂。被蜱虫叮咬时及时前往医院处置。疫苗接种可有效预防森林脑炎，由于接种后 1.5~2 个月方能产生抗体，故准备进入疫区工作人员应至少提前一个半月接种森林脑炎疫苗，以后每年加强注射一次。未经疫苗免疫者被蜱叮咬后，可肌注高价免疫球蛋白 6~9mL 以预防本病。

4. 职业健康培训

规范职业健康培训，提高劳动者安全意识，督促劳动者按规范佩戴个体防护用品。

5. 应急健康检查

被蜱虫叮咬后及时进行应急健康检查。

6. 职业健康检查

定期进行职业健康检查，建立劳动者职业健康监护档案。

二、职业健康检查

上岗前职业禁忌证为中枢神经系统器质性疾病。症状询问时，重点询问有无中枢神经系统器质性疾病史。体格检查包括内科常规检查和神经系统常规检查。实验室和其他检查：必检项目为血常规、尿常规、肝功能、心电图、胸部 X 射线摄片。在近期职业活动中有明确蜱叮咬史的职业人群应进行应急健康检查，及时发现职业性森林脑炎，控制病情发展。重点询问有无蜱叮咬史及发热、全身中毒症状（头痛、头昏、乏力、全身不适、四肢酸痛）、意识障碍和精神损害、肌肉瘫痪、脑膜受累等表现，进行内科和神经系统常规检查，实验室和其他检查（必检项目）包括血常规、尿常规、肝功能、肾功能、心电图、补体结合试验或血凝抑制试验、头颅 CT。

三、临床表现

（一）症状

由于 4~7 月为蜱的活动季节，故人类也多在此季节发病。人类主要由蜱叮咬后经皮肤、黏膜感染，常见的叮咬部位为耳后、眼睑、腰背等。本病具有明显的潜伏期，一般为 7~14 天，故观察期至少为 2 周。多数为急性起病，少数人可有 1~3 天的低热、头痛、乏力、全身不适、四肢酸痛等前驱症状，而后出现下列典型临床表现。

1. 发热

初为低热，典型病例于 2~3 天后体温升至 39~40℃，以稽留热多见，少数可呈双峰热或弛张热，整个热程持续 3~10 天。

2. 全身中毒症状

多伴随发热存在，表现为头痛、恶心、全身乏力、全身肌肉疼痛、颜面及颈部潮红、结膜充血等，个别病人可有心肌炎表现。

3. 神经系统症状

为本病的特征性表现，以意识障碍、脑膜刺激征和瘫痪为突出表现。半数以上患者有不同程度神志、意识改变，早期表现为表情淡漠和嗜睡，继则出现昏睡、昏迷、谵妄、精神错乱。脑膜刺激征出现最早亦最为常见，可持续 5~10 天，主要表现为剧烈头痛和呕吐，颈部强直，克尼格氏征和布鲁氏征阳性，对诊断具有明显提示作用。弛缓性瘫痪常发生于病程的第 2~5 天，是本病的特征性表现，以颈、肩及上肢瘫痪最多见，下肢及颜面肌肉瘫痪较少见。由于颈肌及肩胛肌瘫痪而出现特有的头部下垂表现，肩胛肌瘫痪时，手臂呈摇摆状态。经 2~3 周后，体温下降，肢体瘫痪逐步恢复，各种症状消失而康复。少数患者留有头部下垂、上肢轻瘫、肌肉萎缩、癫痫及精神障碍等后遗症。危重症病例可出现吞咽困难、发声困难、呼吸困难等延髓麻痹表现，病死率高。轻型仅表现为发热、头痛、周身不适，脑膜刺激征明显，而无脑炎症状，预后良好。

本病病程 2~4 周。

（二）根据临床神经系统损害不同表现和病理特点可将本病分为四型

1. 脑膜炎型

主要表现为头痛、呕吐、脑膜刺激症状，而无瘫痪或意识障碍。

2. 脑膜脑炎型

出现不同程度的意识障碍，常伴有癫痫及脑膜刺激征，或有锥体或锥体外系症状。

3. 脑脊髓型

除脑膜脑炎症状、体征外，出现颈、肩肌及肢体弛缓性瘫痪等脊髓神经受损的表现。

4. 脊髓型

脊髓型主要出现肢体瘫痪，以上肢为主。

（三）实验室检查

1. 血清学检查

酶联免疫吸附试验或间接免疫荧光法检测血清中特异性 IgM 抗体，对早期诊断有重要意义。森林脑炎病毒感染后 1 周，血清特异性 IgM 抗体即见升高，特异性 IgG 抗体在 10 天后开始升高。急性期和恢复期双份血清森林脑炎病毒特异性抗体 IgG 效价呈 4 倍或以上增高有助诊断。

2. 血常规

血白细胞可达（10~20）$\times 10^9$/L，中性粒细胞可达 90%。

3. 脑脊液

脑脊液可呈典型病毒性中枢神经系统感染表现，压力增高，外观无色透明，白细胞计数（10~300）$\times 10^6$/L，以淋巴细胞为主，糖及氯化物正常，蛋白质正常或略高。

4. 病毒分离

取死后脑组织作小白鼠颅内接种，或接种于鸡胚或组织细胞系可分离病毒。急性期患者血液及脑脊液病毒分离的阳性率低。

四、诊断与鉴别诊断

（一）诊断原则

《职业性森林脑炎诊断标准》（GBZ 88—2002）规定了职业性森林脑炎的诊断标准。应根据职业人群春夏季节在森林地区工作且有蜱的叮咬史、突然发热、典型急性中枢神经系统损伤的临床表现、特异性血清学检查阳性，参考现场森林脑炎流行病学调查结果，综合分析，并排除其他病因所致的类似疾病方可诊断。

（二）诊断分级

1. 轻度森林脑炎

突然起病，发热，伴头痛、恶心、呕吐等症状，体温多在一周内恢复正常；血清特异性抗体IgM或IgG阳性。

2. 中度森林脑炎

前述表现加重，并出现颈项强直及阳性克尼格氏征、布鲁氏征等脑膜刺激征。

3. 重度森林脑炎

上述表现加重，并具有下列情况之一者：

（1）颈肩部或肢体肌肉迟缓性瘫痪；

（2）吞咽困难；

（3）语言障碍；

（4）意识障碍或惊厥；

（5）呼吸衰竭。

（三）鉴别诊断

1. 流行性乙型脑炎

流行于温带及亚热带地区，主要在夏秋季发病，以高热惊厥、昏迷、呼吸衰竭为主要表现，肢体强直性瘫痪，弛缓性瘫痪极少见。

2. 脊髓灰质炎

多发生于儿童，肢体瘫痪为不对称的弛缓性瘫痪，以下肢多见，而颈肌、肩胛肌瘫痪产生头下垂者少见。

3. 感染性多发性神经根炎

肢体瘫痪一般自下肢开始，呈对称性，伴有四肢肢端感觉异常及蚁走感，脑脊液呈蛋白细胞分离现象。

4. 化脓性脑膜炎

中枢神经系统表现与森林脑炎类似，但多以脑膜炎的表现为主，而脑实质病变表现不突出，脑脊液呈细菌性脑膜炎改变，涂片和培养可找到细菌。其中流脑多见于冬春季，大多有皮肤、黏膜瘀点，其他细菌所致者多有原发病灶。

5. 结核性脑膜炎

无季节性，多有结核病史，起病较缓，病程较长，脑膜刺激征较明显，而脑实质病变表现较轻。脑脊液氯化物下降较明显，糖降低，蛋白增高。必要时可行X线胸片和眼底检查以协助鉴别。

6. 单纯疱疹病毒脑炎

病情重，发展迅速，常有额叶及颞叶受损的症状，CT或MRI常显示受损病灶，脑电图显示局限性慢波。脑脊液疱疹病毒抗体升高。

7. 其他病毒性脑炎

可由肠道病毒、腮腺炎病毒等引起，确诊有赖于血清学检查及病毒分离。

8. 其他疾病

还应与急性脑血管病、颅脑外伤、代谢障碍疾病、癫痫、中毒性脑病、心因性精神障碍等鉴别。

五、治疗与康复

患者不需隔离，目前尚无特效治疗，主要为支持及对症疗法。

（一）治疗原则和方法

1. 紧急处理

如果判断为被蜱咬伤，不可自行去除蜱，应立即前往医院，尽快取出蜱，蜱的口器有大量病原体存在，因此在除蜱时连同蜱的口器一同去除至关重要。在医院可在伤口周围用盐酸利多卡因作局部封闭，麻醉起效后用镊子将蜱去除，特别注意蜱口器里的倒刺不能留在皮肤内，采用碘伏（聚维酮碘）对伤口进行消毒处理。在不具备麻醉条件时，可用平头镊子紧贴皮肤夹住蜱虫拉起，当皮肤出现张力左右晃动缓慢拔出。如蜱的口器已经残留在皮肤内应行手术取出，避免蜱虫口器或头部残端滞留伤口内部，伤口不易愈合，可能引起全身感染等严重后果。局部发生细菌感染的，应当给予必要的抗感染治疗。

2. 后续治疗

（1）一般及对症治疗。①注意休息，室温控制在30℃以下。发热及抽搐消耗能量和水分较多，应注意给患者补充足够的营养和水分，保持水、电解质及酸碱平衡。昏迷者宜用鼻饲，注意口腔及皮肤清洁，定时翻身、侧卧、吸痰，防止呕吐物进入呼吸道，以防肺炎及压疮发生。昏迷抽搐患者应设床栏以防坠床。②高热：采用综合降温措施，以物理降温为主，药物降温为辅，同时降低室温，使体温保持在38℃左右，以减轻抽搐、脑水肿及脑缺氧。③呼吸衰竭，保持呼吸道通畅，必要时气管插管或气管切开。

（2）药物治疗。①抗病毒治疗：森林脑炎尚无特效治疗药物，可酌情应用抗病毒药物，必要时早期使用高效价丙种球蛋白、干扰素等。②抗癫痫治疗：应用地西泮，每次10~20mg，肌内注射或缓慢静脉注射；苯巴比妥钠，每次0.1~0.2g，肌内注射；水合氯醛灌肠，每次1.0~2.0g；亦可采用亚冬眠治疗。③降颅压：保持15°~30°半卧体位，利于脑脊液引流和脑静脉回流，降低颅内压，改善脑灌注压。20%甘露醇是最常用的脱水剂，每次0.5~1g/kg，30分钟内静脉输注，视病情可每4~6小时重复使用，亦可同时应用呋塞米、肾上腺糖皮质激素。

（3）心理治疗：由受过专业训练的治疗者，通过与患者的不断交流，在构成密切治疗关系的基础上，运用有关理论和技术，促使患者产生心理、行为甚至生理的变化，旨在消除或缓解其心身症状的心理干预过程。

（4）中医中药治疗：应用具有清热解毒功效的中药。对瘫痪等后遗症可采用针灸、推拿、理疗、体疗等康复措施。

（二）预后与康复

本病病程一般2~4周，多数病程转归良好。然而，约10%的患者在恢复期可遗留弛缓性瘫痪、认知障碍、精神行为障碍、言语障碍、癫痫等后遗症，导致劳动能力丧失，严重者可因呼吸衰竭死亡。颈髓及运动神经根的病变是森林脑炎患者主要的死亡原因之一。职业性森林脑炎患者确诊后，按《劳动能力鉴定 职工工伤与职业病致残等级》（GB/T 16180）进行工伤及职业病致残程度鉴定。

康复治疗的重点在于功能锻炼，对留有瘫痪等后遗症患者可用按摩、推拿、针灸、理疗等措施，以促进功能恢复。

六、案例分析与经验启示

1. 基本信息

患者，女，34 岁，某林场造林工。

2. 职业病危害因素接触史

2012 年 4 月 30 日 13：20 与工友在上山造林时右耳被蜱叮咬，工友马上把蜱拔掉并进行挤血排毒，前后大约 1 分钟，期间一直无明显不适感觉。

3. 临床表现及诊疗经过

患者主诉“发热 3 天，头及双上肢活动受限 2 天”。2012 年 5 月 10 日该患者出现发热伴畏寒，2012 年 5 月 11 日自觉头部及双上肢活动受限，伴有头晕、恶心、呕吐，遂就诊于当地医院治疗，未见好转并出现双下肢活动不灵，2012 年 5 月 13 日到上级医院住院。既往健康。未接种森林脑炎疫苗。入院查体：体温 38.0℃，脉搏 110 次 / 分钟，呼吸 20 次 / 分钟，血压 110/80mmHg。神清语明，平车推入病房，查体不合作。颜面潮红，头不能抬起，右耳后可见 1 处大小约 2cm × 1cm 结痂疹，无触痛，无瘙痒感，颈强三横指，四肢肌张力低，双上肢肌力 0 级，双下肢肌力 2 级，膝腱反射未引出，双侧巴宾斯基征弱阳性。肺部听诊呼吸音粗，无啰音。辅助检查：入院急检心肌酶，乳酸脱氢酶 277U/L，α- 羟丁酸脱氢酶 189U/L；肝功能 γ- 谷氨酰转肽酶 92U/L，丙氨酸氨基转移酶 117U/L；血沉 42mm/h；超敏 C 反应蛋白 16.20mg/L；血常规白细胞 13.14×10^9/L，中性粒细胞百分比 78%，中性粒细胞绝对值 10.19×10^9/L；血清特异性森林脑炎病毒抗体 IgM 阳性，血清特异性森林脑炎病毒抗体 IgG 阳性；肺部 CT 平扫示双肺下叶炎变并含气不良、右肺上叶少许炎性变，双侧少量胸腔积液；心电图示窦性心动过速（心率 150 次 / 分钟）。入院后患者呼吸困难进行性加重，颜面、口唇、指甲紫绀明显，经皮血氧饱和度为 65%，于 2012 年 6 月 1 日行气管切开术治疗，术后患者生命体征好转，紫绀明显改善。给予抗感染、改善循环、保护重要脏器、支持及对症治疗。脱机后生命体征平稳，可自主呼吸，但咳痰能力不强，有间断胸闷，需间断吸痰，行简易呼吸器辅助通气，双肺呼吸音清，未闻及干、湿啰音，头、颈、胸不能自主活动，双上肢肌力 1 级，双下肢肌力 3 级。住院 103 天后回当地医院进行康复治疗。

4. 职业卫生学调查

该患者为林场造林工，2012 年 4 月 30 日 13：20 与工友在上山造林时右耳被蜱叮咬。工友马上把蜱拔掉并进行挤血排毒，但未去医院完整取出。2012 年 5 月 13 日右耳后可见 1 处大小约 2cm × 1cm 蜱咬伤后结痂伤口，无触痛，无瘙痒感。

5. 综合分析

根据该患者春季在森林地区工作期间被蜱叮咬的职业接触史、出现发热、头晕、恶心、呕吐、肢体瘫痪、呼吸衰竭等临床表现、特异性血清学检查阳性，参考现场森林脑炎流行病学调查结果，综合分析，排除其他病因所致的类似疾病。依据《职业性森林脑炎诊断标准》（GBZ 88—2002），该患者被诊断为职业性森林脑炎（重度）。

6. 经验启示

通过本案例的分析，可以深入了解森林脑炎的传播媒介、临床表现、紧急处理方法和后续治疗方案，为类似疾病的预防和处理提供有益的参考。蜱咬伤亦可罹患莱姆病，建议同时检测莱姆病抗体等。

鼠类是本病的主要传染源和宿主动物，蜱为传播媒介。经蜱叮咬是本病的主要传播途径。因此，在树林、草地等蜱活动区域从事生产劳动、郊游、野营等活动时，加强灭鼠灭蜱，做好个人防护，要穿长袖衣衫，扎紧裤腿、袖口，避免被蜱咬伤；离开时，应仔细检查身体和衣物上是否有蜱，发现蜱后立即清除；一旦发现被蜱咬伤，应尽快寻求正确的医疗救治。

职业性森林脑炎是可以避免的。提醒劳动者在从事可能接触蜱的工作时，要做好个人防护，应用驱蜱和除蜱药物，加强灭鼠灭蜱，防止蜱虫叮咬，提前一个半月接种森林脑炎疫苗，以后每年加强注射一次，能有效降低发生职业性森林脑炎的风险。

（石冬梅）

第四节　布鲁氏菌病

一、概述

布鲁氏菌病（Brucellosis），简称“布病”，是由布鲁氏菌（Brucella）属细菌侵入机体引起的传染—变态反应性人兽共患疾病。羊、牛、猪、犬等家畜及野生动物均可致病，也可以感染人而发病，患病的羊、牛等疫畜是人间布病的主要传染源，布鲁氏菌可通过破损的皮肤黏膜、消化道和呼吸道等途径侵入人体引起急性或慢性布病。急性期以发热，多汗，乏力，肌肉、关节疼痛，肝、脾、淋巴结肿大和睾丸肿大为主要表现，慢性期多表现为关节损害等。布鲁氏菌病是我国法定乙类传染病，是我国六大地方病之一，除台湾地区和澳门特别行政区疫情不详外，国内其他省份都有流行或散在病例发生。畜牧行业、皮毛加工等从业人员因工作接触布鲁氏菌或致病者属职业性布鲁氏菌病。

（一）流行病学

1. 传染源

目前已知有60多种家畜、驯养动物和野生动物是布鲁氏菌的宿主，家禽及啮齿动物被感染的也不少见。人间布鲁氏菌病的主要传染源是发病及带菌的牛、羊、猪等家畜，它们既是动物布病的主要传染源，也是人类布病的主要传染源。在少数情况下，犬、鹿、骆驼等亦可成为传染源。人也是布鲁氏菌宿主之一，但布鲁氏菌病在人与人之间传播极为罕见。据报道，全球已有45例此类病例，其中29例患者年龄小于1岁，这些患者的感染主要是由于布鲁氏菌通过胎盘传播或者母乳喂养导致。

2. 传播途径

布鲁氏菌可经以下途径进入人体：

（1）经皮肤黏膜，如皲裂、外伤、擦伤等受损皮肤，或含菌液体溅入眼结膜或经性器官黏膜；

（2）经呼吸道，如吸入含菌的气溶胶等；

（3）经消化道，如食用未经彻底灭菌的含菌奶类、食物等。流行区患者常因多种形式受到感染。

布鲁氏菌病的母畜容易发生流产或死胎，体内的畜胎、羊水、胎盘及阴道分泌物中均含有大量的布鲁氏菌。在接产和处理流产时，如防护措施不当，极易受到感染。这些含菌物质以及病畜的尿、粪中的布鲁氏菌也可污染皮毛、土壤、水源等而直接或间接感染人、畜。病畜的肉、内脏及乳汁中含有病菌，如屠宰或处理尸体时防护不好或食用未经消毒的乳类制品（生奶、奶酪、酸奶等）也可受感染。实验人员在布鲁氏菌实验操作中，可以通过吸入含有布鲁氏菌的气溶胶而感染。

3. 易感人群

人群对布鲁氏菌普遍易感。从事接触布鲁氏菌的相关职业人员，如兽医、畜牧劳动者、屠宰劳动者、畜产品加工人员（乳、肉、皮毛）、疫苗和诊断制品生产及研究人员以及从事布鲁氏菌病防治的工作人员，均为高危人群。此外，生活在牧区等布鲁氏菌病高发地区的居民，其感染风险也相应增高。感染布鲁氏菌病或接种布鲁氏菌疫苗可以获得一定免疫力，但免疫力不持久，经过一段时间后可以再次感染。

4. 流行特征

布鲁氏菌病的流行范围广，遍布世界各地，全球 160 多个国家和地区都有布鲁氏菌病发生。我国境内波及 28 个省、自治区和直辖市，其中华北、东北、西北等地区是布病的多发区。时间分布上看，全年均可发病，有明显的季节性，发病高峰期为春末夏初（在家畜流产高峰后 1~2 个月）。各个年龄段的人群均可发病，无性别差异，然而，由于青壮年男性接触病畜相对频繁，男性的感染率高于女性，青壮年群体的感染率比其他年龄段高。

根据 WHO 的统计数据显示，全球每年大约有 50 万例人间布病新发病例，但真实的发病病例数应为 500 万 ~1250 万人。

我国首次发现布病是在 1905 年，当时在重庆报告 2 例病例。1963 年报告新发病例 1.2 万例。2005 年全国报告新发病例数近 2 万例，2015 年我国人间布病报告发病数（56989 例）和发病率（4.18 例 /10 万人）均达历史最高。需要注意的是，人间布病的统计数据主要是就诊数据统计，实际病例数应该远高于统计数据。近几年我国人间布病疫情回升，主要波及新疆、内蒙古、山西、黑龙江、河北、辽宁、吉林、陕西、山东、河南等地区。全国范围内，除台湾地区和澳门特别行政区的疫情不详外，其余省（区、市）也都有布病流行或散发病例发生。

（二）病因

布鲁氏菌病的致病菌为布鲁氏菌，是一种细胞内寄生的小球杆状菌，革兰氏染色阴性，属于 α 变形菌门、α_2 变形菌亚门中的布鲁氏菌科，无荚膜、鞭毛、芽孢及天然质粒。但光滑型菌株有荚膜，可产生透明质酸酶和过氧化氢酶，侵袭力强，能通过完整皮肤和黏膜进入宿主体内。光滑型布鲁氏菌的脂多糖（lipopolysaccharide，LPS）是血清中产生抗体的主要抗原成分，因此被认为是布鲁氏菌的主要毒力因素。

截至 1966 年，布鲁氏菌共分离鉴定出 6 个种 19 个生物型，其中，羊种布鲁氏菌（B.melitenesis）（1~3 生物型），牛种布鲁氏菌（B.abortus）（1~7，9 生物型），猪种布鲁氏菌（B.suis）（1~5 生物型），沙林鼠种布鲁氏菌（B.neotomae）、绵羊附睾种布鲁氏菌（B.ovis）、犬种布鲁氏菌（B.canis）各 1 个生物型。羊种布鲁氏菌致病力最强，猪种其次，牛种最弱。人间布鲁氏菌病的致病菌以羊、牛、猪三个种布鲁氏菌为主，有文献报道人感染犬种布鲁氏菌病例，其余各种型对人体的危害不大。1994 年以来新种型布鲁氏菌陆续被发现，分别为从海洋哺乳动物中分离发现的鲸种布鲁氏菌（B.ceti）和鳍种布鲁氏菌（B.pinnipedialis），田鼠种布鲁氏菌（B.microti）、狒狒种布鲁氏菌（B.papionis）、人源布鲁氏菌（B.inopinata，又名意外布鲁氏菌）、赤狐种布鲁氏菌（B.vulpis）以及从非洲牛蛙中分离得到的尚未命名的布鲁氏菌。2003 年有人类感染鲸种布鲁氏菌病例报告，人源布鲁氏菌病迄今为止仅在 2005 年有 1 例人间感染病例报道。有研究发现一些海洋型布鲁氏菌在人巨噬细胞内的复制能力甚至与羊种布鲁氏菌相近，这暗示了新型布鲁氏菌对人类的致病性不容忽视，但上述非经典种型布鲁氏菌对人体的致病性尚有待进一步深入研究。

布鲁氏菌在自然环境中生命力较强，在病畜的分泌物、排泄物、动物的脏器中能生存 4 个月左右，在牛奶中可存活 2 天至 18 个月，在土壤、皮毛和乳制品中可存活数周至 4 个月。在低温下，布鲁氏菌十分稳定，在 4~7℃可存活数月，-20℃以下，特别是（-70）~（-50）℃十分稳定，可保存数年之久，但对高温、紫外线、常用消毒剂敏感，直射日光数分钟（最长 4 小时），直射紫外线 5~10 分钟，湿热 60℃ 15~30 分钟，0.1% 新洁尔灭 30 秒，2% 来苏儿 1~3 分钟，2% 肥皂水 20 分钟即可被杀灭。

（三）发病机制及病理改变

1. 感染过程

布鲁氏菌产生的内毒素是其重要的致病物质，可毒害吞噬细胞。布鲁氏菌能在宿主细胞内增殖成为胞内寄生菌，并经淋巴管到达局部淋巴结生长繁殖形成感染灶。当布鲁氏菌在淋巴结中繁殖达到一定数量后可突破淋巴结屏障侵入血液，引起发热等菌血症表现。布鲁氏菌可随血液侵入肝脏、脾脏、骨髓、淋巴结等组织器官生长繁殖，并形成新的感染灶。当血液中的布鲁氏菌逐渐消失，体温恢复正常后，新感染灶内的细菌再次侵入血液时，体温再次升高。因细菌间断释放入血，反复引发菌血症，临床表现为不规则性波状热型，故布鲁氏菌病亦称波浪热。

根据布鲁氏菌侵入的途径、细菌类型、毒力大小、细菌的数量及感染时机体的生理状态，感染过程可分为以下五个阶段：

（1）淋巴源性迁徙阶段；

（2）菌血症阶段；

（3）多发性病灶形成阶段；

（4）慢性布鲁氏菌病阶段；

（5）慢性纤维化阶段。

值得注意的是，并非每个患者都具备上述感染过程的五个阶段。

2. 变态反应作用

布鲁氏菌病是一种传染—变态反应性疾病。在这一过程中，布鲁氏菌菌体及其代谢产物作为抗原刺激机体的免疫系统，通过细胞免疫和体液免疫做出反应。其中细胞免疫的作用更显著，机体在体内布鲁氏菌菌体和代谢产物、内毒素等作用下，释放出淋巴因子，出现以单核细胞浸润为特征的变态反应性炎症改变。急性期，布鲁氏菌主要在细胞内生存、繁殖，临床上呈现明显的菌血症、败血症和毒素典型症状。在细胞免疫过程中，所产生的淋巴因子，不仅使巨噬细胞活化，增强了它的杀菌能力，而且也作用于细菌停留组织器官的靶细胞，使之发生变性、坏死等病理改变，产生相应的临床表现。布鲁氏菌的持续存在，在单核—巨噬细胞系统内不断增生，最终形成肉芽肿。体液免疫则通过产生的免疫球蛋白，在限制感染扩散方面起重要作用。

3. 病理形态学改变

以非特异性炎性改变、机能亢进性反应及硬化性改变为特征，反映了疾病发展的三个阶段性表现。急性期的病理形态学改变主要是网状内皮系统细胞的增生，以及由于血管渗透性破坏而发生的内脏器官的浆液性炎症和微小坏死；三个月以后的病理改变主要是网状内皮系统细胞的增生和由上皮样细胞形成的肉芽肿，以及泛发性血管炎和器官的局限性损害，慢性阶段则表现为内脏器官的增生炎性变化或硬化性改变。

泛发性传染—变态反应性血管炎是该病的一个特征。可以根据传染—变态反应性上皮样细胞肉芽肿，网状内皮细胞增多和变态反应性血管炎判断是否患病。肝脾损害、中枢神经系统及心脏血管系统的损害在器官病理变化方面有重要意义。

（四）预防与控制

布鲁氏菌病的预防应采取以预防家畜发病为中心的综合措施。

1. 控制传染源

根据《人间传染的病原微生物名录》要求，实验室技术人员需在生物安全 2 级以上的实验室进行布鲁氏菌病血清学操作，必须在生物安全 3 级以上的实验室培养布鲁氏杆菌。依据《可感染人类的高致病性病原微生物菌（毒）种或样本运输管理规定》和国际民航组织《危险品航空安全运输技术细则》的分类包装要求，布鲁氏菌病原菌和标本应按 A 类 UN 2814 的要求包装和空运；通过其他交通工具运输的可参照标准包装。对家畜可采取定期检疫、屠宰淘汰病畜、疫苗免疫等方法。患者作为传染源的作用相对有限，故不需隔离治疗。

2. 切断传播途径

切断传播途径是预防布鲁氏菌病的重要措施之一。

（1）对患布鲁氏菌病家畜，应按照《中华人民共和国动物防疫法》进行处理，淘汰确诊的患病家畜并无害化处理。对牲畜流产物进行深埋处理，并对污染场地进行消毒。

（2）家畜粪便应无害化处理。应保护水源，防止其被病畜排泄物污染。

（3）乳类及乳制品可通过巴斯德法或煮沸灭菌的方式进行处理。毛皮可采取自然存放 1~5 个月、日晒、使用化学消毒剂或 60 钴 γ- 射线照射等方法灭菌。肉类应煮熟食用。

（4）做好个人职业防护，接触病畜时，应穿戴防护装备，如工作服、口罩、帽子、围裙、乳胶或线手套和胶鞋等。工作后应用消毒水或肥皂水洗手，养成良好的卫生习惯等。

3. 提高人群免疫力

布鲁氏菌病疫区的受威胁人群，如兽医、牧民、接触布鲁氏菌的实验室工作人员等可接种布鲁氏菌疫苗。常用有牛种布鲁氏菌 104M 疫苗，需每年接种，由于不良反应较大，仅推荐疫区人群在产羔季节前 2~4 个月接种，因多次接种可使人出现机体变态反应等副作用，故不宜连续多次接种。对布鲁氏菌暴露人员，《布鲁氏菌诊疗方案》（2023 年版）建议暴露后应用利福平联合多西环素或复方新诺明 21 日预防。

4. 加强宣传教育

有针对性地开展健康教育，农牧民、兽医、屠宰加工人员及布鲁氏菌病流行区的人员是宣传教育的重点人群。健康教育的内容以布鲁氏菌病防治的基本知识为主，如布鲁氏菌病是如何传染的、怎样预防、临床症状等，同时教育群众养成良好的卫生行为习惯和科学饲养家畜。

二、职业健康检查

应为职业接触布鲁氏菌属作业人员建立职业健康监护档案，定期进行职业健康检查，健康检查周期为1年。具体检查时间及项目如下：

（一）上岗前职业健康检查

1. 目标疾病

慢性肝炎、关节疾病、生殖系统疾病等职业禁忌证。

2. 检查内容

（1）重点询问有无皮疹、肝炎、关节炎、神经系统疾病史等症状。

（2）体格检查包括：①内科常规检查，重点为肝脾检查；②神经系统常规检查；③外科检查，重点为脊椎、四肢和关节；④皮肤科常规检查，重点为有无皮疹、皮疹形态、皮下结节；⑤妇科及泌尿科检查。

（3）实验室和其他检查：包括血常规、血沉、尿常规、血清ALT、心电图、肝脾B超、妇科B超等必检项目。

（二）在岗期间职业健康检查

1. 目标疾病

职业性布鲁氏菌病及慢性肝炎、骨关节疾病、生殖系统疾病等职业禁忌证。

2. 检查内容

（1）重点询问发热、多汗、乏力、关节疼痛、肌肉酸痛等症状；胃肠症状如纳差、腹泻、便秘等；失眠、抑郁、易激动等神经症表现。

（2）体格检查包括：①内科检查，重点是肝脾的触诊；②神经系统常规检查；③外科检查，重点为脊椎、骶髂、髋、膝、肩、腕、肘等关节；④妇科及泌尿科检查。

（3）实验室和其他检查包括血常规、血沉、尿常规、肝功能、虎红缓冲液玻片凝集试验（RPBT）、心电图、肝脾B超、妇科B超等必检项目；选检项目包括病毒性肝炎血清标志物、布鲁菌素皮内试验（Burnets反应）、脑CT、骨和关节X射线摄片（外科检查发现的病患关节）。

（三）复查

1. 复查条件

出现下列情况之一者，应复查：

（1）有波状热、多汗、关节痛、肌肉酸痛等，或有低热、疲乏无力、失眠、淡漠、烦躁不安等症状者；

（2）外科检查发现关节红肿，或滑囊炎、腱鞘炎、关节周围炎，或睾丸炎、附睾炎者；

（3）神经科检查发现周围神经损害者；

（4）妇科B超检查发现卵巢、附件炎者。

2. 复查内容

（1）细菌培养：血液、尿液、骨髓、脑脊液、脓液等，2~4周有细菌生长者为阳性；

（2）免疫学检查：选择下列1~2项。①试管凝集反应（Wright反应），1∶100为阳性，检查双份血清，效价有4倍以上升高，提示近期布鲁氏菌感染；②酶联免疫吸附试验（ELISA），1∶320为阳性；③2-巯基乙醇（2-ME）试验，结果判定同试管凝集反应；④补体结合试验（CFT），1∶16为阳性，灵敏度高，特异性较强；

（3）血常规；

（4）血沉。

（四）应急健康检查

检查对象为近期密切接触病畜或病人的职业人群。检查目的是及时发现急性布鲁氏菌病患者，了解疾病流行情况，控制疫情发展。首先应进行流行病学调查，调查疾病近期在牲畜和人群中的流行情况，界定密切接触人群进行应急检查。

检查内容包括如下。

1. 体格检查

（1）内科常规检查：观察患者的体温和体温变化特点，心脏检查和肝脾检查。

（2）神经系统常规检查：注意脑膜炎体征的检查。

（3）外科常规检查：重点为骶髂、髋、膝、肩、腕、肘等关节检查，睾丸和附睾的检查。

（4）妇科检查：重点为卵巢、输卵管及子宫。

2. 实验室和其他检查

血常规、血沉、肝脾B超、妇科B超、骨和关节X射线摄片、虎红缓冲液玻片凝集试验（RPBT）、酶联免疫吸附试验等必检项目；选检项目包括细菌培养、补体结合试验、布鲁菌素皮内试验、尿常规、肝功能、心电图、脑CT。

（五）离岗时健康检查

目标疾病为职业性布鲁氏菌病。检查内容同在岗期间职业健康检查。

三、临床表现

布鲁氏菌病的主要临床表现为发热，多汗，肌肉和关节疼痛，乏力，肝、脾及淋巴结肿大等，潜伏期1~3周，平均2周，少数患者可达数月至1年以上。

根据国家卫生健康委员会发布实施的《布鲁氏菌病诊断》（WS 269—2019），人间布鲁氏菌病临床上可分为急性期、亚急性期、慢性期。

（一）临床表现

1. 发热

发热是布鲁氏菌病最常见症状。急性期患者发热的比率高于慢性期相对稳定型患者。典型病例表现为波状热，常伴有寒战等症状。部分病例可表现为低热和不规则热型，且多发生在午后或夜间。布鲁氏菌病患者在高热时神志清醒，痛苦较小，但体温下降时自觉症状加重，这种高热与病况相矛盾的现象为布鲁氏菌病所特有。

2. 多汗

多汗是布鲁氏菌病突出症状之一，多与发热期伴随。在热退时出汗最明显，患者感到烦躁，情绪紧张，睡眠不佳。严重时，甚至可能会导致虚脱、脱水、电解质紊乱。

3. 肌肉和关节疼痛

无论是急性期还是慢性期，患者均可出现关节肌肉痛的症状。肌肉疼痛多见于两侧大腿和臀部，可呈痉挛性疼痛。关节痛以骶髂、膝、肩、肘等大关节受累最多，可为游走性。一些病例还可有脊柱（腰椎为主）骨关节受累，表现为疼痛、畸形和功能障碍等。在慢性布鲁氏菌病患者中，骨骼肌肉损害最为常见，如大关节损害、肌腱挛缩等，腰痛和膝关节痛的发生率高于肩关节和肘关节痛。

4. 乏力

几乎全部病例都有乏力疲劳的表现。乏力可出现在急性期热退后，特别是大汗以后，在慢性期更为常见。患者表现为不爱活动，劳动能力明显下降，自觉周身乏力，外表看似乎没有什么病。重度乏力者表现衰弱，甚至被迫卧床休息。

5. 肝、脾及淋巴结肿大

多见于急性期病例，肝脾肿大的患者恢复较慢。

6. 其他

少数病例可有头痛、心脏、肾脏及神经系统受累的表现。慢性布鲁氏菌病可表现为类神经症和慢性疲劳综合征等非特异性症状，周围神经炎等神经系统病变也较为常见，也可见到泌尿生殖系统病变。慢性布鲁氏菌病患者可有明显的早衰现象，常有行动迟缓、听力下降、出现白发、老花眼、牙齿脱落等症状，早衰现象的程度则与病史长短有相关性。

（二）并发症

1. 布鲁氏菌病性脊柱炎

损伤多见于腰椎，特别是第 4 腰椎及相近多个椎关节受累。多有腰背痛、活动受限及发热、畏寒、多汗等，热型多不规则。可合并腰椎感染、腰椎旁脓肿等并发症。

2. 变态反应性皮炎

多表现为手及前臂皮肤的红疹，皮肤发红，可有脓疱疹。皮疹多散在，少数可密集，如处理不当可发生继发感染。

3. 心血管系统并发症

主要是心内膜炎，多在风湿性心脏病或先天性心脏病基础上发生，而且以羊型菌感染多见。偶可见心肌炎、心包炎、主动脉炎等。患者可有心功能不全的表现，如胸闷、气短、肝脾肿大、心界扩大及病变瓣膜听诊区杂音。侵犯主动脉瓣膜、伴有充血性心力衰竭患者病死率较高。

4. 神经系统并发症

个别病例可有脑膜炎、脑膜脑炎、脊髓炎、多发性神经根神经病等。脑膜炎时脑脊液的变化类似结核性脑膜炎，脑脊液中淋巴细胞增多，蛋白增多，糖减少。细菌培养及抗体检测均可阳性。

5. 妊娠并发症

妊娠妇女罹患布鲁氏菌病可能会引起流产、早产、死产。

（三）实验室和辅助检查

1. 血常规

白细胞计数正常或偏低；淋巴细胞相对或绝对增加，有时可出现少数异型淋巴细胞；血沉在急性期增快，慢性期正常或偏高，持续增快提示有活动性。慢性期患者或有并发症存在时，可有轻度至中度贫血。

2. 生化指标

急性期患者的碱性磷酸酶可升高；急性期患者及肝脏受损的患者可有白蛋白减少。由于长期的慢性感染，球蛋白水平可能升高，致使白球比例低于 1.50，肝功能可出现异常。

3. 病原菌分离

布鲁氏菌可从患者的血液、骨髓、脑脊液、脓液等样本中进行分离。采用全自动血培养系统，在2~6天内检出布鲁氏菌。通过直接涂片进行革兰染色，可得到初步培养鉴定结果。经纯化分离和生化试验后可以鉴定布鲁氏菌，也可采用噬菌体裂解、血清凝集及PCR方法鉴定布鲁氏菌菌属各菌种。一般认为，急性期血培养阳性率高于慢性期；骨髓培养阳性率比血培养高；血清学检测效价高者，培养阳性率高。

4. 免疫学检查

布鲁氏菌病的免疫学实验分为筛查实验和确诊实验。

（1）筛查实验：主要有虎红玻片凝集实验（RBT）、酶联免疫吸附试验（ELISA）和胶体金免疫层析实验（GICA）。RBT的血清抗体于病程第1周即可出现，第2~3周常呈强阳性。ELISA可分别测定IgM、IgG抗体，一般IgM抗体出现较早，约于感染后1个月达高峰，然后开始下降；IgG抗体产生较晚，至6个月达高峰，10个月后开始下降。分别测定不同抗体有助于判断复发或再次感染，一般复发时IgG抗体重新升高，而IgM抗体常继续下降。GICA以测试区（T）及质控区（C）均显示红色线条为阳性。近年有人尝试应用PCR方法直接检测病人标本核酸，该方法快速、敏感，但由于PCR尚未标准化，在临床上应用还需验证，但对中枢神经系统感染或者局灶感染可发挥特别作用。

（2）确诊实验：主要有试管凝集试验（SAT）、补体结合试验（CFT）等方法。SAT的试管法抗体滴度≥1∶100为试验阳性。病程中抗体滴度升高≥4倍者意义更大。但SAT一般凝集效价滴度较低，还有前带现象，故稀释度应在1∶200以上。CFT的抗体滴度在1∶10出现抑制溶血（++）及以上者为阳性，一般仅用于诊断困难者，特别是慢性患者。其结果判断往往需要结合其他实验综合分析。抗人免疫球蛋白试验（Coomb's）抗体滴度在1∶400（++）及以上为阳性，用于测定不完全抗体，比凝集试验及补体结合试验更为灵敏，急性期及慢性期阳性率均较高，特异性也较强，但因操作复杂，一般仅用于诊断困难的病例，特别是慢性患者。

5. 其他检查

脑脊液检查适用于脑膜炎患者，可见脑脊液细胞（淋巴细胞为主）和蛋白质增加。心电图可示P-R间期延长、心肌损害、低电压等。骨、关节的X线检查可见软组织钙化 、骨质修复反应强而破坏性小，椎间盘和椎间隙变窄等。CT检查可发现椎体破坏及韧带骨化，有的病例明显骨质破坏，表现为多个圆形或类圆形低密度虫蚀样斑点，椎体边缘有硬化灶，或有骨赘生成，或椎旁软组织受累肿胀。在矢状位成像中，可见边缘硬化带，增生样骨赘或椎间盘突出，椎间隙变窄；MR增强扫描则可很好地显示椎旁韧带、软组织破坏，或椎体边缘骨质增生、椎骨骨质虫蚀样破坏。肝功能 、脑电图可有非特异性改变。

四、诊断与鉴别诊断

（一）诊断原则

布鲁氏菌病的发生、发展和转归过程比较复杂，其临床表现多种多样，很难以某一种症状来确定诊断。《职业性传染病的诊断》（GBZ 227—2017）、《布鲁氏菌病诊断》（WS 269—2019）规定了对布鲁氏菌病的诊断应依据确切的病原生物（病原体）职业接触史，具有相应的临床表现及特异性实验室检查阳性结果，结合职业卫生学、流行病学调查资料，综合分析，排除其他原因所致的类似疾病，方可诊断。

（二）诊断依据

1. 流行病学史

从事接触布鲁氏菌的相关职业，如兽医、畜牧、屠宰、畜产品加工（乳、肉、皮毛）、疫苗和诊断制品生产、研究、应用及从事布鲁氏菌病防治的工作人员因工作接触布鲁氏菌。非职业性布鲁氏菌病发病前有与疑似布鲁氏菌感染的家畜、畜产品有密切接触史或生食过牛、羊乳及肉制品，或生活在布鲁氏菌病疫区。

2. 临床表现

出现持续数日乃至数周发热（包括低热），多汗，乏力，肌肉和关节疼痛，并伴有淋巴结、肝脾和睾丸肿大，骨关节系统损害。少数患者可出现皮疹或合并神经系统、心血管系统及消化系统症状。

3. 实验室检查

（1）实验室初筛：①虎红平板凝集试验（RBT）结果为阳性；②胶体金免疫层析试验（GICA）结果为阳性；③酶联免疫吸附试验（ELISA）结果为阳性；④布鲁氏菌培养物涂片革兰染色检出疑似布鲁氏菌。

（2）实验室确诊：①从病人血液、骨髓、其他体液及排泄物等任一种病理材料培养物中分离到布鲁氏菌；②试管凝集试验（SAT）滴度为 1∶100（++）及以上，或者患者病程持续一年以上且仍有临床症状者滴度为 1∶50（++）及以上；③补体结合试验（CFT）滴度为 1∶10（++）及以上；④抗人免疫球蛋白试验（Coomb's）滴度为 1∶400（++）及以上。

（三）诊断及分期

《布鲁氏菌病诊断》（WS 269—2019）将布鲁氏菌病诊断分为疑似病例、临床诊断病例、确诊病例及隐性感染四种类型，其中职业性布鲁氏菌病为确诊病例。

1. 诊断

（1）从事接触布鲁氏菌的相关职业，如兽医、畜牧、屠宰、畜产品加工（乳、肉、皮毛）、疫苗和诊断制品生产、研究、应用及从事布鲁氏菌病防治的工作人员。

（2）布鲁氏菌病诊断应同时具备下列各项［按（WS 269—2019）执行］：①急性期出现间断或持续数日乃至数周发热（包括低热），伴有多汗、乏力、肌肉和关节疼痛等；查体可发现部分患者淋巴结、肝、脾和睾丸肿大，少数患者可出现各种皮疹或黄疸；慢性期患者多表现为骨关节系统及神经系统损害；②实验室检查，血清学检查（试管凝集试验、补体结合试验、抗人球蛋白试验）任何一项为阳性或从病人血液、骨髓、其他体液及排泄物等任一种培养物中分离到布鲁氏菌。

2. 临床分期

布鲁氏菌病的潜伏期一般为 1~3 周。依据病程长短将其划分为急性期、亚急性期、慢性期。

（1）急性期：具有上述临床表现，病程在 3 个月以内，出现确诊的血清学阳性反应。

（2）亚急性期：具有上述临床表现，病程在 3 ～ 6 个月之间，出现确诊的血清学阳性反应。

（3）慢性期：病程超过 6 个月仍未痊愈，有布鲁氏菌病的症状和体征，并出现确诊的血清学阳性反应。

（四）鉴别诊断

主要应与风湿热、伤寒、副伤寒、结核病、风湿性关节炎、脊柱炎、脑膜炎、睾丸炎等疾病相鉴别。此外，诸如疟疾、感冒、败血症等发热性疾病以及耶尔森氏菌病等关节痛性疾病与布鲁氏菌病的临床表现有相似之处，亦需注意鉴别。这些疾病虽然在临床表现上与布鲁氏菌病相似，但病因与治疗方法不同，特异性实验室检查有助于明确鉴别。例如，风湿热及风湿性关节炎患者抗链球菌溶血素“O”为阳性，伤寒与副伤寒患者血清肥达反应阳性，类风湿关节炎患者类风湿因子的血清反应为阳性，肺结核患者痰检结核菌及 X 线胸片特征性表现，疟疾患者周围血涂片可发现疟原虫等均有助于明确诊断。布鲁氏菌病特异性实验室免疫检查在鉴别诊断起着关键性作用。在诊断与鉴别诊断过程中需要仔细甄别，以确保诊断准确。

五、治疗与康复

布鲁氏菌病作为一种典型的全身性疾病，对全身多系统都可能造成损伤。近年来，布鲁氏菌病的发病特点为轻型多、重型少、症状多、体征少、向非典型化的趋势发展。临床表现多种多样，且具有病程长，容易反复发作的特点，使得该病的发生、发展和转归比较复杂，临床上漏诊、误诊的情况较多。临床表现的复杂性、反复性、病程长的特点决定了布鲁氏菌病的治疗与康复是一个综合性的过程。急性期以控制症状、防止病情恶化、减轻组织损伤、减少并发症为目的，慢性期以促进功能恢复、防止复发和伤残为重点。布鲁氏菌病易影响患者的劳动能力，对已丧失劳动能力者通过康复医疗措施，尽可能恢复或维持机体正常活动和功能，最大程度减轻患者的痛苦。

（一）治疗原则与方法

1. 一般及对症治疗

注意休息，注意水、电解质及营养补充，给予高热量、足量 B 族维生素以及易于消化的饮食。高热者可用物理方法降温，持续不退者可用退热剂等对症治疗。关节肌肉疼痛明显者可适量应用镇痛药并配以针灸、理疗等，对有精神紧张伴失眠、多梦的患者可给适当的镇静药物。合并脑膜炎者需给予脱水降颅压治疗。合并急性睾丸炎者卧床休息，直立时可用十字绷带或柔软的短裤将睾丸托起，提高阴囊，早期给予冷敷，阴囊皮肤红肿者给 50% 硫酸镁湿敷；针对睾丸疼痛及不适，可适当应用镇痛剂，也可作理疗、热敷。

2. 针对性抗菌治疗方案

治疗原则为早期、联合、足量、规律、足疗程用药，必要时延长疗程，以防止复发及慢性化。治疗过程中注意监测血常规 、肝肾功能等。

（1）无合并症的非复杂性感染者首选多西环素 + 利福平，或多西环素 + 庆大霉素（1 周），或多西环素 + 链霉素（2~3 周）。若不能耐受，亦可采取二线方案多西环素 + 复方新诺明，或多西环素 + 妥布霉素（1~2 周），或利福平 + 左氧氟沙星，或利福平 + 环丙沙星。疗程不低于 3 周，国内专家共识推荐每疗程 6 周。慢性期感染可治疗 2~3 个疗程。

（2）合并脊柱炎、骶髂关节炎者予三联治疗，首选多西环素 + 庆大霉素（1 周）+ 利福平，或多西环素 + 利福平 + 头孢曲松（1 个月）。若不能耐受，亦可采取二线方案环丙沙星 + 利福平，疗程至少 3 个月。

（3）合并脑膜炎、脑膜脑炎首选多西环素 + 利福平 + 头孢曲松（1 个月）三联治疗 4~5 个月，不能耐受者可采用二线方案多西环素 + 利福平 + 复方新诺明三联治疗 5~6 个月。监测脑脊液常规和生化检验，待脑脊液完全正常时方可停药，不推荐外科手术。

（4）合并心内膜炎者首选多西环素 + 利福平 + 复方新诺明 + 庆大霉素（2~4 周）四联治疗，或在非复杂性感染双联药物基础上联合三代头孢菌素，疗程 6 周 ~6 个月。

（5）妊娠期的布鲁氏菌病患者建议采用利福平（6 周）或利福平（4 周）+ 复方新诺明（4 周），或利福平（6 周）+ 头孢曲松（2~3 周），复方新诺明不可用于孕 12 周内或孕 36 周以后的患者。

（6）复发病例多因药物治疗依从性较差，未满疗程停药所致，可用原方案再治疗 1 个疗程。对于延迟恢复病例，则通常认为抗菌治疗效果不佳。隐性感染者是否需要治疗目前尚无循证医学证据，但仍建议给予治疗。对布鲁氏菌耐药性情况我国尚无大规模研究，有待较大规模的调查以明确我国布鲁杆菌的耐药现状，临床可根据药物敏感试验和相关推荐方案调整用药。

3. *外科及手术治疗*

布鲁氏菌病合并脊柱炎、感染性心内膜炎、睾丸炎等经内科治疗效果不佳或出现严重并发症时，可以考虑外科手术治疗。

（1）合并脊柱炎（脊椎炎）复发感染，脊椎不稳定，显著的脊椎后突，脊椎病引起的难以控制的疼痛，局灶脓肿形成需外科手术治疗。

（2）布鲁氏菌病所致感染性心内膜炎合并严重心功能不全，严重瓣膜返流、瓣膜狭窄等血流动力学障碍，感染难以控制，包括局部脓肿形成、窦道形成、血培养持续阳性、耐药菌株感染、有心内植入器械等情况，栓塞事件高风险，包括赘生物＞30mm，或有效抗菌治疗下，患者仍出现栓塞事件，或赘生物直径＞10mm 且活动度较高者，应结合外科手术治疗，术后应持续抗感染治疗达到充足疗程。

（3）合并鞘膜积液过多胀痛剧烈的，应穿刺引流，减少内压。保守治疗效果不好的可手术，有鞘膜开窗术、鞘膜翻转术、鞘膜切除术等。

（4）合并睾丸炎疼痛剧烈者可作精索封闭，保守治疗无效或已有化脓、破溃等严重病例，可考虑手术治疗，发生患侧睾丸萎缩者可手术切除。

（5）合并关节腔积液肿胀明显、胀痛较重、保守治疗不易吸收的可作关节腔穿刺，抽取积液，以降低关节张力，减轻疼痛，减少关节破坏，多次抽液无好转可考虑手术治疗。

4. *激素治疗*

对布鲁氏菌病治疗中激素的应用应慎重，需严格掌握使用范围。出现下列情况可考虑应用：布鲁氏菌病急性期中毒症状加重，单纯用抗生素治疗病情得不到控制的患者；急性期大量抗生素应用后出现赫氏反应的病例；急性患者伴有明显血小板减少者；中毒症状严重，伴有睾丸显著肿胀疼痛者；慢性患者急性发作，症状严重及慢性患者中顽固性骨关节疼痛者；特异性抗原疗法出现严重反应的患者。用法有口服、静脉滴注及局部或腔内注射。对于顽固性关节炎、滑囊炎、腱鞘炎等可选用醋酸可的松做关节腔内或腱鞘内注射。对顽固的腰肌痛、肩部肌肉痛等也可做局部封闭，但次数不宜过多。

5. *其他治疗*

布鲁氏菌病合并骨关节损害时应用骨肽、鹿瓜多肽等药物促进骨质修复；慢性布鲁氏菌病存在细胞免疫功能低下时应用胸腺素、转移因子、免疫核糖核酸、左旋咪唑等提高细胞免疫功能药物；布鲁氏菌病合并精神心理问题时进行心理干预；合并骨关节功能障碍者配合适宜康复措施，以及我国传统中医针对布病的不同时期病机特点采用的宣痹汤加减化裁、独活寄生汤、十全大补汤等方剂在布鲁氏菌病临床治疗中均亦取得了一定的疗效。此外，有学者在对慢性布鲁氏菌病的治疗中尝试采用特异性抗原疗法及调节免疫治疗，短期产生一定疗效，远期治疗效果如何，还有待进一步研究改进。

（二）预后与康复

布鲁氏菌病急性期经治疗后，一般预后良好。不同种型的布鲁氏菌病预后有差异。因为该病病程长，容易反复发作，有慢性倾向，需定期随访，及时发现病情变化并调整治疗方案。该病对患者的劳动力影响较大，职业性布鲁氏菌病患者确诊后，按《劳动能力鉴定　职工工伤与职业病致残等级》（GB/T 16180—2014）进行工伤及职业病致残程度鉴定。

六、案例分析与经验启示

（一）案例一

1. 基本信息

赵某某，男，57 岁。

2. 职业史与职业病危害因素接触史

某牧业有限公司员工，2016 年 6 月 9 日起被派遣至 A 省 B 市某牧业有限公司某牧场从事饲养牛及母牛接产工作，其间有接产死牛犊史。2020 年初起该牧场陆续检出布鲁氏菌感染病牛。

3. 临床表现与诊疗经过

2020 年 5 月患者出现乏力、多汗、腰部及下肢关节疼痛，间断发热、每次发热的时间和持续时间不定，其间自服速效感冒胶囊及去痛片等药物，症状短期略有缓解，但腰痛逐渐加重，行走时尤剧，平卧位时难以翻身，双下肢麻木感，体重明显下降 10 余斤，于 2020 年 9 月 3 日就诊于当地医院虎红试验检测为阳性，布氏杆菌试管凝集试验 1∶400 阳性，遂于 2020 年 9 月 7 日入我院诊治。入院时查体：腰部呈屈曲状被动体位，行动迟缓，表情痛苦，腰部压痛明显，双下肢膝以下痛觉减弱，位置觉正常，双下肢肌力 5- 级、肌张力正常，直腿抬高试验阳性，膝腱反射对称，跟腱反射亢进，巴彬斯基征阴性。诊断：职业性布鲁氏菌病（亚急性期）、布鲁氏菌病脊柱炎。经联合利福平 0.6g，1 次 / 天，盐酸米诺环素 100mg，2 次 / 天，盐酸左氧氟沙星 0.5g，1 次 / 天，短期应用地塞米松 5mg/ 天，连用 5 天，注射用七叶皂苷钠 10mg，2 次 / 天，连用 12 天，注射用骨肽 50mg，1 次 / 天，注射用复方三维 B（Ⅱ）1 复方单位，1 次 / 天，静脉滴注，辅以洛索洛芬钠止痛及支持对症治疗 2 周后体温完全恢复正常，未再发热，腰痛及多汗症状好转，可下床活动，抗菌治疗 3 个月后病情稳定，双下肢肌力恢复 5 级，无深浅感觉障碍，直腿抬高试验仍为阳性，病情好转出院。出院 1 月后随访病情稳定。

4. 实验室和辅助检查

布鲁氏杆菌虎红试验：阳性（+）；布鲁氏杆菌莱特试验：1∶50（+++），1∶100（++）。腰椎 MRI：腰 2、3 椎体上下缘可见长 T1 长 T2 信号影，边缘欠清楚，信号不均匀，腰 2、3、4、5 椎体前后缘变尖，腰 2- 骶 1 间盘信号减低，腰 3–5 间盘向周围膨出，腰 5- 骶 1 椎体后缘见间盘突出影，压迫硬脊膜囊及神经根；腰 2–5 水平椎管变形变窄，硬脊膜囊受压呈“三角形”；骶椎及骶管内未见异常信号影。结论：腰 2、3 椎体异常信号影——考虑脊柱炎性改变，腰 2、3、4、5 椎体退变，腰 2–5 水平椎管狭窄，腰 2–5 间盘膨出，腰 5- 骶 1 间盘突出。

5. 流行病学调查

该患者从事产房饲养员工作 4 年，工作中接触母牛、牛犊及胎盘、母牛阴道流出物等，工作中戴胶皮手套、普通无菌口罩、防护服、护目镜。上岗前布鲁氏菌虎红及莱特试验检测均为阴性；在岗期间 2019 年 9 月 28 日体检：莱特试验 1∶50（–），半抗体 1∶50（–），半胱氨酸 1∶20（–），虎红（–）。经调查患者工作牧场自 2020 年 2 月起陆续检测出布鲁氏菌感染牛只，经证实感染后采取将病牛转移至单独牧场饲养的隔离措施，但原牧场多轮筛查仍陆续有牛只布鲁氏菌检测阳性。其后 3 个月内患者所在牧场的工作人员先后有 3 人罹患布鲁氏菌病。

6. 综合分析

结合该劳动者工作中接触布鲁氏菌病感染动物的职业病危害接触史、临床表现及特异性布鲁氏菌实验室检查阳性结果及其他医学检查结果，结合流行病调查资料及工作场所职业卫生学资料，综合分析，并鉴别排除其他原因所致类似疾病，职业病诊断结论为“职业性布鲁氏菌病（亚急性期）”。本案例中导致职业性布鲁氏菌病的传染源为疫牛，在工作中接触母牛、初生牛犊、胎盘及阴道流出物，虽佩戴胶皮手套、护目镜、口罩、防护服等防护装备，因感染牛只生产期间排菌量大，考虑为病原菌通过皮肤黏膜或呼吸道侵入机体致病。

7. 经验启示

通过本案例的分析，我们可以深入了解布鲁氏菌病的典型临床表现、诊断原则及治疗方案，为类似病例的诊治提供有益的参考借鉴。

布鲁氏菌病可造成全身多器官损害，对劳动者的劳动能力影响较大，严重者可完全丧失劳动能力。因而对高风险人群，尤其是职业接触人群应加强保护，定期检查，发现疑似病症应及时诊治，力争做到早发现、早治疗、早康复。

（二）案例二

1. 基本信息

樊某某，男，28 岁。

2. 职业史与职业病危害因素接触史

B 市某企业服务有限公司项目经理，工龄半年，2020 年 6 月起每周一次到其公司所辖牧场巡视，2020 年初起该牧业有限公司陆续检出布鲁氏菌感染病牛。

3. 临床表现与诊疗经过

2020 年 11 月 2 日出现发热、盗汗症状，体温最高 39.1℃，3 天后右侧阴囊肿胀疼痛、多汗，疼痛向大腿内侧及下腹部放射，先后于当地医院口服、静滴抗菌药物共 6 天后，发热症状减轻，阴囊肿痛无缓解，2020 年 11 月 13 日于某医院查虎红试验阳性，遂于 2020 年 11 月 13 日入某院住院治疗，查体可见右侧阴囊肿胀鸡蛋大小、触痛阳性，右腹股沟可触及小结节，活动度良好，有触痛。诊断：职业性布鲁氏菌病（急性期），睾丸炎。予联合利福平、米诺环素、左氧氟沙星三联抗菌药物治疗 29 天，辅之以阴囊部位悬吊、红外线局部治疗。

4. 实验室和辅助检查

莱特试验 1∶50（++++），1∶100（++++），1∶200（++++），1∶400（+++），1∶800（++）；半抗体 1∶1600（++）；半胱氨酸 1∶20（++++），1∶40（++++），1∶80（++++）；虎红阳性（+）。彩超：右侧鞘膜腔内可见液性暗区，范围 4.1cm × 2.1cm，内透声尚可，左侧附睾头内可见大小为 0.4cm × 0.3cm 的无回声，边界清，右侧鞘膜腔积液，双侧睾丸正常声像图；治疗 30 天复查右侧鞘膜积液减少为 1.9cm × 1.5cm。

5. 流行病学调查

该患者担任某服务有限公司安全巡查员，工龄 3 个月，主要工作内容为检查 B 市某牧业有限公司下辖各牧场工作情况，包括牛只、草料、人员、安全等工作。2020 年 10 月在案例一工作牧场巡查过程中去过圈舍接触过牛只（手接触初生牛犊），其间戴普通无菌口罩，着便装，未佩戴其他防护用品，因其巡查其他牧场未发现涉疫牛只，考虑为在此牧场接触传染源致病。

6. 综合分析

本案例结合布鲁氏菌病感染动物的职业接触史、临床表现及特异性布鲁氏菌实验室检查阳性结果，以及流行病调查资料，综合分析，职业病诊断结论为职业性布鲁氏菌病（急性期）。本案例患病带有偶然因素，导致职业性布鲁氏菌病的传染源为疫牛，在工作中接触母牛、初生牛犊、胎盘及阴道流出物，虽佩戴无菌口罩，但未佩带胶皮手套、护目镜、防护服等且感染牛只生产期间排菌量大，考虑为病原菌通过皮肤黏膜或呼吸道侵入机体致病。

7. 经验启示

本案例的患病带有一定的偶然性，一次接触即致病，使我们深刻理解了布鲁氏菌的传染病本质特征，同时又提示加强高风险职业病危害因素的工作场所管理的重要性，任何人员进入现场均须做好防护，切忌存在侥幸心理，以避免患病。

职业性布鲁氏菌病虽然具有高度的传染性，但是一种完全可以避免的职业病危害，更需重视预防环节，用人单位应严格落实主体责任，在高风险单位及重点岗位应按照人畜同步、分区防治的原则，落实好“免、检、消、杀、管”的综合性防控措施，从源头上控制好传染源是关键。劳动者在从事布鲁氏菌高风险作业时，必须严格遵守操作规程，正确选择及使用个体防护用品，通过正确的预防措施和应对方法，有效降低发生布鲁氏菌病的风险和伤害。

世界卫生组织将布鲁氏菌病视为“世界范围内流行最广泛的人兽共患病，但也是最易被人们所忽视的 7 种重要传染病之一”。人类对布鲁氏菌病的研究和防控历经百余年的历史仍未达到完全净化、消灭的阶段，尚需政府、机构、用人单位以及劳动者个人多层次共同参与落实防控方案措施。近年来国家先后出台了《国家布鲁氏菌病防治计划（2012—2020）》、《布鲁氏菌病诊疗指南（试行）》、布病防控技术方案等多项指导性文件，标志着我国已进入全面从严防治布病的新阶段。

（胡英华）

第五节　艾滋病

一、概述

艾滋病是由人类免疫缺陷病毒（human immunodeficiency virus，HIV）感染引起的，以人体 $CD4^{+}T$ 淋巴细胞减少为特征的进行性免疫功能缺陷，疾病后期可继发各种机会性感染、恶性肿瘤和中枢神经系统病变的综合性疾患。目前，艾滋病不仅严重威胁我国人民的健康，还是影响经济发展和社会稳定的重要公共卫生问题。职业性艾滋病是指医疗卫生人员和人民警察在职业活动过程中意外感染 HIV 所引起的获得性免疫缺陷综合征（acquired immunodeficiency syndrome，AIDS）。将职业暴露范围限定为医疗卫生人员和人民警察，不仅确保 AIDS 病人得到及时有效的治疗，防止 HIV 的传播，同时也体现国家对医疗人员和警察的职业保护。

（一）病因与接触机会

1. 传染源

HIV 感染者和 AIDS 患者。HIV 主要存在于传染源的血液、精液、阴道分泌物、胸腔积液、腹水、脑脊液、羊水和乳汁等体液中。

2. 传播途径

艾滋病病毒经以下三种途径传播：性接触（包括同性、异性和双性）、血液及血制品（包括共用针具静脉吸毒、介入性医疗操作等）和母婴传播（包括经胎盘、分娩时和哺乳传播）。职业性艾滋病主要通过血液及血制品途径感染。职业暴露史是指从事艾滋病防治或可能接触到 HIV 的医疗卫生人员或人民警察，工作时发生过与 HIV 意外接触的历史。

职业性艾滋病接触级别分为 3 级。

（1）一级接触：接触源为体液、血液或者含有体液、血液的医疗器械、物品；接触类型为可能有损伤的皮肤或者黏膜沾染了接触源，接触量小且接触时间短；

（2）二级接触：接触源为体液、血液或者含有体液、血液的医疗器械、物品；接触类型为接触源沾染了可能有损伤的皮肤或者黏膜，接触量大且接触时间长；或者接触类型为接触源刺伤或者割伤皮肤，但损伤程度较轻，为表皮擦伤或者针刺伤；

（3）三级接触：接触源为体液、血液或者含有体液、血液的医疗器械、物品；接触类型为接触源刺伤或者割伤皮肤，损伤程度较重，为深部伤口或者割伤有明显可见的血液。

3. 易感人群

人群普遍易感，发病年龄以 40 岁以下为多。

4. 流行特征

联合国艾滋病规划署（The Joint United Nations Programme on HIV/AIDS，UNAIDS）估计，截至 2022 年底，全球现存活 HIV/AIDS 患者 3900 万例，当年新发 HIV 感染者 130 万例，有 2980 万人正在接受抗反转录病毒治疗（anti-retroviral therapy，ART）。2009 年至 2020 年，我国累计报告的 AIDS 病例数约 105.82 万人。随着 HIV 感染者和 AIDS 病人数量的增长，医疗卫生人员、人民警察等职业接触艾滋病病人的职业暴露危险性逐步增加。

（二）发病机制

HIV 主要侵犯人体的免疫系统，包括 $CD4^+T$ 淋巴细胞、单核巨噬细胞和树突状细胞（dendritic cells，DC）等，表现为 $CD4^+T$ 淋巴细胞数量持续减少，最终导致人体细胞免疫功能缺陷，引起各种机会性感染和肿瘤的发生。此外，HIV 感染也会导致心血管疾病（cardiovascular disease，CVD）、骨病、肾病和肝功能不全等疾病的发病风险增加。

HIV 进入人体后，经 24~48 小时到达局部淋巴结，5~10 天后在外周血中检测到病毒成分，继而产生病毒血症，导致急性感染，其特点是 $CD4^+T$ 淋巴细胞数量在短期内迅速减少。大多数感染者未经特殊治疗，$CD4^+T$ 淋巴细胞计数可自行恢复至正常水平或接近正常水平。然而，由于病毒储存库的存在，宿主免疫系统无法完全清除病毒，形成慢性感染，分为无症状感染期和有症状感染期。国际研究表明，无症状感染期的平均持续时间约为 8 年，主要表现为 $CD4^+T$ 淋巴细胞数量缓慢减少；

进入有症状期后，$CD4^+T$淋巴细胞数量再次快速减少，多数感染者$CD4^+T$淋巴细胞计数降至350/μL以下，部分晚期患者$CD4^+T$淋巴细胞计数甚至降至200/μL以下。

HIV感染导致CD4+T淋巴细胞计数下降的主要原因包括：HIV引起的CD4+T淋巴细胞凋亡或焦亡；HIV复制所造成的直接杀伤作用，包括病毒出芽时引起细胞膜完整性的改变等；HIV复制所造成的间接杀伤作用，包括炎症因子的释放或免疫系统的杀伤作用；HIV感染导致胸腺组织的萎缩和胸腺细胞的死亡等。

HIV引起的免疫异常除了$CD4^+T$淋巴细胞数量的减少，还包括$CD4^+T$淋巴细胞、B淋巴细胞、单核巨噬细胞、自然杀伤细胞和DC的功能障碍与异常免疫激活。

HIV感染后在临床上可表现为典型进展者、快速进展者和长期缓慢进展者三种转归。影响HIV感染临床转归的主要因素有病毒特性、宿主免疫和遗传背景等。

人体通过固有免疫和适应性免疫应答对抗HIV感染。黏膜是HIV侵入机体的主要门户，又是HIV增殖的场所，是HIV通过性途径传播的重要通道。HIV也能通过破损的黏膜组织进入人体，随即局部固有免疫细胞，如单核巨噬细胞、DC、自然杀伤细胞和γδT细胞等进行识别、内吞并杀伤处理后将病毒抗原提呈给适应性免疫系统。在感染后2~12周内，人体即产生针对HIV蛋白的各种特异性抗体，其中中和抗体在控制病毒复制方面具有重要作用。特异性细胞免疫主要包括HIV特异性$CD4^+T$淋巴细胞免疫反应和特异性细胞毒性T淋巴细胞（cytotoxic T lymphocyte，CTL）反应。

绝大多数HIV/AIDS患者经过ART后，HIV所引起的免疫异常能恢复至正常或接近正常水平，即实现免疫功能重建，包括$CD4^+T$淋巴细胞数量和免疫功能的恢复。然而，有10%~40%的HIV/AIDS患者即使能够长期维持病毒抑制，仍不能完全实现免疫重建，这些患者被称为免疫重建不良者或免疫无应答者。与达到完全免疫重建的患者相比，免疫重建不良患者AIDS相关和非AIDS相关疾病的发病率和病死率升高。

（三）预防与控制

职业性AIDS不同于其他职业病，其危害因素是意外感染，需追溯传染源。参照《血源性病原体职业接触防护导则》（GBZ/T 213—2008）和《职业暴露感染艾滋病病毒处理程序规定》，加强对可能接触HIV感染职业人群的预防教育，规范操作，严格标准预防，必要时采取普遍预防，发生职业暴露后积极采取接触后预防。

严格执行三级防护模式防患于未然。一级预防是针对风险发生前的各级政府及医院主管部门、医务人员、人民警察，采取措施防止暴露事件出现，消除或控制潜在危险因素。应制定相关管理制度与方案，改善执业环境，树立风险意识，加强职业安全教育及防护培训。二级预防针对风险出现的早期，由医院主管部门、医务人员及人民警察控制风险的继续发展，努力将风险损失降到最低，提高风险监测与预警能力，完善应急管理体制。三级预防是在暴露已发生和康复期，由医院主管部门、医务人员及人民警察对暴露者进行治疗、康复与恢复，进行总结与随访，关注暴露者身心健康，修正防护相关管理制度，实施奖惩追责机制。

二、职业健康检查

意外接触人免疫缺陷病毒应进行应急健康检查。

（一）检查对象

因职业活动发生以下导致感染或可能感染艾滋病病毒情况的医疗卫生人员及人民警察：

（1）被含有艾滋病病毒血液、体液污染的医疗器械及其他器具刺伤皮肤的；

（2）被艾滋病病毒感染者或病人的血液、体液污染了皮肤或者黏膜的；

（3）被携带艾滋病病毒的生物样本、废弃物污染了皮肤或者黏膜的；

（4）其他因职业活动发生或可能感染艾滋病的。

（二）检查目的

及时发现职业性艾滋病病毒感染，开展处置和调查程序，控制病情发展。

（三）检查内容

（1）症状询问：重点询问艾滋病病毒的职业暴露史（暴露方式、暴露后紧急处理情况等）；确认是否有发热、咽痛、恶心、呕吐、腹泻、皮疹、关节痛、淋巴结肿大等症状。

（2）体格检查：

①内科常规检查；

②皮肤黏膜：评估是否有皮肤破损或针刺、锐器割伤及其程度；接触暴露源的黏膜情况；

③实验室和其他检查：检查项目，血常规、尿常规、肝功能、肾功能、HIV-1 抗体、HIV 核酸、$CD4^+T$ 淋巴细胞；检查要求，a. 检查时间：发生职业暴露 24 小时内，即应采集血样，进行艾滋病病毒抗体检测；b. 检查次数：在随访期（发生职业暴露之后 6 个月）内，共需进行 5 次艾滋病病毒抗体检测，分别为暴露后 24 小时内、第 4 周、8 周、12 周和第 6 个月。对于暴露者存在基础疾患或免疫功能低下，产生抗体延迟等特殊情况的，随访期可延长至 1 年。

三、临床表现

潜伏期平均 8~9 年，可短至数月，长达 15 年。艾滋病期主要的临床表现为 HIV 相关症状、各种机会性感染及肿瘤。

（一）症状和体征

1. AIDS 相关症状

（1）主要表现为持续 1 个月以上的发热、盗汗、腹泻；体重减轻 10% 以上。

（2）部分患者表现为神经精神症状，如记忆力减退、精神淡漠、性格改变、头痛、癫痫及痴呆等。

（3）持续性全身性淋巴腺病（persistent generalized lymphoadenopthy，PGL）：HIV 感染者无其他原因的腹股沟以外两处或两处以上的淋巴结肿大，直径＞1cm，持续 3 个月以上。

2. 各种机会性感染及肿瘤

随着 $CD4^+T$ 淋巴细胞的下降，机会性感染逐渐增多，包括原虫、细菌病毒及真菌等多种病原体，累及全身多系统。当患者 $CD4^+T$ 细胞数≤200 个 /L，1 年后出现机会性感染的频率是 33%，2 年后约为 58%。即便在正常机体很少致病的有机物所致的感染，发生于免疫缺陷患者时亦为潜在的致瘤性感染。

（1）呼吸系统：人肺孢子菌引起的肺孢子菌肺炎，表现为慢性咳嗽、发热、发绀、血氧分压降低，少有肺部啰音，胸部 X 线显示间质性肺炎。六甲烯四胺银染色印片或改良亚甲蓝对痰或气管灌洗液染色可快速检出肺孢子菌。结核分枝杆菌、鸟复合分枝杆菌可引起肺结核。巨细胞病毒、假丝酵母菌及隐球菌可引起病毒性肺炎、复发性细菌、真菌性肺炎。卡波西肉瘤也常侵犯肺部。

（2）中枢神经系统：可发生新隐球菌脑膜炎、结核性脑膜炎、弓形虫脑病、各种病毒性脑膜脑炎。

（3）消化系统：白念珠菌食管炎、巨细胞病毒性食管炎、肠炎，沙门菌、痢疾杆菌、空肠弯曲菌及隐孢子虫性肠炎；表现为鹅口疮食管炎或溃疡，吞咽疼痛、胸骨后烧灼感、腹泻、体重减轻，感染性肛周炎、直肠炎，粪检和内镜检查有助诊断；因隐孢子虫、肝炎病毒及巨细胞病毒感染致血清转氨酶升高。偶可有胆囊机会性感染和肿瘤等。

（4）口腔：鹅口疮、舌毛状白斑、复发性口腔溃疡、牙龈炎等。

（5）皮肤：带状疱疹、传染性软疣、尖锐湿疣、真菌性皮炎和甲癣。

（6）眼部：巨细胞病毒视网膜脉络膜炎和弓形虫性视网膜炎，表现为眼底絮状白斑。眼睑、睑板腺、泪腺、结膜及虹膜等常受卡波西肉瘤侵犯。

（7）肿瘤：恶性淋巴瘤、卡波西肉瘤等。卡波西肉瘤侵犯下肢皮肤和口腔黏膜，可出现紫红色或深蓝色浸润斑或结节，融合成片，表面溃疡并向四周扩散。这种恶性病变可出现于淋巴结和内脏。

3. AIDS 指征性疾病

包括如下任一项：

（1）HIV 消耗综合征；

（2）肺孢子菌肺炎；

（3）食管念珠菌感染；

（4）播散性真菌病（球孢子菌病或组织胞浆菌病）；

（5）反复发生的细菌性肺炎，近 6 个月内≥2 次；

（6）慢性单纯疱疹病毒感染（口唇、生殖器或肛门直肠）超过 1 个月；

（7）任何内脏器官的单纯疱疹病毒感染；

（8）巨细胞病毒感染性疾病（除肝、脾、淋巴结以外）；

（9）肺外结核病；

（10）播散性非结核分枝杆菌病；

（11）反复发生的非伤寒沙门菌败血症；

（12）慢性隐孢子虫病（伴腹泻，持续>1 个月）；

（13）慢性等孢球虫病；

（14）非典型性播散性利什曼病；

（15）卡波西肉瘤；

（16）脑或 B 细胞非霍奇金淋巴瘤；

（17）浸润性宫颈癌；

（18）弓形虫脑病；

（19）马尔尼菲青霉病；

（20）肺外隐球菌病，包括隐球菌脑膜炎；

（21）进行性多灶性脑白质病；

（22）HIV 相关神经认知障碍；

（23）有症状的 HIV 相关性心肌病或肾病。

（二）实验室检测

HIV/AIDS 的临床实验室检测主要包括 HIV 抗体检测、HIV 抗原抗体检测、HIV 核酸检测、$CD4^{+}T$ 淋巴细胞计数、HIV 基因型耐药检测等。筛查试验通常使用 HIV 抗体检测或 HIV 抗原抗体检测，而确认 HIV 感染的补充试验包括抗体补充试验（HIV-1/2 抗体确证试验）和核酸补充试验（HIV-1 核酸定性和定量检测）。HIV 核酸定量和 $CD4^+T$ 淋巴细胞计数是判断疾病进展、临床用药、疗效和预后的两项重要指标；HIV 基因型耐药检测可为 ART 治疗方案的选择和更换提供指导。

1. HIV 抗体检测或 HIV 抗原抗体检测

HIV 抗体检测可同时检测 HIV-1/2 抗体。HIV 抗原抗体检测可同时检测 HIV-1/2 抗体和抗原。抗体试验一般使用可对 HIV 抗体或抗原抗体进行检测的 ELISA、化学发光或免疫荧光试验、快速检测试验等。抗体补充试验一般使用对 HIV 抗体进行检测的免疫印迹试验、条带 / 线性免疫试验等。

（1）筛查试验：筛查试验结果无反应，报告 HIV-1/2 抗体阴性或抗原抗体阴性，见于未被 HIV 感染的个体，但窗口期感染者筛查试验也可呈阴性反应。若筛查试验结果有反应，用原有试剂双份（快速）双孔（化学发光试验或 ELISA）或 2 种试剂进行重复检测，如均无反应，报告 HIV-1/2 抗体或抗原抗体阴性；如均有反应或其中 1 项检测有反应，需进行补充试验。

（2）抗体补充试验：抗体补充试验无 HIV 特异性条带产生，报告 HIV-1/2 抗体阴性；出现条带但不满足诊断条件，则报告不确定，应进行核酸补充试验或 2~4 周后随访进行抗体补充试验，根据核酸检测或随访结果进行判断。HIV 抗体补充试验结果阳性，出具 HIV-1/2 抗体阳性确诊报告。

2. $CD4^+T$ 淋巴细胞检测

$CD4^+T$ 淋巴细胞是 HIV 感染最主要的靶细胞，HIV 感染人体后，出现 $CD4^+T$ 淋巴细胞进行性减少，$CD4^+/CD8^+T$ 淋巴细胞比值倒置，细胞免疫功能受损。

目前 $CD4^+T$ 淋巴细胞亚群常用的检测方法为流式细胞术，可直接获得 $CD4^+T$ 淋巴细胞绝对值，或通过白细胞分类计数后换算为 $CD4^+T$ 淋巴细胞绝对数。$CD4^+T$ 淋巴细胞计数值一般用每 μL 血液中 $CD4^+T$ 淋巴细胞的数量（细胞数 /μL）来表示。$CD4^+T$ 淋巴细胞计数的临床意义：了解机体免疫状态和病程进展、确定疾病分期、判断治疗效果和 HIV 感染者的并发症。

3. HIV 核酸检测

感染 HIV 以后，病毒在体内快速复制，血浆中可定量检测出病毒 RNA 的量（病毒载量），用每 mL 血浆中 HIV RNA 的拷贝数（拷贝 /mL）或国际单位（IU/mL）来表示。HIV 核酸检测的常用方法包括实时荧光定量聚合酶链反应和转录介导扩增。我国现有的 HIV 核酸检测仅针对 HIV-1，不能检测 HIV-2。

（1）核酸补充试验：HIV-1 核酸定性和定量检测均可用于核酸补充试验，推荐首选使用定性检测试验作为核酸补充试验。HIV-1 核酸定性检测包括对 RNA 或 DNA 的检测，结果阳性报告 HIV-1 核酸阳性，结果阴性报告 HIV-1 核酸阴性。HIV-1 核酸定量检测低于检测下限，报告低于检测下限；结果＞1000 拷贝 /mL 报告检测值；检测限以上但≤1000 拷贝 /mL 建议重新采样检测，临床医师可结合流行病学史、临床表现、$CD4^+$ 与 $CD8^+T$ 淋巴细胞计数或 HIV 抗体补充试验随访检测结果等来确诊或排除诊断。HIV 核酸检测对于急性期 / 窗口期及晚期患者的诊断具有重要价值。

（2）抗病毒治疗效果监测：HIV-1 核酸定量检测感染者外周血中的病毒载量可用于评估 ART 疗效、指导 ART 方案调整。

4. HIV 基因型耐药检测

HIV 耐药检测结果可为 ART 方案的制订和调整提供参考。

四、诊断与鉴别诊断

（一）诊断原则

职业性艾滋病的诊断原则是以实验室检测为依据，结合职业性 HIV 暴露史和临床表现进行综合分析，以确立诊断。

（二）诊断

具有职业性 HIV 暴露史，同时符合下列一项者即可诊断：

（1）HIV 感染和 $CD4^+T$ 淋巴细胞计数<200/mm^3；

（2）HIV 感染和伴有至少一种成人 AIDS 指征性疾病。

（三）鉴别诊断

1. 原发性 $CD4^+$ 淋巴细胞减少症（idiopathic $CD4^+$ lymphocytopenia，ICL）

少数 ICL 可并发严重机会性感染，与 AIDS 表现相似，但缺乏 HIV 感染流行病学资料，并且 HIV-1 和 HIV-2 病原学检测结果为阴性，可与 AIDS 区别。

2. 继发性 $CD4^+$ 细胞减少

继发性 $CD4^+$ 细胞减少多见于肿瘤及自身免疫性疾病患者在接受化学或免疫抑制治疗后，通常可以通过病史进行鉴别。

3. 其他

传染性单核细胞增多症及结核、结缔组织病、何杰金氏病、假性艾滋病综合征等均可能出现与 AIDS 患者类似的症状。结合流行病学史、病史及实验室检查可有效鉴别。

五、治疗与康复

（一）治疗原则和方法

1. HIV 职业暴露后处理原则

（1）用肥皂液和流动的清水清洗被污染局部；

（2）污染眼部等黏膜时，应用大量等渗氯化钠溶液反复对黏膜进行冲洗；

（3）存在伤口时，应轻柔地由近心端向远心端挤压伤处，尽可能挤出损伤处的血液，再用肥皂液和流动的清水冲洗伤口；

（4）用 75% 乙醇或 0.5% 碘伏对伤口局部进行消毒。

2. HIV 职业暴露后预防性用药原则

（1）阻断方案：推荐首选方案为恩曲他滨 / 替诺福韦（或恩曲他滨 / 丙酚替诺福韦）联合整合酶链转移抑制剂（比克替拉韦或多替拉韦或拉替拉韦）的方案。如果整合酶链转移抑制剂不可及，根据当地资源，可以使用蛋白酶抑制剂如洛匹那韦 / 利托那韦口服制剂和达芦那韦 / 考比司他；对合并肾功能下降并排除有 HBV 感染的可以使用齐多夫定 / 拉米夫定。国内有研究显示含艾博韦泰的暴露后预防方案（艾博韦泰 + 多替拉韦，或艾博韦泰 + 替诺福韦 + 拉米夫定）具有较高的治疗完成率和依从性及很好的安全性，但这方面尚需积累更多的研究证据。

（2）开始治疗用药的时间及疗程：在发生 HIV 暴露后尽可能在最短的时间内（尽可能在 2 小时内）进行预防性用药，最好在 24 小时内，但不超过 72 小时，连续服用 28 天。

（3）HIV 职业暴露后的监测：发生 HIV 职业暴露后立即、4 周、8 周、12 周检测 HIV 抗体，必要时延长至 24 周。对合并 HBV 感染的暴露者，注意停药后对 HBV 相关指标进行监测。

（4）预防职业暴露的措施主要是规范操作，做好标准预防。

3. 职业接触感染艾滋病病毒处理程序

（1）医疗卫生人员及人民警察等在职业活动中发生艾滋病病毒职业暴露后，应当及时就近到医疗机构进行局部紧急处理，并在 1 小时内报告用人单位。

（2）用人单位应当在暴露发生后 2 小时内向辖区内的处置机构报告，并提供相关材料，配合处置工作。

（3）处置机构在接到用人单位报告后，应当立即组织人员开展感染危险性评估、咨询、预防性治疗和实验室检测工作，收集、保存接触暴露源的相关信息，填写“艾滋病病毒职业暴露个案登记表”和“艾滋病病毒职业暴露事件汇总表”，并将“艾滋病病毒职业暴露事件汇总表”上传至艾滋病综合防治信息系统。处置机构应当按照要求在随访期内开展随访检测，及时更新相关信息。

（4）处置机构对暴露情况进行感染危险性评估时，应当首先了解暴露源是否携带艾滋病病毒。对于不清楚感染状况的暴露源，应当在暴露当日采集其样本进行检测。

（5）对存在艾滋病病毒职业暴露感染风险的暴露者，处置机构应当在发生暴露 24 小时内采集其血样检测艾滋病病毒抗体，若抗体初筛检测阴性，需要在随访期内进行动态抗体检测；若抗体初筛检测阳性，进行抗体确证检测，若抗体确证为阳性，视为暴露前感染，将感染者转介到相关医疗卫生机构按规定进行随访干预和抗病毒治疗。

（6）在随访期内，暴露者艾滋病病毒抗体发生阳转的，处置机构应当及时报告调查机构，并会同用人单位提交以下材料：暴露者完整的“艾滋病病毒职业暴露个案登记表”；暴露者接触过暴露源的相关信息；暴露者与用人单位存在劳动或人事关系等相关证明材料，并写明工种、工作岗位；暴露源携带艾滋病病毒的证明材料；暴露者在随访期内的艾滋病病毒抗体检测报告。

（7）调查机构组织临床、检验、流行病学等相关领域专家对收到的材料进行审核，必要时可以到处置机构进行核实。调查机构出具的调查结论应当书面告知当事人和用人单位，并作为职业病诊断的重要依据。

（8）在随访期内，暴露者艾滋病病毒抗体发生阳转的，处置机构应当及时报告调查机构，并会同用人单位提交以下材料：①暴露者完整的“艾滋病病毒职业暴露个案登记表”（处置机构提供）；②暴露者接触过暴露源的相关信息（处置机构提供）；③暴露者与用人单位存在劳动或人事关系等相关证明材料，并写明工种、工作岗位（用人单位提供）；④暴露源携带艾滋病病毒的证明材料（处置机构提供）；⑤暴露者在随访期内的艾滋病病毒抗体检测报告（处置机构提供）。

（9）调查机构组织临床、检验、流行病学等相关领域专家对收到的材料进行审核，必要时可以到处置机构进行核实。

（10）对于暴露源阳性，有“艾滋病病毒职业暴露个案登记表”，在暴露 24 小时内检测艾滋病病毒抗体为阴性，随访期内艾滋病病毒抗体阳转的暴露者，为艾滋病病毒职业暴露感染。

对于暴露者在暴露前、后 6 个月内发生过易感染艾滋病病毒的行为，或者有线索显示暴露者感染的病毒不是来自本次职业暴露的，应当根据需要进行分子流行病学检测，并根据检测结果判定暴露感染者感染的病毒是否来自本次职业暴露。

4. 职业性艾滋病治疗

（1）高效抗反转录病毒治疗（highly active antiretroviral therapy，HAART）。HAART是把不同作用机制的抗HIV药物联合应用来达到最佳的抗HIV疗效，将感染者体内的HIV载量控制在最低水平（≤50拷贝/ml），减缓HIV感染的临床进程，重建机体免疫功能，提高患者生存质量，降低HIV的传播风险。HAART的应用使AIDS从一种致死性疾病转变为可以治疗的慢性疾病。

目前国际上抗反转录病毒药物共有六大类30多种药物（包括复合制剂），分为核苷类反转录酶抑制剂、非核苷类反转录酶抑制剂、蛋白酶抑制剂、整合酶抑制剂、融合抑制剂及细胞膜蛋白CCR5抑制剂。治疗方案国际上推荐的首选抗病毒治疗的原则为一个基本药加上两个核苷类药（双核苷），前者含核苷类反转录酶抑制剂、整合酶抑制剂，而双核苷则有许多可供选择。

（2）免疫重建。通过抗病毒治疗及其他医疗手段使HIV感染者受损的免疫功能恢复或接近正常称为免疫重建。

（3）治疗机会性感染及肿瘤。

（4）对症支持。加强营养支持治疗，有条件可辅以心理治疗。

（二）预后与康复

AIDS病死率很高。平均存活期12~18个月。同时合并卡波西肉瘤及肺孢子菌肺炎者病死率最高。病程1年病死率50%，3年为80%，5年几乎全部死亡。合并乙型、丙型肝炎者，肝病进展加快，预后差。$CD4^{+}$T淋巴细胞检测作为AIDS判断疗效的主要检测指标，$CD4^{+}$T淋巴细胞计数或百分比与病情预后具有相关性。无论AIDS患者$CD4^{+}$T淋巴细胞计数水平的高低，均推荐尽早启动ART。应根据患者的病情、有无合并感染和肿瘤、基础疾病状况、药物间相互作用、患者依从性、病毒载量、HIV耐药特点、药物可及性、药物耐药屏障及不良反应等情况，对患者进行规范随访和管理。$CD4^{+}$T淋巴细胞计数高时接受HAART治疗者，预后较为良好，早期接受HAART治疗者有望达到正常预期寿命。

六、案例分析与经验启示

1. 基本信息

于某，男，36岁，缉毒警察。

2. 职业病危害因素接触史

2007年5月9日21时于某在抓捕吸毒者时遭遇吸毒针刺伤，右手背受伤2处。经对吸毒者的身份核实后发现其为艾滋病患者，随即启动单位上报程序。

3. 临床表现与诊疗经过

于某被刺伤后，紧急采集血样，进行艾滋病病毒抗体检测，抗体初筛检测阴性。经当地专家组评估后确定对于某实施基本用药方案：齐多夫定片300mg每日1次口服，拉米夫定300mg每日1次口服，连续服用28天。于某在事发当天服下首剂齐多夫定和拉米夫定各300mg，后因故未按时服药。4周时复查艾滋病病毒抗体阴性，8周时于某出现乏力、盗汗及腰痛等不适症状。经当地疾病预防控制中心检测，确认为HIV-1抗体阳性，又开始口服齐多夫定、拉米夫定和奈韦拉平药物治疗。

4. 实验室和辅助检查

（1）HIV-1抗体阳性；

（2）$CD4^{+}$细胞273个/μL，$CD8^{+}$细胞877个/μL，HIV病毒载量115.00拷贝/mL；

（3）腰椎 MRI：L4、L5 椎体结核。

5. 流行病学调查

（1）基本调查：填写职业病诊断就诊登记表，确认自述材料、检验结果和证明人等，了解个人及既往健康情况、家庭及婚姻情况等。

（2）职业暴露史：2007 年 5 月 9 日 21 时，于某在抓捕吸毒者时被吸毒针刺伤和抓伤，吸毒者被管制后发现为艾滋病患者。暴露源诊断：该艾滋病感染者男，29 岁，2006 年 1 月 16 日已被 X 市疾病预防控制中心确认为艾滋病。于某的暴露伤口为两处针刺伤和抓伤，面积约 $10mm^2$，深 2mm，有出血，暴露源为血液污染伤口，诊断为三级暴露。暴露当日、4 周艾滋病病毒检查阴性，8 周时转阳。

6. 综合分析

某市疾病预防控制中心提供了于某的“艾滋病病毒职业暴露个案登记表”和其接触过暴露源的相关信息、暴露源携带艾滋病病毒的证明材料、暴露者在随访期内的艾滋病病毒抗体检测报告，用人单位提供于某与其单位存在人事关系等相关证明材料，调查机构组织临床、检验、流行病学等相关领域专家对材料进行审核。于某为人民警察，在从事艾滋病病人的防治和管理活动中出现三级职业暴露，意外接触 24 小时内 HIV 抗体检测为阴性，随访 8 周时 HIV 抗体转阳，出现成人艾滋病指征性疾病之一的肺外结核（骨结核），综合分析，依据《职业性传染病的诊断》（GBZ 227—2017）、《艾滋病和艾滋病病毒感染诊断》（WS 293—2019），该患者诊断为职业性艾滋病。

7. 经验启示

通过本案例的分析，我们深入地了解艾滋病的临床表现、诊断原则及紧急处理方案。职业性艾滋病是一种严重传染病，缉毒警察于某明确的 HIV 职业暴露史，于某在职业活动时发生的感染过程是诊断职业性艾滋病的关键。发生职业暴露后一定严格按照相关流程进行报告、采集血样、应立即对暴露部位进行紧急处理，第一时间启动阻断药物，处置机构填写职业暴露个案登记表，应当分别在暴露 24 小时内及之后的第 4、8、12 周和第 6 个月抽血复查。对于暴露者存在基础疾患或免疫功能低下，产生抗体延迟等特殊情况的，随访期可延长至 1 年。

该患者按规定流程进行上报，及时进行检查和用药，遗憾未能达到药物阻断效果。预防 HIV 职业暴露最根本的措施之一，是在接触可能的暴露源时尽可能地做好自身防护，如医护人员在操作中戴手套、口罩和眼镜，穿隔离服；安全处置使用后的针头和锐器，避免对使用过的针头复帽和其他有可能自伤的动作；明确划分清洁区和污染区、杜绝在实验室接打电话、喝水，做好样本包装三级防护、废液的消毒处理，根据 HIV 职业暴露的特点，采取恰当有效的主动性预防措施，避免和减少职业暴露；警察执行公务时佩戴防护用品等。

（王 吉）

第六节 职业性莱姆病

一、概述

莱姆病（Lymedisease，LD），也称莱姆疏螺旋体病（Lymeborreliosis），其病原体属于螺旋体纲 螺旋体目 螺旋体科 疏螺旋体属，主要经由感染伯氏疏螺旋体的蜱虫叮咬人而传播，莱姆病的发现体现了人类探索疾病的经典历程。1910 年欧洲首次报道在灌木茂密的特定区域内，病人出现游走性红斑的特殊体征。1975 年美国东北部康涅狄格州莱姆镇及周边村庄的部分儿童出现原因不明的皮疹及关节炎等临床表现。经美国疾病控制与预防中心调查后发现，发病儿童及青少年多有蜱虫叮咬史，确定该疾病为由蜱传播的一种多系统受累的感染病，1977 年该病以小镇名字命名为莱姆病。1982 年科学家成功分离出该病的病原体——伯氏疏螺旋体。目前，莱姆病已在全球五大洲 70 多个国家被发现，是美国及欧洲最常见的虫媒感染病。由于发病区域和发病率迅速扩大，莱姆病已成为全球性公共卫生问题。1992 年该病被 WHO 列为重点防治的研究对象。美国疾病预防控制中心自 1982 年开始监测莱姆病，专家通过对 2008 年至 2013 年美国近 6 年临床记录、实验室报告和社会调查数据进行全面分析后估计，美国平均每年有 30 万例莱姆病病例出现。我国于 1986 年由艾承绪等首次在黑龙江省海林县现海林市报道人感染莱姆病，迄今已有 30 个省、自治区、直辖市报道过人感染莱姆病的病例，且 23 个省、自治区、直辖市存在莱姆病的自然疫源地，感染率较高的地区主要集中在我国东北、西北和华北的林区，调查显示东北林区人群莱姆病的发病率为 1%~4%。该疾病为全球带来了巨大的经济负担。2021 年感染期刊文献报告显示 2010 年至 2018 年间莱姆病的发病率比过去的 25 年有了大幅增长，2017 年确诊的病例达到了 47.6 万例，仅仅检测费用就达到 4.29 亿美元。

职业性莱姆病是指劳动者在林区、野外职业活动中，因被蜱等吸血节肢动物叮咬感染伯氏疏螺旋体引起的自然疫源性疾病。

（一）流行病学

1. 病原体

瑞士裔美国学者 Burgdorter 1982 年从蜱和患者的生物标本中分离并证实为疏螺旋体是致病病原体，并于 1984 年将其命名为伯氏疏螺旋体。这是一种单细胞螺旋体，形态较小，长度在 4~30μm 之间，横径约为 0.22μm，具有 3~10 个以上大而稀疏的螺旋结构。在电镜下可见其每端有 7~15 条鞭毛。该单细胞由表层、外膜、鞭毛及原生质 4 部分组成。其革兰染色呈阴性，吉姆萨染色呈淡蓝色。伯氏疏螺旋体蛋白至少有 30 种，其中外膜蛋白主要成分包括 A、B、C、D 和 41kD 等五种。A 和 B 为两种主要外膜抗原，株间变异较大，可致机体在感染 2 至 3 个月后出现特异性 IgG 及 IgA 抗体并持续多年，用作流行病学调查。鞭毛 41kD 蛋白为抗原，感染人体后 6 至 8 周内产生特异性的 IgM 抗体达高峰，以后下降，可用于诊断。伯氏疏螺旋体对热、干燥、紫外线和一般消毒剂（如酒精、戊二醛、漂白粉等）均较敏感，对青霉素、氨苄西林、四环素、红霉素等抗生素同样敏感。致病螺旋体主要在蜱的中肠内发育。蜱叮咬宿主时，可通过带菌的肠内容物反流液、唾液或粪便传播。

2. 传染源和宿主

鼠类是本病的主要传染源和宿主。我国报告鼠类有黑线姬鼠、大林姬鼠、黄鼠、褐家鼠和白足鼠等。此外，发现超过 30 种野生动物（鼠、鹿、兔、狐、狼等）、40 多种鸟类及多种家畜（狗、牛、马等）可作为本病的宿主。

3. 传播途径

病原体通过媒介节肢动物（如蜱）叮咬和吸血的方式在宿主动物与人、宿主动物之间造成传播。目前尚无人类之间传播的报道。传播媒介蜱的种类因地区而异，我国北方林区主要是全沟硬蜱，南方林区主要是粒形硬蜱和二棘血蜱。大多数人是通过若虫时期的蜱叮咬而感染的。若虫体形很小（小于 2mm），很难看见，通常在春季和夏季觅食。成年蜱也传播莱姆病螺旋体，成年蜱虫在一年中较冷的月份最活跃，但它们的体积要大得多，更有可能在它们传播病原体之前被发现和清除。

4. 发病人群和地区

职业性莱姆病的易感人群主要是林区和野外作业人员，如伐木劳动者、森林警察或护林员、动物养殖场（养蜂、养鹿等）劳动者以及动植物考察、地质勘探等人员中发病率高。发病潜伏期一般在感染致病螺旋体后的3~32天，多数为7~9天发病。在不同地区，发病时间略有不同，但与传播媒介的数量和季节性活动有关。在我国，全年均可发病，以4~8月最为多见。发病地区以山林地区为主，东北和内蒙古林区是我国主要的莱姆病高发区。

（二）发病机制

莱姆病螺旋体的致病机制比较复杂，可由伯氏疏螺旋体的蛋白抗原和脂多糖导致局部损伤，病原体菌株的异质性及免疫损伤等多种机制引起。

蜱叮咬人体时，伯氏疏螺旋体随唾液进入宿主皮肤，经3~32天由原发性浸润灶向外周迁移，并经淋巴或血液蔓延到其他部位皮肤及器官（如中枢神经系统、关节、心脏和肝、脾等）。伯氏疏螺旋体游走至皮肤导致慢性游走性红斑，同时螺旋体入血引起全身中毒症状。伯氏疏螺旋体黏附在细胞外基质、内皮细胞和神经末梢上，诱导免疫反应，激活与神经、心脏和关节的主要血管闭塞相关的特异性T和B淋巴细胞。同时，螺旋体的脂多糖具有内毒素的生物学活性，非特异性激活单核－巨噬细胞、滑膜纤维细胞、B淋巴细胞和补体，产生多种细胞因子。这两者的共同作用可导致脑膜炎、脑炎、心脏和关节受损。人类白细胞抗原－2、人类白细胞抗原DR3及人类白细胞抗原DR4等免疫遗传因素与本病的发生有关。

（三）预防与控制

1. 管理传染源

森林地区住地及工作场所应做好环境卫生，加强灭鼠、灭蜱工作。

2. 切断传播途径

在蜱栖息地的高危地带喷洒低毒杀虫剂，管理或处理宿主动物。

3. 保护易感人群

主要是做好进入森林、草地等疫区人员的个人防护。为减少蜱的叮咬，进入有蜱孳生的区域需穿着覆盖手臂和腿部的浅色衣服，以便更容易发现黏附在衣服上的蜱；将长裤的裤脚塞进袜子中，在皮肤上涂抹驱蜱剂如避蚊胺（二乙甲苯酰胺），或在袖口、裤管上喷洒扑灭司林（驱避剂及接触式杀蜱剂）。结束工作后，应对身体表面进行全面检查，不能忽视对头发的检查，及时除去身体上附着的蜱。被蜱虫叮咬时，应首先使用含有麻醉剂及（或）抗感染的软膏涂抹蜱叮咬处15~20分钟，以利于蜱口器放松，然后使用镊子贴紧皮肤，夹住蜱头部后应垂直，轻轻将其拔出，认真检查取出蜱是否含有头部及口器，同时严密观察叮咬处皮肤有否残留蜱的成分。去除后，要用肥皂和清水清洗蜱附着的部位，并使用抗感染软膏涂抹患处。

4. 规范职业健康培训

提高劳动者安全意识，督促劳动者按规范佩戴个体防护用品。

5. 建立档案

用人单位应为劳动者建立职业健康监护档案。

二、职业健康检查

劳动者发现被蜱虫叮咬后，应及时进行应急职业健康检查。症状询问时，重点询问蜱叮咬的时间和部位以及当时采取的处理措施。同时，应关注是否出现了皮疹、皮肤溃疡等病变；是否有过发热、头痛、咽痛、肌肉痛等类似感冒样症状及关节有无疼痛、活动受限、肌肉疼痛等症状。体格检查包括：内科常规检查，注意有无局部或全身淋巴结肿大；皮肤科常规检查有无皮疹、溃疡和红斑，皮肤叮咬处的颜色、外观改变等；外科常规检查，重点为有无关节肿胀、活动受限及肌肉僵硬；神经系统常规检查。实验室和其他检查：必检项目为血常规、尿常规、肝功能、心电图、血清抗伯氏疏螺旋体抗体（或病原体分离）。

免疫诊断学是目前常用的实验室诊断方法。如果在莱姆病患者血清、脑脊液、关节液等生物标本中检测到特异性 IgM 或 IgG 抗体，可明确诊断。在莱姆病自然疫源地工作且有明确蜱叮咬史的职业人群及时进行应急健康检查，有助于尽早发现是否患病，及早治疗。

三、临床表现

本病临床表现多种多样，主要以某一器官或某一系统的反应为主，形成多器官、多系统受累的炎性综合征。其主要特征为慢性游走性红斑（erythema chronicum migrans，ECM 或 erythema migrans，EM）。根据病程将莱姆病分为三期，各期的症状可依次出现，也可交叉重叠，个别患者可能在一期、二期症状不明显，而直接进入三期。

（一）症状和体征

1. 皮肤损伤

莱姆病皮肤损害的三大特征是游走性红斑、慢性萎缩性肢端皮炎和淋巴细胞瘤。约 70%~80% 的患者会出现慢性游走性红斑或丘疹，一般发生在蜱叮咬后 3~32 天。皮损起初为充血性红斑，由中心逐渐向四周呈环形扩大，直径 8~52mm，边缘色鲜红而中心色淡，扁平或略隆起，表面光滑，偶有鳞屑伴有轻度灼热和瘙痒感。皮疹中心有时呈深色红斑、水疱或坏死。慢性游走性红斑不仅出现在蜱虫叮咬处，全身各部位的皮肤均可发生红斑，可见于腋下、大腿、腹部和腹股沟等部位。红斑一般在 3~4 周内消退。有些患者在慢性游走性红斑出现后几天，会有螺旋体经血行播散再发生继发性慢性游走性红斑，也有一部分患者不出现特征性的皮肤表现，早期皮肤症状亦可在几周内自限。皮肤病变的早期病理改变可见组织充血，表皮淋巴细胞浸润，浆细胞、巨细胞浸润等非特异性表现，偶见嗜酸细胞，生发中心的出现有助于诊断；晚期可见表皮和皮下组织浆细胞为主的细胞浸润，明显的皮肤静脉扩张和内皮增生。

2. 全身症状

伴随皮肤症状可有发热、寒战、肌肉、关节痛、剧烈头痛、颈强直等。

3. 神经系统病变

一般出现在感染后 2~4 周，主要表现脑膜炎、脑炎、舞蹈症、小脑共济失调、脑神经炎、运动及感觉性神经根炎以及脊髓炎等受损症状。病变可反复发作，偶可发展为痴呆及人格障碍。神经炎可见于半数患者，面神经损害最为常见，动眼神经、视神经、听神经及周围神经均可受损伤。面神经损害表现为面肌不完全麻痹，麻木或刺痛，但无明显的感觉障碍。

4. 关节病变

部分病人在感染数周至 2 年出现关节病变。膝踝和肘等大关节受累多见，表现为反复发作的单关节炎，出现关节和肌肉僵硬、疼痛、关节肿胀、活动受限，可伴随体温升高和全身症状。受累关节的滑膜液出现嗜酸性粒细胞及蛋白含量升高，并可查出伯氏疏螺旋体。莱姆病晚期可出现慢性萎缩性肢端皮炎，主要见于前臂或小腿皮肤，初期表现为皮肤微红，数年后出现萎缩硬化。

研究表明，大多数患者在接受系统治疗数周后会康复。然而，少数病人的疲劳和肌肉疼痛等症状会持续 6 个月以上，这种情况被称为“治疗后莱姆病综合征”。此外，莱姆病还可出现心脏、肝、脾、淋巴结、眼等部位的受累。

根据病程经过可将莱姆病分为三期。

（1）第一期（局部皮肤损害期）：伯氏疏螺旋体通过蜱叮咬进入机体，在皮肤内局部扩散，形成游走性红斑（EM），这是莱姆病的特异性临床表现。在蜱叮咬吸血后 1~20 天，叮咬处出现红色小斑或小丘疹，逐渐扩大，形成圆形或椭圆形皮疹，外缘有鲜红边界，中央逐渐褪色似平常皮肤，直径一般为 5~50cm，呈牛眼状。有的中心部可出现水疱或者坏死，周边皮疹可以出现显著充血或者皮肤变硬，伴有灼热、瘙痒或者痛感。EM 可出现于身体的任何部位，但以腋下、腹部、大腿及腹股沟等皮肤松软处多见。EM 有时伴有发热、寒战、肌肉关节痛、剧烈头痛、颈强直、局部淋巴结肿大等。EM 可持续 1~4 周，少数病人可持续数月。约 25% 的患者不出现特征性的皮肤表现，未经治疗的患者早期症状亦可在几周内自限。

（2）第二期（播散感染期）：伯氏疏螺旋体进入体内 2~4 周后，通过血液或淋巴液播散到其他部位。在此期可在血液内发现大量螺旋体，此外，在心肌、视网膜、肌肉、骨骼、滑液、脾脏、肝脏、脑膜及脑标本内也有少量发现。该期的主要表现为神经和心血管系统损害。

患者可出现明显的脑膜炎、脑炎、舞蹈症、小脑共济失调、脑神经炎、运动及感觉性神经根炎以及脊髓炎等神经系统受累表现，病变可反复发作，偶可发展为痴呆及人格障碍。面神经损害最为常见，眼神经、视神经、听神经及周围神经均可受损伤。面神经损害表现为面肌不完全麻痹，麻木或刺痛，但无明显的感觉障碍。中、老年常出现后遗症。约 8% 患者在皮肤病变后 3~10 周发生房室传导阻滞、心肌炎、心包炎及左心室功能障碍等心血管系统损害。主要表现为急性发病、心前区疼痛、呼吸短促、胸痛、心音低钝、心动过速和房室传导阻滞，严重者可发生完全性房室传导阻滞、心肌病和心功能不全。心脏损害一般持续数日至 6 周，但可反复发作。

（3）第三期（持续感染期）：此期主要特点是关节损害。膝、踝和肘等大关节受累多见，表现为反复发作的单关节炎，伴随关节和肌肉僵硬、疼痛、关节肿胀、活动受限。部分病人在 EM 出现 6 个月或几年，病变皮肤变为蓝色或紫红色，皮肤逐渐变硬变薄，并可影响骨骼系统。出现萎缩性斑片，数目不定，好发于四肢、前臂，可累及躯干。当萎缩斑有纤维化或硬化时很像硬斑病，应与硬皮病鉴别。晚期感染综合征表现为中枢神经系统病变，主要为进行性脑脊髓炎和亚急性脑炎。进行性脑脊髓炎主要表现为复发缓解型多发性硬化、颅神经麻痹、痉挛性截瘫、共济失调、膀胱功能紊乱。同时，可有间质性角膜炎、弥漫性脉络炎、全眼炎、缺血性视神经病、视神经炎。

（二）实验室检查

1. 常规检查

白细胞总数多在正常范围，偶有白细胞升高伴核左移，少数病人有显微镜下血尿及轻度蛋白尿。

血沉常增快。莱姆病二期脑膜炎和神经系统受损者，脑脊液淋巴细胞和蛋白增加。心脏损害者心电图可出现房室传导阻滞。

2. 病原学检查

通过组织学染色、病原分离技术从感染组织或临床标本中检出或分离到伯氏疏螺旋体，是确诊莱姆病的直接依据。

（1）病原直接检测：取患者受损组织切片或血液、脑脊液、关节液、尿液涂片，用暗视野显微镜 200 倍或 400 倍暗视野下直接镜检，或用各种组织学染色法可检查到伯氏疏螺旋体，但检出率较低。

（2）病原分离培养：可取游走性红斑周围皮肤做培养，需 1~2 个月。血培养阳性可用于病程早期诊断，但阳性率低。

（3）聚合酶链反应（polymerase chain reaction，PCR）：用此法检测感染者皮肤组织、尿、血液、脑脊液、关节液及其他组织标本中的伯氏疏螺旋体 DNA，此方法敏感且特异，适用于早期诊断。

（4）血清学检查：①间接免疫荧光（indirect immunofluorescence，IFA）和酶联免疫吸附法（enzyme linked immunosorbent assay，ELISA）用于检测患者血清、脑脊液、关节液等标本中的特异性 IgM 和（或）IgG 抗体。通常特异性 IgM 抗体在游走性红斑发生后 2~4 周出现，6~8 周达高峰，于 4~6 个月降至正常水平；特异性 IgG 抗体多在发病 6~8 周开始升高，4~6 个月达高峰。莱姆病早期血清学检查结果可能为阴性，早期抗生素治疗可能影响机体对特异性抗体应答，导致血清学检查结果持续阴性。②免疫印迹法（western blot，WB）的敏感度与特异性均优于上述血清学检查方法，适用于上述两种血清学方法结果为可疑的患者。③血清学检查方法还有变异的荧光抗体试验、酶联荧光试验、免疫层析法等。④一般间隔 4~6 周采集的双份血清特异性抗体滴度 4 倍及以上增高也是确定诊断病例的依据，但是在临床诊疗过程中，间隔 4~6 周采集双份血清较难收集，此外应用抗生素治疗后，抗体滴度升高趋势不同于疾病的自然病程，避免在感染后前 2 周进行血清学检测，可能出现假阴性结果。若高度怀疑早期莱姆病但血清学阴性，建议 2~4 周后复查。

四、诊断与鉴别诊断

（一）诊断原则

《职业性莱姆病的诊断》（GBZ 324—2019）规定了职业性莱姆病的诊断标准。应根据在蜱栖息地工作期间有蜱等吸血节肢动物叮咬史，并出现皮肤、神经、心脏及关节等多器官、多系统损害的临床表现，结合特异性实验室检查结果进行综合分析，排除其他原因所致的类似疾病后，方可诊断。

（二）职业性莱姆病诊断

诊断需同时符合下述（1）（2）（3）项的规定。

（1）从事林区、野外作业等人员，有蜱等吸血节肢动物叮咬史。

（2）具有以下至少一项临床表现：

①游走性红斑或叮咬部位红斑、丘疹、中心部位水疱或坏死；

②发热、头痛、咽痛、肌肉痛等类似感冒样症状；

③中枢或周围神经系统损害，如脑膜炎、颅神经炎、脊神经根炎、脑脊髓炎和（或）房室传导阻滞、心肌炎、心包炎等心脏损害；

④骨关节损害，如关节炎和（或）皮肤出现硬化和慢性萎缩性肢端皮炎。

（3）具有以下至少一项实验室检查结果：

①血清或体液（脑脊液、关节液、尿液）中检测阳性伯氏疏螺旋体特异性抗体 IgM 和（或）IgG；

②双份血清伯氏疏螺旋体特异性抗体 IgM 和（或）IgG 滴度增高 2 倍及以上；

③受损组织切片或血液、体液涂片中直接检测到伯氏疏螺旋体阳性；

④组织或体液中伯氏疏螺旋体 PCR 检查 DNA 阳性。

（三）分期

1. Ⅰ期（局部皮肤损害期）

感染伯氏疏螺旋体 3~14 天出现上述局部皮肤损害或类似感冒样症状中任一临床表现，同时符合上述实验室检查中至少一项。

2. Ⅱ期（播散感染期）

感染伯氏疏螺旋体数周或数月出现上述中枢或周围神经系统损害和（或）心脏损害临床表现，同时符合上述实验室检查中至少一项。

3. Ⅲ期（持续感染期）

感染伯氏疏螺旋体数月或 2 年出现脑膜炎、颅神经炎、脊神经根炎、脑脊髓炎或心肌炎、心包炎后遗症或骨关节损害、皮肤出现硬化和慢性萎缩性肢端皮炎，同时符合上述实验室检查中至少一项。

（四）鉴别诊断

1. 鼠咬热

发热、斑疹、多发性关节炎并可累及心脏等临床表现与本病相似。然而，鼠咬热患者通常有鼠或其他动物咬伤史，血培养小螺菌阳性，并可检出特异性抗体可以与本病鉴别。

2. 恙虫病

发热、淋巴结肿大等临床表现与本病相似，但可见恙螨叮咬处皮肤焦痂、溃疡，周围有红晕等特征表现；进行血清学检测可帮助鉴别。

3. 风湿病

发热、环形红斑、关节炎及心脏受累等临床表现与本病相似，但抗溶血性链球菌“O”抗体、C 反应蛋白阳性，并可分离出链球菌等可帮助鉴别。

4. 其他

本病还应与病毒性脑炎、脑膜炎、神经炎及皮肤真菌感染等疾病进行鉴别。

五、治疗与康复

莱姆病不需隔离。尽早应用抗菌药物治疗是本病的最主要治疗措施。

（一）治疗原则和方法

1. 紧急处理

如果判断为被蜱咬伤，一般不要自行去除蜱，应立即前往医院，尽快取出蜱。可在伤口周围用盐酸利多卡因作局部封闭，麻醉起效后用镊子将蜱去除，特别注意蜱口器里的倒刺不能留在皮肤内，采用碘伏（聚维酮碘）对伤口进行消毒处理。在不具备麻醉条件时，可用平头镊子紧贴皮肤夹住蜱虫拉起，当皮肤出现张力左右晃动缓慢拔出。如蜱的口器已经残留在皮肤内应行手术取出。局部发生细菌感染的，应当给予必要的抗感染治疗。去除蜱后的 1 个月内，要密切观察是否有莱姆病的症状和体征。

2. 药物治疗

（1）病原治疗：根据病程的不同时期应用敏感抗生素治疗。及早应用抗菌药物治疗，既可使典型的游走性红斑迅速消失，也可以防止后期的心肌炎、脑膜炎或复发性关节炎等并发症出现。

Ⅰ期：治疗方案首选药物多西环素 100mg 口服，2 次 / 日，疗程 10~14 日。替代方案可选用阿莫西林 500mg 口服，3 次 / 日，疗程 14~21 日；或头孢呋辛酯 500mg 口服，2 次 / 日，疗程 14~21 日。

Ⅱ期：无论是否伴有其他神经系统病变，出现脑膜炎的患者应静脉用药，可选用头孢曲松钠 2g/d 静脉滴注。替代方案可应用青霉素 G 2000 万单位静脉滴注，4~6 次 / 日。无严重中枢神经系统感染时可应用多西环素 200~400mg/ 日，口服或静脉滴注。心脏受累较轻者口服抗生素，重度（如高度房室阻滞）需静脉抗生素。单纯多发性红斑或关节炎口服抗生素（同Ⅰ期），但疗程延长至 21~28 日。

Ⅲ期：有严重心脏、神经或关节损害者，可采用静脉滴注青霉素 2000 万 U/d 或头孢曲松钠 2g/d 治疗，疗程均为 14~21 天。

（2）对症治疗：消除或减轻病原体所致的病理损害，维护机体内环境稳定，减轻病人痛苦。患者应卧床休息，注意补充足够的液体。对于有发热、皮肤疼痛患者，可适当应用解热镇痛类药物。抗感染治疗过程中患者可能出现症状一过性加重，因此对于初治患者以及合并有心肌炎、心功能不全等心脏病变患者应当进行心电监护并适当使用糖皮质激素（按泼尼松计，40~60mg/d）治疗，病情缓解后逐渐减量。对于Ⅱ度及以上房室传导阻滞患者应评估给予起搏器治疗。

（3）支持治疗：维持机体内环境稳定、提高机体抵抗力，给予心理治疗、康复治疗等。

（二）预后与康复

本病如能早期发现，在Ⅰ期、Ⅱ期及时抗病原治疗，其预后一般良好。在Ⅲ期进行治疗，大多数能缓解，偶有关节炎复发；也可能出现莱姆病后综合征，即患者经抗病原治疗后，螺旋体死亡残留细胞引起皮炎及自身免疫反应等表现。有中枢神经系统严重损害者，可能留有后遗症。职业性莱姆病患者确诊后，按《劳动能力鉴定　职工工伤与职业病致残等级》（GB/T 16180—2014）进行工伤及职业病致残程度鉴定。部分莱姆病患者在进行有效抗生素治疗后，仍留有肌肉骨骼疼痛和神经认知困难等后遗症，持续症状平均达 6.2 年，可给予康复治疗。

六、案例分析与经验启示

1. 基本信息

患者，男，36 岁，森林防火员。

2. 职业史与职业病危害因素接触史

大兴安岭地区森林防火员。工龄 12 年，发病前 3 个月曾接种过森林脑炎疫苗。2017 年 6 月 21 日白天在巡山时颈前部被蜱叮咬，当晚发现局部不适后自行将蜱虫取出。

3. 临床表现及诊疗经过

2017 年 7 月 1 日叮咬局部出现红斑，直径 2cm，未予特殊处置。7 月 6 日红斑扩大伴有发热，体温最高 38.9℃、持续头晕、头胀痛，当地诊所按照感冒和过敏处理，症状无改善。2017 年 7 月 10 日到当地林业总医院就诊，查体，T：38.5℃，P：107 次 / 分钟，BP：125/80mmHg。一般状态尚可，嗜睡，查体欠合作。颈部甲状软骨处红色斑丘疹，直径 8.5cm，双肺呼吸音清，未闻及干湿啰音，心律齐，各瓣膜听诊区未闻及杂音，腹软，无压痛。神经系统：反应缓慢，眼球活动自如，双侧瞳孔等大约 3.0mm，同圆，对光反射灵敏，双侧额纹对称，示齿口角不偏，两侧鼻唇沟对称，伸舌居中，四肢肌张力正常，肌力 5- 级，颈项强直（++），克氏征（+）。辅助检查：血液分析提示白细胞总数升高，心电图：窦性心动过速；血中森林脑炎 IgG 1∶20 阴性；莱姆病 IgM 阳性，IgG 阴性；头颅 MRI 未见明显异常；脑脊液常规及生化检查未见异常。临床确定诊断：职业性莱姆病（Ⅱ期）。治疗上给予静脉青霉素 G，每次 2000 万 U，一日四次；甲强龙 120mg 一日一次静脉滴注 3 天及其他对症支持治疗。治疗 1 周后体温逐渐恢复正常。4 周后临床症状消失，痊愈出院。

4. 职业卫生学调查

该患者为森林防火员，所在林区有莱姆病发病。患者既往无病史。工作日白天在巡山时颈前部被蜱叮咬，晚上自行将蜱虫取出，未去医院完整取出，数日后叮咬局部可见红色斑丘疹，逐渐扩大并伴有发热。

5. 综合分析

根据在蜱栖息地工作期间有蜱叮咬史，出现了皮肤、神经、心脏等多器官、多系统损害的临床表现，特异性血清学检查阳性。经过综合分析并排除其他原因所致的类似疾病后，依据《职业性莱姆病的诊断》（GBZ 324—2019），该患者被诊断为职业性莱姆病（Ⅱ期）。

6. 经验启示

通过本案例的分析，我们对在林区作业人员被蜱虫叮咬后的处理需更谨慎，掌握处理蜱虫的方法和莱姆病的临床表现和实验室检查特点、防治知识。在诊治过程中也要考虑蜱虫作为媒介传播其他疾病（如森林脑炎等）的诊断和鉴别。

经蜱叮咬是本病的主要传播途径，疾病流行区域要加强灭鼠灭蜱工作。职业人群在树林、草地等蜱活动区域从事生产劳动时，应做好个人防护，要穿长袖衣衫，扎紧裤腿、袖口，避免被蜱咬伤；工作中和结束时应观察和检查身体和衣物上是否有蜱，发现蜱后立即清除；一旦被蜱咬伤，应尽快寻求正确的医疗救治途径。

本病预防主要方法是做好主动防护，国外已应用重组 OspA 亚单位疫苗，经人群试验观察已证实其有效和安全，外出作业时还可应用驱蜱和除蜱药物，防止蜱虫叮咬。

（宋 莉）

06 第六章　其他职业病

第一节　金属烟热

一、概述

金属烟热（metal fume fever，MFF）是指吸入金属加热过程释放出的大量新生成的金属氧化物粒子的烟雾而引起的以骤起性体温升高和血液白细胞数增多等为主要特征的急性全身性疾病。典型的MFF是常在工作结束后数小时出现寒战、发热、多汗、口渴、乏力和肌肉酸痛现象，一般在24~48小时内消退。

职业性接触机会主要为金属加热作业，尤其是锌的冶炼、锌合金铸造等生产过程中产生的氧化物，是MFF最常见的致病因素，另外铜、银、铁、镉、铅、砷、锰、镍、钛、钒等其他金属的氧化物也会产生MFF。

目前对于MFF的发病机制未完全阐明。对于轻型MFF的发病机制主要认为是炎症学说，即金属氧化物颗粒，经呼吸道进入机体后，被单核巨噬细胞吞噬，释放出细胞因子如白介素-8（IL-8）、白介素-6(IL-6)，IL-8、IL-6具有中性粒细胞趋化因子的作用，诱导中性粒细胞聚集，产生和释放内生致热原，从而诱导体温调节中枢上调，引起发热。然而重型MFF的发病机制仍然不是很清楚，目前认为不同金属的直接毒性作用、氧化应激、炎症细胞因子及免疫变态反应可能参与其中，也有报道认为可能与金属烟尘中含有镉或镍有关。

在冶炼、铸造等生产过程中尽量采用密闭、通风设施、防止金属烟尘逸出；注意风向作业；在通风不良的场所进行焊接时，应加强个人防护，工作时佩戴送风面罩以及适当控制工作时间可预防MFF的发生。

二、职业健康检查

因MFF是以通过吸入金属氧化物粒子的烟雾而引起的急性全身性疾病，因此在接触后主要是按照《职业健康监护技术规范》(GBZ 188）进行应急健康检查。

检查内容具体如下。

（1）症状询问：重点询问短时间内吸入高浓度金属氧化物粒子的烟雾（氧化锌、氧化镉等）的职业接触史及头晕、疲倦、乏力、胸闷、气急、肌肉痛、关节痛、发热、畏寒等临床症状。

（2）体格检查：内科常规检查。

（3）实验室和其他检查：必检项目为血常规、尿常规、心电图、胸部X射线摄片。

三、临床表现

（一）症状

患者在吸入大量金属烟雾后 4~8 小时发病。初起口内金属味、咽干、口渴、疲倦、胸闷、咳嗽，常在下班后出现寒战、高热，伴头昏、头痛、肢体肌肉痛和关节酸痛，有的伴恶心、呕吐、头晕、疲倦、乏力、胸闷、气急、腹痛。较重者伴有畏寒、寒战。

（二）体征

体温一般在 38~39℃，部分患者可见眼结膜、咽部充血，心率增快，肺部可闻及细小捻发音。

（三）实验室和辅助检查

周围血白细胞升高，尿中出现一过性蛋白尿、糖尿、管型尿；血和尿中致病金属含量增高等；肌酸激酶、肌酸激酶同工酶、乳酸脱氢酶可增高；支气管肺泡灌洗液可见细胞数明显增高；胸部 X 线检查无特殊发现或肺纹理轻度增强。

四、诊断与鉴别诊断

（一）诊断原则

《金属烟热诊断标准》（GBZ 48—2002）规定了金属烟热诊断标准。应根据有金属氧化物烟的职业接触史，典型骤起以发热为主的临床症状、特殊体温变化及血白细胞数增多表现，参考作业环境，综合分析，排除类似疾病后，即可做出诊断。

（二）鉴别诊断

MFF 需与流感、疟疾和急性上呼吸道感染相鉴别。

五、治疗与康复

（一）治疗

本病无特殊治疗，给予对症处理即可。早期可大量饮水、休息，适当口服解热镇痛药。

（二）预后

本病预后好，临床表现一般在 24~48 小时内消退。

（三）康复

痊愈后可继续从事原工作，定期复查。

六、案例分析与经验启示

患者龙某某，男，50 岁，在某厂从事风电塔架法兰热喷锌工作 4 小时。操作工艺流程如下：主要用 QD8 型电弧喷涂枪将纯度 100%、直径约 3mm 的锌丝通过氧 – 乙炔的加热（1000℃左右）下喷涂到风电塔架法兰上，操作过程中佩戴一次性口罩。

患者上午工作 2 小时后出现头晕、咽干，未予重视，继续工作 2 小时，随后自觉头晕、咽干症状加重，且出现咳嗽、畏寒、发热症状，随后到宿舍休息，并自行服用“感冒灵”冲剂，但自觉症状无明显好转，于当天 22：00 到当地医院就诊，测量体温 38℃，心率 78 次 / 分，呼吸 20 次 / 分，血压 120/80mmHg。查体：眼结膜充血，双肺呼吸音清晰，未闻及干湿啰音，心律齐，无杂音，腹部无压痛。行血常规检查：白细胞 17.8×10^9/L，中性粒细胞绝对数 7.2×10^9/L。C– 反应蛋白 30mg/L，肺部 CT：双肺纹理稍增粗。肝肾功能、心肌酶正常。予以补液对症处理后第二天患者自觉症状好转。

随后对患者工作岗位现场进行氧化锌浓度检查，结果显示氧化锌浓度为 44.2mg/m^3，患者工作当天开通风系统未正常工作以及患者在工作中未佩戴送风面罩，入职时未进行上岗培训。

患者有明确的氧化锌烟雾接触史，接触后出现咽干、头晕、咳嗽等症状，实验室检查白细胞和 C- 反应蛋白升高，肺部 CT 未见异常，予以对症处理后好转，诊断 MFF 明确。

本案例的启示：一是要加强新入职员工的上岗培训；二是企业要定期对通风系统进行检查；三是员工要加强劳动防护。

（黄春桃　刘水平　陈文莉　聂云峰）

第二节　股静脉血栓综合征、股动脉闭塞症或淋巴管闭塞症

一、概述

刮研作业是利用刮刀、基准表面、测量工具和显示剂，以手工操作的方式，边研点边测量，边刮研加工，使工件达到工艺上规定的尺寸、几何形状、表面粗糙度和密合性等要求的一项精加工工序。国家卫生健康委等 4 部门在 2024 年 12 月印发的《职业病分类和目录》中将刮研作业所致股静脉血栓综合征、股动脉闭塞症或淋巴管闭塞症（限于刮研作业人员）列为法定职业病。

（一）流行病学

刮研作业系纯手工作业，由于刮研需用刀柄顶住腹股沟部位，用自己的髂骨和腰部给刀柄以推力，劳动者普遍反映长期从事刮研工作容易导致腰肌劳损、椎间盘突出、腹股沟处皮肤和皮下组织会有增厚等一般异常性改变。长期的刮刀顶压腹股沟造成了下肢脉管系统回流不畅，下肢淤血，压力增高，组织缺氧，可导致下肢静脉血栓综合征、股动脉闭塞症或淋巴管闭塞症。有关的职业病危害主要包括肌肉骨骼系统疾病及周围血管疾病。据有关方面调查，从事手工刮研作业劳动者占行业一线劳动者的 5% 以上，粗略估计全国目前仍有 10 万余名从业人员。

（二）病因与接触机会

刮研工作是一种古老的加工方法，也是一项繁重的体力劳动。但是，由于它所用的工具简单，通用性比较强，而达到的精度非常高，且不受工件形状和位置及设备条件的限制。在机械制造及工具、量具制造或修理中，仍然是一种重要的手工业作业。手工刮研作业在机床生产、精密加工和维修中具有不可代替的位置。

刮刀是刮研作业的主要工具，要求刀头部分具有足够的硬度。具体操作：刮研者身体前倾，双手握持刮刀，刀柄与大腿的上部相抵，双脚前后岔开站稳。刮研时，刀刃落在研点的边缘，用手下压刮刀，双膝前弓，靠腿部和臀部的推动使刮刀前移至研点的终点完成刮研。整个刮研动作只在一瞬间，同时靠手、腿、腰联合完成。腿和腰是主要的动力，控制推力的大小和节奏的快慢，左手压力与右手的摆动相配合，控制刀痕的形状、轻重和长短。刮研的频率一般掌握在 40~80 次 / 分。

（三）发病机制

有关刮研作业所致股静脉血栓综合征、股动脉闭塞症或淋巴管闭塞症的病例报道较少，其发生机制尚未完全明确，可参照周围血管病相关疾病的致病机制。

1. 股静脉血栓综合征

研究表明，静脉回流障碍、静脉倒流或两者共同作用，导致下肢运动时发生静脉高压，可能是引起静脉血栓后综合征（post-thrombotic syndrome，PTS）的主要病理生理变化。刮研作业者腹股沟局部长期受压，致使下肢静脉血液回流障碍，或破坏静脉壁及瓣膜结构，最终导致下肢静脉高压的发生；结合患者本身体质，静脉血流瘀滞形成血栓，在血栓机化过程中产生强烈的炎性反应，局部释放许多炎性介质破坏瓣叶，导致深静脉血液倒流，加重下肢静脉高压。

2. 股动脉闭塞症

下肢缺血性疾病是因为各种原因造成动脉血流中断、闭塞动脉远端组织灌注不足、循环障碍的一系列疾病的总称。刮研作业时腹股沟长期反复受压，或可造成作业侧股动脉内膜损伤、增厚、钙化、动脉狭窄，作业时局部压迫出现闭塞，可有肢体供血不足、循环障碍等急性下肢缺血临床表现。

3. 淋巴管闭塞症

刮研作业腹股沟局部长期受压，造成作业侧肢体淋巴管继发性损害，引起淋巴管管腔狭窄、闭塞，淋巴回流障碍造成淋巴回流减少，在受累组织中成纤维细胞、成胶质细胞及脂肪细胞中发生透明质酸和糖蛋白堆积，导致肢体持续性、进行性肿胀。同时淋巴管闭塞也会造成瓣膜破坏和淋巴淤积，并最终形成顽固性水肿伴营养性皮肤改变。

（四）预防与控制

刮研作业所致股静脉血栓综合征、股动脉闭塞症或淋巴管闭塞症一旦发生会严重影响劳动者的生活质量和身体健康，给家庭和社会带来一定的负担。所以应当尽可能采取机械化、自动化作业，减少手工刮研作业；缩短手工刮研作业时间，增加作业之间的休息时间；用软棉包裹刮研刀柄，可有效减轻和延缓刮研工具对劳动者腹股沟处的顿挫力所导致的身体损伤，从而起到预防作用。

二、职业健康检查

（一）上岗前职业健康检查

刮研作业上岗前职业健康检查的目标疾病（职业禁忌证）有：下肢慢性静脉功能不全；下肢动脉硬化闭塞症（Fontaine 分期Ⅱa 期及以上）；下肢淋巴水肿。检查内容如下。

1. 问诊

应重点询问既往有无周围血管疾病，下肢有无沉重、倦怠、胀痛、酸胀、针刺感、麻木感、瘙痒感、发凉、怕冷、痉挛、水肿、活动后易疲劳、运动障碍等症状。

2. 体格检查

体格检查包括内科常规检查和外科常规检查。外科常规检查应重点检查下肢皮肤有无苍白或发绀、粗糙、萎缩、脱屑、色素沉着、湿疹、皮温改变、溃疡；有无静脉扩张和小腿挤压痛、下肢动脉的搏动有无减弱。

3. 实验室和其他检查

必检项目包括血常规、尿常规、肝功能、心电图、胸部 X 射线摄片。

（二）在岗期间职业健康检查

刮研作业在岗期间职业健康检查的目标疾病（职业病）有：职业性股静脉血栓综合征、股动脉闭塞症或淋巴管闭塞症（见 GBZ 291—2017）；目标疾病（职业禁忌证）同上岗前职业健康检查。健康检查周期为 2 年。检查内容包括：

1. 问诊

应重点询问刮研作业史和有无个人防护，症状询问同上岗前职业健康检查。

2. 体格检查

同上岗前职业健康检查。

3. 实验室和其他检查

必检项目包括血常规、尿常规、肝功能、心电图、下肢动静脉彩色多普勒超声检查。

（三）离岗时职业健康检查

刮研作业离岗时职业健康检查的目标疾病（职业病）和检查内容同在岗期间职业健康检查。

三、临床表现

（一）症状与体征

刮研作业所致股静脉血栓综合征、股动脉闭塞症或淋巴管闭塞症均属于周围血管病，具有共同的临床表现，如患肢疼痛、发凉、怕冷、烧灼感、水肿，严重时出现坏疽和溃疡。但从临床表现等方面还是有疾病各自特点，为三个并列疾病。

1. 股静脉血栓后综合征

血栓形成后综合征是下肢深静脉血栓后期的严重并发症之一，股静脉血栓综合征是其常见类型，由一组临床症状和体征组成，每个患者的表现不尽相同。主要包括患肢疼痛、肿胀、痉挛、瘙痒及沉重感，可能以不同的组合出现，可能持续也可能间断出现，每个患者的表现可不尽相同；站立或行走后症状加重，休息、抬高患肢或卧床可缓解。体格检查可见患肢水肿（往往早期出现）、皮脂硬化（皮肤及皮下组织呈深褐色增厚伴有压痛）、皮肤湿疹样改变、继发性浅静脉扩张或曲张、溃疡形成。

2. 股动脉闭塞症

刮研作业所致的股动脉闭塞症一般考虑为急性下肢缺血。典型的临床表现为受累肢体突然出现疼痛、苍白、无脉、麻痹、感觉异常，即“5P”征。最初症状的严重程度取决于缺血的严重程度，急性缺血首先影响感觉神经，随后动脉灌注减少皮肤和肌肉也受影响，早期皮肤呈现出有纹理的白色，随着时间推移皮肤出现发绀；持续疼痛、感觉丧失和足趾肌力减弱是肢体缺血危险的重要特征，肌强直、触痛和被动运动痛则是急性下肢缺血的终末期典型体征。

3. 淋巴管闭塞症

表现为作业侧下肢持续性、进行性肿胀。临床表现可参照淋巴水肿（lymphedema）表现。2013 年国际淋巴学会把淋巴水肿分为三期。Ⅰ期：肢体水肿按压可见凹陷，持续抬高后水肿消退，轻微组织纤维化或无纤维化，质地欠柔软；Ⅱ期：患肢明显增粗，水肿肢体按压无凹陷，肢体抬高时水肿能减轻，组织由软变硬，纤维化明显，皮肤发生过度角化，出现乳突状瘤；Ⅲ期：晚期严重水肿，皮肤组织极度纤维化，常伴有严重表皮角化及棘状物生成，整个肢体异常增粗，皮肤增厚、粗糙，呈“大象腿”样改变，又称为象皮肿。

（二）实验室检查与辅助检查

1. 股静脉血栓后综合征

彩色多普勒超声具有无创、无禁忌证、可重复、安全方便、价格低廉等优点，自 20 世纪 80 年代出现后很快就在诊断血栓后综合征方面成为最受欢迎的检查手段之一。通过彩色多普勒超声可清楚地观察到患者静脉内陈旧血栓的位置、范围及侧支循环的建立情况，辅以加压试验，还能观察到血栓处的血流状态。其与静脉造影诊断的灵敏度及特异度相近，且对局部病变和小静脉血栓形成的诊断更优于下肢静脉造影，由于其无创性及可重复性。根据《2014慢性下肢静脉疾病诊断与治疗中国专家共识》，彩色多普勒超声检查是首选的下肢静脉疾病辅助检查手段。

静脉血栓后综合征彩色多普勒超声声像图特点：静脉内径缩小甚至闭塞，内壁毛糙、增厚；血栓机化与静脉壁混成一体；血栓常为中强回声或强回声，边界不规则，附着于管壁，或位于瓣膜窦处，或呈带状位于管腔内；彩色多普勒血流充盈随再通程度有所不同，乏氏动作或挤压小腿放松后可见病变段静脉瓣膜出现反流。

2. 股动脉闭塞症

（1）彩色超声检查是诊断下肢动脉闭塞的最重要筛选检查，它可反映下肢动脉闭塞的部位及程度等，准确性较高，可评价动脉疾病血流的动力学状态频谱的变化，用于判断下肢动脉缺血性疾病的解剖位置和狭窄程度。

动脉闭塞症彩色多普勒超声声像图特点：血管走行迂曲，血管壁不规则增厚，内膜的连续性中断、粗糙，彩色多普勒显示局部血流充盈缺损，血流束变细，狭窄处及其下游呈现杂色血流信号。血管完全阻塞者，则显示彩色血流中断，狭窄或闭塞的动脉周围可见侧支循环血管，狭窄或闭塞病变常呈节段性，好发于动脉分叉处，一处或多处动脉主干弯曲区域。

（2）磁共振血管造影（magneticresonance angiography，MRA）虽是一种无损伤性的血管检查，并能直观地显示出动脉的图像，但有些部位尚不够清晰，故尚不能完全取代常规动脉造影。常规动脉造影应用历史悠久，仍是检查动脉疾病的所谓黄金标准，但它是有损伤性的检查，可产生造影并发症，如血肿、动脉栓塞、造影剂过敏、假性动脉瘤等。

（3）踝肱指数（ankle-brachial index，ABI）是踝部动脉（通常取胫后动脉或足背动脉）收缩压与双侧肱动脉收缩压的最高值之比，是判断外周动脉缺血严重程度的重要参数，可为诊断下肢动脉缺血性疾病提供客观标准。研究证实，与下肢血管造影比较，将ABI阈值定义在0.90时，ABI的阳性预测率为90%，阴性预测率为99%，总的准确率为98%。ABI<0.90以下为异常，ABI值在0.41~0.90时表明血流轻、中度减少，ABI值<0.40时，表明血流严重减少。

3. 淋巴管闭塞症

在肢体淋巴水肿的诸多检查手段中，淋巴管造影检查和淋巴闪烁造影既能显示淋巴管及淋巴结的形态变化，又能反映淋巴管功能，可广泛应用于肢体淋巴水肿的诊断、鉴别诊断及淋巴水肿治疗效果的评估；CT、MRI检查是淋巴水肿重要的辅助检查手段，能清晰地显示增生扩张的集合淋巴管和淋巴干及乳糜池，以及组织中乳糜反流的程度和范围。可清晰显示淋巴组织与其周围组织的毗邻关系；而超声检查宜用于淋巴水肿的初筛及普查。临床上应根据具体的需要选择适宜的检查。

四、诊断与鉴别诊断

（一）诊断原则

根据《职业性股静脉血栓综合征、股动脉闭塞症或淋巴管闭塞症的诊断》（GBZ 291—2017），其诊断原则为：有长期从事刮研作业的职业史，依据作业侧下肢出现股静脉血栓综合征、股动脉闭塞症或淋巴管闭塞症相应临床表现及辅助检查结果，结合职业卫生学调查资料，综合分析，排除其他原因所致的类似疾病，方可诊断。

（二）诊断

1. 股静脉血栓后综合征

依据有明确的作业侧股静脉血栓病史，或血管超声检查提示有血栓残留、股静脉缩窄或不同程度的静脉瓣返流，作业侧下肢可出现疼痛、痉挛、沉重感、感觉异常、瘙痒、水肿、皮肤硬结、色素沉着、潮红、静脉扩张、小腿挤压痛、溃疡等不同临床表现进行诊断。

2. 股动脉闭塞症

依据作业侧下肢出现急性缺血表现，如疼痛、苍白、无脉、麻痹、感觉异常等临床表现，结合彩色多普勒检查作业侧股动脉狭窄或闭塞，参考作业侧肢体踝肱指数进行诊断。

3. 淋巴管闭塞症

依据作业侧下肢出现进行性肿胀、皮肤增厚、过度角化、溃疡等临床表现，结合 MRI 检查具有淋巴水肿的特征性改变，可参考淋巴水肿分期进行诊断。

（三）鉴别诊断

刮研作业所致股静脉血栓综合征在临床上要与原发性深静脉瓣膜功能不全和先天性血管畸形鉴别。股动脉闭塞症在临床上应与下肢动脉硬化性闭塞症鉴别。淋巴管闭塞症的鉴别诊断通常包括脂肪水肿、脂质营养不良导致的双下肢对称性肿胀，以及静脉功能不全导致的下肢水肿。

五、治疗、预后与康复

（一）治疗

股静脉血栓综合征、股动脉闭塞症、淋巴管闭塞症均属于周围血管病。按临床发病过程，股静脉血栓综合征、淋巴管闭塞症按照慢性疾病处理，股动脉闭塞症按照急性发病处理。

1. 股静脉血栓综合征的治疗

抬高患肢、下肢规律运动，增加下肢静脉回流，缓解静脉高压；加压治疗是最基本的治疗手段，包括弹力袜、弹力绷带及充气加压治疗等；还可应用血管活性药物、扩血管药物，必要时进行手术，如股静脉“戴戒手术”或静脉腔内介入治疗等。

2. 股动脉闭塞症治疗

改善下肢循环、适当下肢功能锻炼；使用抗凝药物、扩血管药物；必要时手术治疗，如介入球囊扩张、下肢人工或自体血管转流术等。

3. 淋巴管闭塞症治疗

皮肤护理，如认真清洗并保持患肢干燥，休息时抬高患肢，防止感染；物理治疗，如手法按摩、弹力绷带、三级压力弹力袜、间歇性加压驱动疗法等，加强局部肌肉功能的特殊锻炼以增加肢体淋巴回流；必要时进行手术，如淋巴回流重建和病变组织切除术。

（二）预后与康复

此类疾病的预后视病情严重程度而异。早期、病情轻的患者，如仅轻度下肢静脉曲张，通过规范治疗，预后较好。而病情重、出现严重并发症，预后则较差。因此及时治疗是关键。如股静脉血栓形成，若能在发病早期进行有效溶栓、抗凝治疗，可降低肺栓塞等严重并发症的发生风险，改善预后。此外患者年龄大、合并多种基础疾病，会影响血管病的治疗效果和恢复，预后相对较差。

周围血管病的康复是一个长期过程，患者应积极配合并定期复查。康复措施主要包括合理运用抗凝、扩血管等对症药物；注意肢体保暖，改善局部血液循环；适度运动，促进侧支循环建立；以及生活方式调整，如戒烟限酒，控制体重，减少高脂肪、高胆固醇食物摄入等。

六、案例分析

（一）案例一

1. 基本信息

患者，男，72 岁。

2. 职业史与职业病危害因素接触史

劳动者在北京某仪表分公司机修钳工岗位从事刮研工作，工龄 27 年。用挺刮法刮研，纯手工操作，右侧作业。钢制刮刀长 60cm，宽 2.5~3cm，刀柄直径约为 10cm 的木制圆球。每天工作量最大 8 小时，每月最大工作量约 15 天。劳动者既往健康，无烟酒不良嗜好。

3. 临床表现与诊疗经过

工作 25 年后无明显诱因出现右下肢红肿，反复发作，常伴有患肢麻木、疼痛、发凉，痛、温感觉减退，伴发热，考虑为“丹毒”，予抗炎输液治疗，效果欠佳，并逐渐肿胀至膝关节以上。临床诊断为右下肢淋巴水肿；右下肢深静脉血栓后综合征；右大隐静脉瓣膜功能不全。

4. 实验室和辅助检查

B 超示：右侧股静脉瓣膜功能不全，右下肢胫后静脉回流不畅，右侧大隐静脉中度反流。淋巴核素扫描示：右下肢淋巴水肿。

5. 综合分析

劳动者从事刮研作业 27 年，有明确的刮研作业史，用挺刮法刮研，右侧作业。作业侧反复出现麻木、疼痛、发凉，痛、温感觉减退，伴发热等症状。功能检查支持作业侧深静脉血栓后综合征、下肢淋巴水肿。诊断为职业性刮研作业所致股静脉血栓综合征、淋巴管闭塞症。

6. 经验启示

刮研广泛应用于机械设备的制造和修理，人工刮研更是高档机床设备和铸铁平板，精密工具、量具所必需的加工工艺。由于刮研作业为纯手工作业，易引起肌肉骨骼系统疾病（腰肌劳损、椎间盘突出）及下肢血管疾病。企业应加强健康监测与早期干预，建立完善的职业健康监护制度，定期开展职业健康检查。对于出现下肢肿胀、疼痛等早期症状的劳动者，要及时安排进一步检查和诊断，采取积极的干预措施，避免病情延误和加重。

（二）案例二

1. 基本信息

患者，男，51 岁。

2. 职业史与职业病危害因素接触史

劳动者是沈阳某机床厂刮研工，从事机床小刀架刮研装配工作 20 年。采用的刮研方法为挺刮法，为纯手工操作，刮研的频率一般掌握在每分钟 40~80 次，每天刮研工作量最大时为 6 小时，每月断续最大刮研工作量为 20 天。

3. 临床表现与诊疗经过

入院前一日该劳动者按日常习惯用左腿腹股沟处顶住小刀架进行刮研作业时左腿突然失去知觉，由同事帮助坐下约 10 分钟后慢慢恢复知觉，但小腿酸痛走路困难，第二天不能走路，收入院进一步检查。

4. 实验室和辅助检查

双下肢血管 B 超示：下肢右侧深静脉瓣膜功能实验（+），下肢左侧静脉瓣膜功能实验（–）；下肢动脉扫描：左侧股、腘、胫后、趾间动脉血流回声减低，右侧股、腘、胫后、趾间动脉血流回声正常。

5. 综合分析

劳动者从事刮研装配工作 20 年，用挺刮法刮研。左腿腹股沟处顶住小刀架进行刮研作业时左腿突然失去知觉。双下肢血管 B 超示：下肢右侧深静脉瓣膜功能实验（+），下肢左侧静脉瓣膜功能实验（–）；下肢动脉扫描：左侧股、腘、胫后、趾间动脉血流回声减低，右侧股、腘、胫后、趾间动脉血流回声正常。综合考虑诊断为职业性刮研作业所致（左侧）股动脉闭塞症。

6. 经验启示

刮研作业时，腹股沟反复受压可造成作业侧股动脉内膜损伤、增厚、钙化，从而导致动脉狭窄，兼之作业时局部压迫，可使局部动脉发生闭塞、肢体供血不足及循环障碍。预防上，可通过改善作业条件、优化作业流程、改进刮研工具等，降低职业病的发生风险。例如，尽可能采取机械化、自动化作业；缩短手工刮研作业时间，增加作业之间的休息时间。此外，用软棉包裹刮研刀柄可有效减轻和延缓刮研工具对劳动者腹股沟处的顿挫力所导致的身体损伤。

（赵　圆　高茜茜　夏玉静）

参考文献

[1] 赵辨 . 中国临床皮肤病学 [M]. 2 版 . 南京：江苏凤凰科学技术出版社，2017. 4.
[2] 崔勇，高兴华 主编 . 皮肤性病学（第 10 版）[M]. 北京：人民卫生出版社，2024.
[3] 李德鸿，赵金垣，李涛 . 中华职业医学 [M]. 2 版 . 北京：人民卫生出版社，2019.
[4] 赵辨 . 中国临床皮肤病学 [M]. 2 版 . 南京：江苏凤凰科学技术出版社，2017.
[5] 史玉玲，顾军 . 皮肤病与性病学（汉英对照）[M]. 北京：人民卫生出版社，2023.
[6] 张建中，高兴华 . 皮肤性病学 [M]. 北京：人民卫生出版社，2015.
[7] 何焱玲 . 职业性皮肤病 [M]. 北京：北京大学医学出版社，2019.
[8] 谢卫国 . 烧伤外科临床指南 [M]. 武汉：武汉大学出版社，2020.
[9] 曾强 . 职业病三级预防理论与实践 [M]. 北京：人民卫生电子音像出版社，2022.
[10] 崔正军，易先锋 . 烧伤康复治疗操作指南 [M]. 郑州：河南科学技术出版社，2020.
[11] 孙新，朱秋鸿 . 职业健康标准及实施指南（2022）[M]. 北京：中国标准出版社，2023.
[12] 张志愿 . 口腔科学 [M]. 9 版 . 北京：人民卫生出版社，2022.
[13] 杨仕明，北京医师协会组织编写 . 耳鼻咽喉科诊疗常规 [M]. 北京：中国医药科技出版社，2012.
[14] 黄选兆，汪吉宝，孔维佳 . 实用耳鼻咽喉头颈外科学 [M]. 北京：人民卫生出版社，2008.
[15] 李兴启 . 耳蜗病理生理学 [M]. 北京：人民军医出版社，2011.
[16] 李智民，李涛，杨径 . 现代职业卫生 [M]. 北京：人民卫生出版社，2018.
[17] 孙贵范 . 中华医学百科全书职业卫生与职业医学 [M]. 北京：中国协和医科大学出版社，2019.
[18] 陈沅江，吴超，吴桂香 . 职业卫生与防护 [M]. 北京：机械工业出版社，2017.
[19] 赵金垣 . 临床职业病学 [M]. 2 版 . 北京：北京大学医学出版社，2010.
[20] 赵金垣 . 临床职业医学 [M]. 3 版 . 北京：北京大学医学出版社，2017.
[21] 邬堂春 . 职业卫生与职业医学 [M]. 8 版 . 北京：人民卫生出版社，2019.
[22] 杨径，李智民，张健杰 . 常见职业病临床诊疗实践指南 [M]. 深圳：海天出版社，2013.
[23] 徐伟刚 . 潜水医学 [M]. 北京：科学出版社，2016.
[24] 金泰廙，王生，邬堂春，等 . 现代职业卫生与职业医学 [M]. 北京：人民卫生出版社，2011.
[25] 金泰廙 . 职业卫生与职业医学 [M]. 7 版 . 北京：人民卫生出版社，2012.
[26] 何凤生 . 中华职业医学 [M]. 北京：人民卫生出版社，1999.
[27] 彭开良，杨磊 . 物理因素危害与控制 [M]. 北京：化学工业出版社，2006.
[28] 张延龄，吴肇汉 . 实用外科学 [M]. 北京：人民卫生出版社，2012.

[29] 中华医学会 . 临床诊疗指南：烧伤外科学分册 [M]. 北京：人民卫生出版社，2007.
[30] 格日力主译 . 高原医学与生理学 [M]. 北京：北京大学医学出版社，2021.
[31] 王宇明，李梦东 . 实用传染病学 [M]. 4 版 . 北京：人民卫生出版社，2017.
[32] 王吉耀，葛均波，邹和建 . 实用内科学 [M]. 16 版 . 北京：人民卫生出版社，2022.
[33] 孙洋，刘军，冯书章 . 炭疽 66 问 [M]. 北京：军事医学科学出版社，2013.
[34] 石耀辉，李晓军 . 临床职业病学 [M]. 北京：人民卫生出版社，2017.
[35] 李福兴 . 实用临床布鲁氏菌病 [M]. 2 版 . 哈尔滨：黑龙江科学技术出版社，2010.
[36] 李向阳 . 布鲁氏菌病诊断与治疗 [M]. 北京：中国农业科学技术出版社，2015.
[37] 丁家波，董浩 . 动物布鲁氏菌病 [M]. 北京：中国农业出版社，2020.
[38] 李兰娟，任红 . 传染病学 [M]. 2 版 . 北京：人民卫生出版社，2019.
[39] 蒋米尔，张培华 . 临床血管外科学 [M]. 4 版 . 北京：科学出版社，2014.
[40] 唐杰，温朝阳 . 腹部和外周血管彩色多普勒诊断学 [M]. 3 版 . 北京：人民卫生出版社，2007.
[41] CronenwettJL. 卢瑟福血管外科学 [M]. 7 版 . 北京：北京大学医学出版社，2013.
[42] 汪海，刘嘉瀛 . 寒区部队卫勤保障军医手册 [M]. 北京：军事医学科学出版社，2011.
[43] 龙李洁，刘欣，闫永建，等 . 职业性黑变病 69 例临床表现分析 [J]. 中国职业医学，2023，50（4）：436-440.
[44] 陆春花，尹仕伟，高海萍，等 . 2006—2015 年江苏省职业性皮肤病新确诊病例的流行病学分析 [J]. 工业卫生与职业病，2020，46（6）：463-466.
[45] 钟宇眉 . 维胺酯胶囊联合丁酸氢化可的松乳膏治疗职业性黑变病疗效观察 [J]. 皮肤性病诊疗学杂志，2011，18（2）：118+129.
[46] 陈湘萍，刘思雨，利浩南，等 . 砷的暴露途径及其皮肤损伤机制 [J]. 环境卫生学杂志，2023，13（9）：701-707.
[47] 谭昌荣，林鸿恩 . 铍所致的皮肤损害 [J]. 中华皮肤科杂志，1981，14（1）：29-31.
[48] 王杰，徐新云 . 职业性砷中毒 [J]. 中国职业医学，2000，27（4）：45.
[49] 陈献文，冯鸿义，张捷 . 2006—2017 年江阴市职业性化学灼伤流行病学特征 [J]. 职业与健康，2019，35（3）：298-300，305.
[50] 许明佳，刘小方，吴晓宏，等 . 上海市金山区 2006—2015 年职业性化学灼伤发病特征及防控策略 [J]. 环境与职业医学，2017，34（6）：517-520.
[51] 李卫，陆平言，吴晓峰 . 化学灼伤 328 例临床分析 [J]. 中国临床医学，2010，17（4）：584-585.
[52] 张雪涛，王志红，唐晓勤 . 16 例快递分拣工急性硫酸二甲酯暴露救治体会及文献复习 [J]. 职业卫生与应急救援，2019，37（4）：335-337，352.
[53] 王招兄，王莹，金永才 . 大面积氢氟酸灼伤合并急性重度氟中毒 1 例报告 [J]. 职业卫生与应急救援，2000，18（1）：46-47.
[54] 何琼，余尚军，王小龙 . 某民爆器材企业三硝基甲苯作业人员白内障检出情况分析 [J]. 中国工业医学杂志，2020，33（4）：375-376.
[55] 汤岩，黄桂花 . 三硝基甲苯所致白内障患病情况调查 [J]. 环境与职业医学，2014，31（10）：806-808.

[56] 覃政活，朱林平，黄雪雁，等. 某化工厂职业性三硝基甲苯白内障患病情况分析 [J]. 工业卫生与职业病，2013，39（3）：179–180.

[57] 王健，解正高，杜伟. 角膜碱性烧伤药物治疗的现状与研究进展 [J]. 中华眼科医学杂志，2017，7（4）：184–192.

[58] 毛叶挺，陆春花，尹仕伟，等. 三氯乙烷致职业性化学性眼灼伤继发青光眼 1 例诊断分析 [J]. 中国工业医学杂志，2023，36（4）：362–363.

[59] 郭会越，林赓，马文娣. 2017—2020 年济南市化学性眼部灼伤流行病学特征分析 [J]. 中国工业医学杂志，2021，34（5）：428–429.

[60] 冉文婧，王永义. 职业性铬鼻病 [J]. 中国工业医学杂志，2013，26（5）：357–359.

[61] 李娜，肖卫，邹玉华，等. 2010—2012 年江苏某市铬接触作业环境铬浓度与工人鼻检查异常调查 [J]. 环境与职业医学，2014，31（11）：855–857.

[62] 方利强，秦光明. 低剂量铬暴露工人铬鼻病调查分析 [J]. 环境与职业医学，2016，33（2）：160–162.

[63] 何振峰，杨航，赖洪飘，等. 558 名酸作业工人牙酸蚀病调查 [J]. 中国职业医学，2010，37（2）：123–125.

[64] 翟所强. 军事噪声性聋的防治研究回顾 [J]. 中华耳科学杂志，2013，11（3）：384–386.

[65] 王伟红，王明选，彭艳，等. 某战区炮兵耳防护情况调查与分析 [J]. 人民军医，2014，57（12）：1309–1310.

[66] 李朝军，刘兆华，朱佩芳. 中国听器冲击伤研究现状与展望 [J]. 重庆医学，2007，（3）：193–194.

[67] 谭祖林，夏辉，韩梅，等. 噪声暴露对豚鼠耳蜗内毛细胞下传入神经末梢的损伤 [J]. 声学学报，2002，（5）：465–470.

[68] 洪锦科，张俊，刘延修，等. 耳塞对炮兵爆震性声损伤的防护作用研究 [J]. 人民军医，2008，51（6）：349–350.

[69] 李朝军. 听器冲击伤诊断、治疗和防护研究现状与展望 [J]. 听力学及言语疾病杂志，2003，（2）：142–143.

[70] 黄德亮，李兴启，王沛英，等. 爆震对外淋巴液中乳酸脱氢酶和苹果酸脱氢酶含量的影响 [J]. 中国人民解放军军医进修学院学报，1986，（1）：4–7.

[71] 葛振民，马枢，贾晓青，等. N– 乙酰半胱氨酸对噪声性聋的预防作用研究 [J]. 临床耳鼻咽喉头颈外科杂志，2011，25（22）：1040–1041.

[72] 魏之涵，龚学晨，邓洁，等. 地塞米松联合金纳多治疗爆震性聋的疗效分析 [J]. 听力学及言语疾病杂志，2021，30（4）：398–401.

[73] 张玉娟，魏迎春，肖树文，等. 爆震性聋预防及治疗研究进展 [J]. 人民军医，2021，64（9）：907–910.

[74] 邓红平，朱宝立，姚建华，等. 3 例职业性中暑病例诊断分析 [J]. 中国工业医学杂志，2022，35（1）：87–89.

[75] 邓红平，潘红英，姚建华，等. 职业性中暑 5 例 [J]. 中华劳动卫生职业病杂志，2024，42（1）：58–61.

[76] 钟巧芬，乐晖，王蜀，等. 治疗舱成功救治轻重型减压病分析报道［J］. 医学食疗与健康，2018，(3)：150.
[77] 郑刚，戴建国，李卫东. 变压性眩晕伴发飞行错觉一例［J］. 中华航空医学杂志，1995，6(2)：114.
[78] 朱世华. 高空减压病［J］. 海军医学杂志，2003，(4)：383-384.
[79] 金占国，徐先荣. 变压性眩晕的发生机制和预防措施［J］. 中华航空航天医学杂志，2004，(2)：126-128.
[80] 金占国，徐先荣. 飞行员变压性眩晕的流行病学［J］. 空军总医院学报，2004，(1)：40-41.
[81] 徐先荣，张扬，金占国. 气压损伤性航空病的诊治和医学鉴定［J］. 空军总医院学报，2009，25(3)：103-104.
[82] 徐先荣. 陆军航空医学研究成果与展望［J］. 陆军军医大学学报，2024，46(1)：1-8.
[83] 徐先荣. 解读新修订的国家《职业性航空病诊断标准》［J］. 空军总医院学报，2010，26(4)：236-238.
[84] 徐先荣，张扬，金占国，等. 航空性中耳炎的实验研究［J］. 临床耳鼻咽喉科杂志，2006，(22)：1032-1034.
[85] 徐先荣，张扬，金占国. 中耳气压伤的 82 例临床分析［J］. 空军总医院学报，2006，(3)：148-151.
[86] 陈欢. 航空性鼻窦炎［J］. 中国医学文摘（耳鼻咽喉科学），2017，32(3)：160-162.
[87] 金占国，欧阳汤鹏. 军事飞行人员变压性眩晕个别评定指南（2022）［J］. 空军军医大学学报，2022，43(5)：538-541.
[88] 郑军，徐先荣，熊巍，等. 军事飞行人员 10 种航空病诊疗规范［J］. 军医进修学院学报，2010，31(7)：737-740，744.
[89] 谢燕青. 卫生部发布 12 项职业病诊断标准［J］. 中国卫生标准管理，2010，1(3)：26-36.
[90] 窦艳玲，冯怀志，张俊琦，等. 空勤人员航空性中耳炎的临床分析［J］. 中华耳科学杂志，2010，8(4)：480-481.
[91] 蒲兰，陈继樑，邓刚，等. 航空性中耳炎 27 例临床分析［J］. 四川解剖学杂志，2011，19(1)：31-32.
[92] 刀丽梅. 航空性中耳炎的现代研究进展［J］. 工企医刊，2014，27(1)：605-607.
[93] 郑晓惠. 高空减压病诊断和治疗进展［J］. 中华航空航天医学杂志，2007，18(4)：287-291.
[94] 李德明，黄琼，高彩林，等. 空军飞行人员高空减压病 7 例［J］. 西北国防医学杂志，2009，30(4)：303.
[95] 汪娟. 飞行学员航空性中耳炎的预防［J］. 航空航天医学杂志，2013，24(12)：1479-1480.
[96] 吕晓静，程娟. 航空性中耳炎发生的相关因素及护理对策［J］. 海军医学杂志，2011，32(4)：270-271.
[97] 窦艳玲，徐先荣，冯怀志，等. 高空迅速减压对中耳和听力的影响［J］. 听力学及言语疾病杂志，2011，19(3)：210-212.
[98] 窦艳玲，冯怀志，徐辉，等. 高空迅速减压对 12 名机组人员听力影响的分析［J］. 西南国防医药，2011，21(2)：168-169.

[99] 窦艳玲，冯怀志，刘涛，等 . 飞机座舱压力高度突变对机组人员的中耳功能及听力的影响 [J]. 西南国防医药，2018，28（10）：970–971.

[100] 刘瑜 . 飞行学生航空性中耳炎 32 例临床分析 [J]. 航空航天医学杂志，2013，24（9）：1063–1064.

[101] 聂武，孙新 . 中国职业病防治 70 年回顾与展望 [J]. 中国职业医学，2019，46（5）：527–532.

[102] 胡世杰 . 加快实施职业健康保护行动 [J]. 中国职业医学，2021，48（1）：1–5.

[103] 李振雪，张春梅，曲春清 . 160 名激光接触作业人员眼晶状体白内障发病调查 [J]. 中国卫生工程学，2018，17（6）：852–854.

[104] 邸文学，李森 . 关于冻伤面积计算方法的探讨及临床意义 [J]. 黑龙江医药科学，1999，22（1）：52–53.

[105] 冯建永 . 中西医结合治疗冻伤 351 例 [J]. 中国现代药物应用，2008，2（7）：87.

[106] 李凯，李春林 . 湿性医疗技术治疗双下肢溴甲烷冻伤一例报道 [J]. 中国烧伤创疡杂志，2001，13（3）：199–200.

[107] 林文敏，林燧，傅筱 . 某市冷冻厂低温作业工人健康影响调查 [J]. 中国职业医学，2007，34（4）：351–352.

[108] 刘玉红，杨伟娜，杨光元，等 . 高原高寒地区冻伤 200 例致残相关因素调查分析 [J]. 临床军医杂志，2007，35（1）：94–95.

[109] 刘玉莹，张绍敏，秦洁 . 寒区指战员战时冻伤救护对策 [J]. 南方护理学报，2005，12（3）：24–26.

[110] 王鑫宇，巩泉泉，丁然屹，等 . 三地电网企业 2018—2020 年职业危害突发事件调查 [J]. 中国职业医学，2023，50（1）：53–56，62.

[111] 王铁岩，孙景海 . 290 例冻伤治疗经验总结 [J]. 中国职业医学，2007，34（4）：351–352.

[112] 张学冬，蒋东旭 . MEBT/MEBO 治疗特殊部位轻度冻伤 120 例临床分析 [J]. 中国医药指南，2012，10（3）：85–86.

[113] 顾志军，朱磊，沈炜，等 . 进口皮毛集中加工地炭疽污染情况调查 [J]. 中国动物检疫，2015，32（12）：8–10.

[114] 王春艳，刘喜房，徐建军 . 职业性炭疽的预防 [J]. 劳动保护，2020（11）：74–75.

[115] 刘康丽，蒋路平，张敬东 . 生物性职业病危害因素研究现状及展望 [J]. 中华劳动卫生职业病杂志，2021，39（9）：708–712.

[116] 陈锐，寇增强，温红玲 . 我国常见蜱传疾病的流行病学研究进展 [J]. 中华实验和临床病毒学杂志，2020，34（1）：102–106.

[117] 王媛丽，邱悦，侯月颖 . 职业性重度森林脑炎 1 例诊治报告 [J]. 中国卫生工程学，2013，12（4）：346–348.

[118] 门晓钰，杜海莹，蔡晓静，等 . 我国蜱和人群中 TBEV 流行情况的 Meta 分析 [J]. 中国人兽共患病学报，2021，37（7）：631–638.

[119] 庄璐 . 蜱传疾病及病原体检测方法研究进展 [J]. 中国国境卫生检疫杂志，2017，40（6）：441–446.

[120] 梁晨，魏伟 . 2008 至 2017 年某市职业性森林脑炎流行病学与职业特征和临床表现 [J]. 中华

劳动卫生职业病杂志，2018，36（8）：597-599.

[121] 胡文章 . 森林脑炎的治疗体会附 260 个病例 [J]. 中国保健营养（下旬刊），2014，7：3902.

[122] 吕小龙，张晓光，韩淑祯 . 森林脑炎所致呼吸肌麻痹 1 例 [J]. 大家健康，2014，8（10）：223-224.

[123] 孙亚男，韩淑祯，从日照，等 . 重症森林脑炎 1 例报告 [J]. 中外医学研究，2012，10（11）：152-153.

[124] 常素静，韩澎湃，韩淑祯 . 森林脑炎颈肌瘫痪一例肌电图观察 [J]. 华西医学，2009，24（11）：3032.

[125] 叶尚仪，李香淑，郑善子 . 延边地区 130 例森林脑炎回顾性分析 [J]. 延边大学医学学报，2020，43（3）：199-201.

[126] 韩淑祯 . 重症森林脑炎死亡病例分析 [J]. 中外医疗，2009，28（6）：69-70.

[127]《中华传染病杂志》编辑委员会 . 布鲁菌病诊疗专家共识 [J]. 中华传染病杂志，2017，35（12）：705-710.

[128] 中华人民共和国卫生部 . 布鲁氏菌病诊疗指南（试行）[J]. 传染病信息，2012，25（6）：323-324，359.

[129] 国家卫生健康委办公厅，国家中医药局综合司. 布鲁氏菌病诊疗方案（2023 年版）[J]. 中国感染控制杂志，2024，23（5）：661-664.

[130] 严芝蔓，林志峰，黄雪刚，等 . 2005—2022 年防城港市艾滋病患者累积死亡率趋势及艾滋病相关和无关死亡危险因素分析 [J]. 现代预防医学，2024，51（10）：1729-1735，1765.

[131] 杨璧璘，白岩，罗超，等. 哈尔滨市 90 例艾滋病职业暴露个案分析 [J]. 国际免疫学杂志，2018，41（2）：162-165.

[132] 陈丽，游晶 . HIV/AIDS 发病机制的研究进展 [J]. 医学综述，2010，16（24）：3713-3716.

[133] 郑钦方，张媛媛 . 医务人员血源性职业暴露防护体系的研究 [J]. 中国公共卫生管理，2023，39（3）：351-354.

[134] 中华医学会感染病学分会艾滋病丙型肝炎学组，中国疾病预防控制中心 . 中国艾滋病诊疗指南（2024 版）[J/OL]. 中华传染病杂志，2024，42：网络预发表 . DOI：10. 3760/cma. j. cn311365-20240328-00081.

[135] 刘咏梅，曹春燕，马起腾 . 职业性艾滋病诊断相关问题的探讨 [J]. 中国工业医学杂志，2019，32（1）：76-77.

[136] 中华人民共和国国家卫生和计划生育委员会 . 职业暴露感染艾滋病病毒处理程序规定 [J]. 首都公共卫生，2015，9（4）：191-192.

[137] 郝琴 . 莱姆病的流行现状及防制措施 [J]. 中国媒介生物学及控制杂志，2020，31（6）：639-642.

[138] 田秀君，辛德莉 . 莱姆病的诊断与治疗进展 [J]. 传染病信息，2020，33（2）：109-111.

[139] 郝琴，王磊，田秀君 . 莱姆病防治专家共识 [J]. 中国人兽共患病学报，2022，38（9）：749-756.

[140] 辛昱娴，刘东霞，冯杰 . 莱姆病诊断及治疗方法研究进展 [J]. 国外医药（抗生素分册），2022，43（1）：10-16.

[141] 刘宁飞，王晨光，丁一意 . 下肢慢性淋巴水肿的 MRI 表现与淋巴闪烁造影的比较 [J]. 中华整形烧伤外科杂志，1999，5（6）：447–449.

[142] 舒畅，何昊 . 下肢缺血性疾病的诊治进展 [J]. 中国普通外科杂志，2008，17（6）：1–5.

[143] 张涤生 . 肢体淋巴水肿的诊断和治疗 [J]. 组织工程与重建外科杂志，2006，2（5）：241–244.

[144] 张福先 . 急性肢体缺血外科治疗并发症的预防与处理 [J]. 中国血管外科杂志，2013，5（3）：146–150.

[145] 张利，张永川，赵渝 . 深静脉血栓形成后综合征研究进展 [J]. 重庆医学，2011，40（11）：1123–1125.

[146] 中华医学会外科学分会血管外科专业组 . 下肢动脉粥样硬化性疾病诊治中国专家建议（2007）[J]. 中华老年医学杂志，2007，26（10）：725–740.

[147] 中华医学会外科学分会血管外科学组 . 慢性下肢静脉疾病诊断与治疗中国专家共识 [J]. 中国血管外科杂志，2014，6（3）：246–252.

[148] 蒋轶文，王清，白羽 . 职业性炭疽研究进展 [J]. 中华劳动卫生职业病杂志，2010，28（3）：230–232.

[149] 侯强，张雪涛，闫丽丽 . 金属烟热的研究进展 [J]. 职业卫生与应急救援，2019，37（1）：44–46.

[150] 金占国 . 飞行员变压性眩晕的实验研究和临床观察 [D]. 中国人民解放军军医进修学院，2005.

[151] 汪斌如 . 鼻窦气压伤动态模型的建立及其临床研究 [D]. 大连：大连医科大学，2014.

[152] 王勇 . 飞行员耳鼻咽喉病症谱分析和中耳气压伤研究 [D]. 中国人民解放军军医进修学院，2006.

[153] 冯盼盼 . 中俄部分边境地区蜱媒病毒调查 [D]. 北京：中国疾病预防控制中心，2021.

[154] 王迪 . 我国东北地区蜱传脑炎病毒（TBEV）流行病学调查与分析 [D]. 长春：吉林农业大学，2020：1–46.

[155] 中华人民共和国卫生部 . 职业性皮肤病的诊断（GBZ 18—2013）[S]. 北京：中国标准出版社，2013.

[156] 中华人民共和国卫生部 . 职业性电光性皮炎诊断标准（GBZ 19—2002）[S]. 北京：中国标准出版社，2002.

[157] 国家卫生健康委员会 . 职业性光接触性皮炎（GBZ 21—2006）[S]. 北京：中国标准出版社，2006.

[158] 国家卫生健康委员会 . 职业性接触性皮炎的诊断（GBZ 20—2019）[S]. 北京：中国标准出版社，2019.

[159] 中华人民共和国卫生部 . 职业性化学性皮肤灼伤诊断标准（GBZ 51—2009）[S]. 北京：人民卫生出版社，2009.

[160] 中国人民共和国卫生部 . 职业性皮肤溃疡诊断标准（GBZ 62—2002）[S]. 北京：中国标准出版社，2002.

[161] 中华人民共和国卫生部 . 职业性痤疮诊断标准（GBZ 55—2002）[S]. 北京：中国标准出版社，2002.

[162] 国家卫生健康委员会 . 职业性白斑的诊断（GBZ 236—2011）[S]. 北京：中国标准出版社，2011.

[163] 中华人民共和国卫生部 . 职业性黑变病诊断标准（GBZ 22—2002）[S]. 北京：中国标准出版社，2002.

[164] 中华人民共和国卫生部 . 职业性化学性眼灼伤诊断标准（GBZ 54—2002）[S]. 北京：法律出版社，2002.

[165] 中华人民共和国卫生部 . 职业性急性硫酸二甲酯中毒诊断标准（GBZ 40—2002）[S]. 北京：中国标准出版社，2002.

[166] 中华人民共和国国家质量监督检验检疫总局 . 劳动能力鉴定 职工工伤与职业病致残等级（GB/T 16180—2014）[S]. 北京：中国标准出版社，2014.

[167] 中华人民共和国国家卫生和计划生育委员会 . 职业健康监护技术规范（GBZ 188—2014）[S]. 北京：中国标准出版社，2014.

[168] 国家卫生健康委员会 . 职业性化学性眼灼伤的诊断（GBZ 54—2017）[S]. 北京：中国标准出版社，2017.

[169] 中华人民共和国卫生部 . 职业性三硝基甲苯白内障的诊断（GBZ 45—2010）[S]. 北京：中国标准出版社，2010.

[170] 中华人民共和国卫生部 . 职业性慢性三硝基甲苯中毒（GBZ 69—2011）[S]. 北京：中国标准出版社，2002.

[171] 中华人民共和国卫生部 . 职业性白内障的诊断（GBZ 35—2010）[S]. 北京：中国标准出版社，2010.

[172] 中华人民共和国卫生部 . 职业性急性电光性眼炎（紫外线角膜结膜炎）诊断标准（GBZ 9—2002）[S]. 北京：中国标准出版社，2002.

[173] 国家市场监督管理总局 . 个体防护装备配备规范（GB 39800—2020）[S]. 北京：中国标准出版社，2020.

[174] 中华人民共和国卫生部 . 工作场所职业病危害警示标识（GBZ 158—2002）[S]. 北京：中国标准出版社，2020.

[175] 中华人民共和国卫生部 . 高毒物品作业岗位职业病危害告知规范（GBZ /T 203—2007）[S]. 北京：中国标准出版社，2007.

[176] 中华人民共和国卫生部 . 职业性爆震聋的诊断（GBZ/T 238—2011）[S]. 北京：中国标准出版社，2011.

[177] 中华人民共和国国家卫生和计划生育委员会 . 职业性牙酸蚀病诊断标准（GBZ 61—2015）[S]. 北京：中国标准出版社，2015.

[178] 中华人民共和国国家卫生和计划生育委员会 . 职业性铬鼻病的诊断（GBZ 12—2014）[S]. 北京：中国标准出版社，2014.

[179] 中华人民共和国国家卫生健康委员会 . 工作场所有害因素职业接触限值 第 1 部分：化学有害因素（GBZ 2. 1—2019）[S]. 北京：中国标准出版社，2019.

[180] 中华人民共和国国家质量监督检验检疫总局 . 声学 校准测听设备的基础零级 第 1 部分：压耳式耳机纯音基准等效阈声压级（GB/T 4854. 1—2004）[S]. 北京：中国标准出版社，2004.

[181] 国家市场监督管理总局 . 声学 校准测听设备的基准零级 第 3 部分：骨振器纯音基准等效阈振动力级（GB/T 4854. 3—2022）[S]. 北京：中国标准出版社，2022.

[182] 国家质量技术监督局 . 声学 校准测听设备的基础零级 第 4 部分：窄带掩蔽噪声的基准级（GB/T 4854. 4—1999）[S]. 北京：中国标准出版社，1999.

[183] 中华人民共和国国家卫生健康委员会 . 职业性中暑的诊断（GBZ 41—2019）[S]. 北京：中国标准出版社，2019.

[184] 中华人民共和国卫生部 . 职业性高原病诊断标准（GBZ 92—2008）[S]. 北京：中国标准出版社，2008.

[185] 中华人民共和国国家卫生和计划生育委员会 . 职业性激光所致眼（角膜、晶状体、视网膜）损伤的诊断（GBZ 288—2017）[S]. 北京：中国标准出版社，2017.

[186] 国家卫生和计划生育委员会 . 职业性冻伤的诊断（GBZ 278—2016）[S]. 北京：中国标准出版社，2017.

[187] 中华人民共和国国家卫生和计划生育委员会 . 职业性减压病诊断（GBZ 24—2017）[S]. 北京：中国标准出版社，2017.

[188] 中华人民共和国卫生部 . 职业性航空病诊断标准（GBZ 93—2010）[S]. 北京：中国标准出版社，2010.

[189] 中华人民共和国国家卫生和计划生育委员会 . 炭疽诊断（WS 283—2020）[S]. 北京：中国标准出版社，2020.

[190] 中华人民共和国国家卫生健康委员会 . 炭疽诊疗方案（2023 年版）[S]. 北京：中国标准出版社，2023.

[191] 中华人民共和国国家卫生和计划生育委员会 . 职业性传染病诊断标准（GBZ 227—2017）[S]. 北京：中国标准出版社，2017.

[192] 中华人民共和国国家卫生健康委员会 . 艾滋病和艾滋病病毒感染诊断标准（WS 293—2019）[S]. 北京：中国标准出版社，2019.

[193] 中华人民共和国卫生部 . 职业性森林脑炎诊断标准（GBZ 88—2002）[S]. 北京：中国标准出版社，2002.

[194] 中华人民共和国卫生部 . 职业性莱姆病的诊断（GBZ 324—2019）[S]. 北京：中国标准出版社，2019.

[195] 中华人民共和国国家卫生健康委员会 . 布鲁氏菌病诊断（WS 269—2019）[S]. 北京：中国标准出版社，2019.

[196] 中华人民共和国卫生部 . 血源性病原体职业接触防护导则（GBZ/T 213—2008 [S]. 北京：中国标准出版社，2009.

[197] 国家卫生和计划生育委员会 . 职业性股静脉血栓综合征、股动脉闭塞症或淋巴管闭塞症的诊断（GBZ 291—2017）[S]. 北京：中国标准出版社，2017.

[198] Jean L. Bolognia，Julie V. Schaffer，Lorenzo Cerroni. Dermatology [M]. 4th Edition，Elsevier Publishing，2017.

[199] Joseph F. Fowler and Matthew J. Zirwas（eds）. Fisher's Contact Dermatitis [M]. 7th edition，Oxford Academic，2018.

[200] T Rustemeyer, P Elsner, SM John, et al. Kanerva's Occupational Dermatology [M]. Third Edition. Cham: Springer Press, 2020.

[201] Cooper JS, Hanson KC. Decompression Sickness [M]. Treasure Island (FL): StatPearls Publishing, 2023.

[202] AROW JOLU M O. Erosion of tooth enamel surfaces among battery chargers and automobile mechanics in ibadan: a comparative study [J]. A fr Med Sci, 2001, 30 (1/2): 5–8.

[203] JOHANSSON A K, JOHANSSON A, STAN V, et al. Silicone sealers acetic vapours and dental: a work-related risk? [J]. Swed Den. 2005, 29 (2): 61–69.

[204] Mizutari K. Blast-induced hearing loss [J]. Journal of Zhejiang University. Science. B, 2019, 20 (2): 111–115.

[205] Choi C H. Mechanisms and treatment of blast induced hearing loss [J]. Korean Journal of Audiology, 2012, 16 (3): 103–107.

[206] Yankaskas K. Prelude: Noise-induced tinnitus and hearing loss in the military [J]. Hearing Research, 2013, 295: 3–8.

[207] Mayorga M A. The pathology of primary blast overpressure injury [J]. Toxicology, 1997, 121 (1): 17–28.

[208] Mizutari K. Update on treatment options for blast-induced hearing loss [J]. Current Opinion in Otolaryngology & Head and Neck Surgery, 2019, 27 (5): 376–380.

[209] Lai S J, Zhou H, Xiong W Y, et al. Changing epidemiology of human Brucellosis, China, 1955–2014 [J]. Emerg Infect Dis, 2017, 23 (2): 184–194.

[210] Tuon FF, Gondolfo RB, Cerchiari N. Human-to-human transmission of Brucella- a systematic review [J]. Trop Med Int Health, 2017, 22 (5): 539–546.

[211] Ndolo VA, Redding DW, Lekolool I, et al. Drivers and potential distribution of anthrax occurrence and incidence at national and sub-county levels across Kenya from 2006 to 2020 using INLA [J]. SciRep, 2022, 12 (1): 20083.

[212] Musewa A, Mirembe BB, Monje F, et al. Outbreak of cutaneous anthrax associated with handling meat of dead cows in Southwestern Uganda, May 2018 [J]. Trop Med Health, 2022, 50 (1): 52.

[213] Zasada AA. Injectional anthrax in human: A new face of the old disease [J]. Adv Clin Exp Med, 2018, 27 (4): 553–558.

[214] Carlson CJ, Kracalik IT, Ross N, et al. The global distribution of Bacillus anthracis and associated anthrax risk to humans, livestock and wildlife [J]. Nat Microbiol, 2019, 4 (8): 1337–1343.

[215] Bower WA, Yu Y, Person MK, et al. CDC Guidelines for the Prevention and Treatment of Anthrax, 2023 [J]. MMWR Recomm Rep, 2023, 72 (6): 1–47.

[216] Tuček M, Vaněček V. Musculoskeletal disorders and working risk factors [J]. Cent Eur J Public Health. 2020 Oct, 28 Suppl: S06–S11.

[217] Draghi F, Corti R, Urciuoli L, et al. Knee bursitis: a sonographic evaluation [J]. J Ultrasound, 2015 Apr 18, 18 (3): 251–7.

[218] Nchinda NN, Wolf JM. Clinical Management of Olecranon Bursitis: A Review [J]. J Hand Surg Am,

2021 Jun，46（6）：501–506.

[219] Consensun document of the Internationgal society of lymphology. The diagnosis and teratment of peripheral lymphedema [J]. Lymphology，2013，46：1–11.

[220] Kahn SR. Measurement properties of the Villalta scale to dene and classify the severity of the postthrombotic syndrome [J]. Thromb Haemost，2009，7（5）：884–888.

[221] Kahn SR，Partsch H，Vedantham S，et al. Definition of post–thrombotic syndrome of the leg for use in clinical investigations：a recommendation for standardization [J]. Thromb Haemost，2009，7：879–883.

[222] Kahn SR，Desmarais S，Ducruet T，et al，Comparison of the Villalta and Ginsberg clinical scales to diagnose the post–thromboticsyndrome：correlation with patient–reported disease burden and venousvalvular reflux [J]. Thromb Haemost，2006，4（4）：907–908.

[223] Niermann S，Rattan S，Brehm E，et al. Prenatal exposure to di–(2–ethylhexyl) phthalate（DEHP）affects reproductive outcomes in female mice [J]. Reprod Toxicol，2015，53：23–32.